U0005425

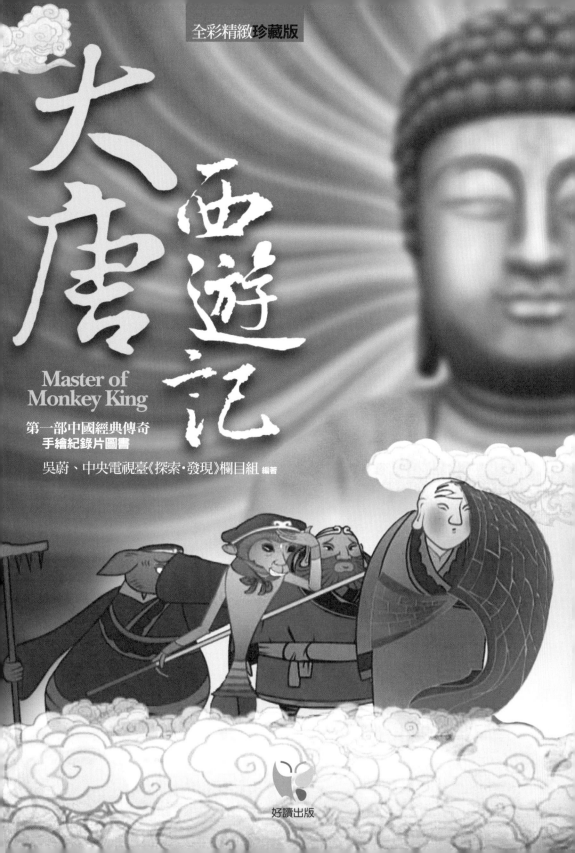

全彩精緻珍藏版

大唐西遊記

Master of Monkey King

第一部中國經典傳奇
手繪紀錄片圖書

吳蔚、中央電視臺《探索・發現》欄目組 編著

好讀出版

大唐西遊記 盛振華

導演闡述：猴王的師父

這是一個勇敢者的冒險故事，
這是一位思想者的傳奇人生。

在古老的東方，猴王，踏上了冒險之旅。

他擁有一根神奇的金箍棒和高強的武功。無數魔鬼和妖怪死於棒下，他們是危險和罪惡的象徵。

最終猴王到達神聖的西天。

這個神話曾經真實發生過，只是，故事的主角不是那個神通廣大的猴王，而是神話中猴王的師父——一個大唐帝國的和尚，他的名字叫做玄奘。

在神話中，他是孫悟空的師父唐僧。

在現實中，他是唐帝國的法師三藏。

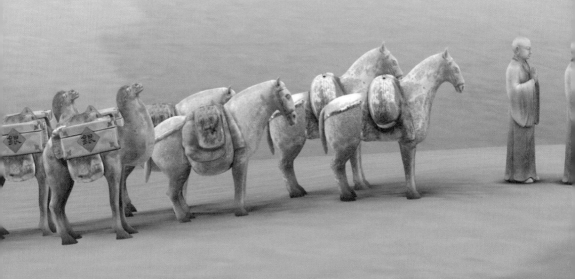

西元七世紀，中古世界的王者── 大唐帝國剛剛建立，這個叫玄奘的人偷偷離開都城長安，踏上了絲綢之路。

這是一條連接著東方和西方的道路，充滿詭異和殺氣。

鋪滿冰崖的雪山和火一般炎熱的沙漠是這條道路的天然屏障。

強大的突厥軍隊在前方攔截，劫掠者尾隨潛行。

而玄奘卻孤身一人踏上了未知的旅程，他的目的地正是一個叫印度的文明古國，那裡是佛教誕生的地方。

長達兩年的徒步探險，一萬二千公里的行程，穿越一百零八個國家，在一千三百年前，玄奘用腳步丈量了絲綢之路。

玄奘的旅程見聞叫做《大唐西域記》。

它是一部地理指南，卻成為考古學家的枕邊書。

這本書與《亞歷山大傳奇》和《馬可‧波羅遊記》齊名，珍藏著絲綢之路一千五百年的榮耀。

這本書曾經被認為是一份軍事情報，充滿爭議，但歷史最終證明，《大唐西域記》給那個時代的亞洲帶來了政治的和平以及精神的慰藉。

有人說，它幫助人們揭開了印度的古代歷史，這對於人類來說是無價之寶。

有人說，玄奘在「國際化」這個詞誕生以前就已經是個「國際化」的人物了。

有人還說，中世紀印度半島的歷史一片黑暗，玄奘是唯一的光芒。

直到今天，關於這位唐朝僧人的西行歷程，還存在著許多不為人知的祕密。

最先進的電腦特技與最古老的東方藝術完美融合，

魔幻與現實第一次失去各自固守的疆界，

《大唐西遊記》，正在震撼您的視聽！

CONTENTS
大唐西遊記
目次

大唐・玄奘・真經

吳蔚／撰稿

　　唐僧，顧名思義，就是唐朝的和尚。但是只要一提到唐僧，人們毫無例外地都會知道是指玄奘，而不是任何一位其他的唐朝和尚。在高僧如雲的唐朝，這個稱謂對於一個單體的個人而言，本身就是崇高的名譽，無上的榮光。

　　那麼，歷史上的玄奘到底是一個什麼樣的人？到底是什麼樣的經歷和成就使他贏得了「唐僧」的稱號，成為了唐朝和尚的代表？他跟傳奇名著《西遊記》中的唐僧到底有沒有關聯？本書講述的就是玄奘真實而不平凡的一生。

壹 釋門路

唐太宗的名字「世民」為「濟世安民」之意，此時，他靠著「大義滅親」的手段新即帝位，地位尚不穩固，一切的一切都需要時間來處理。做為中國歷史上最富盛名的帝王之一，他有著廣闊的胸襟和不凡的氣度，但最初在處理佛教和僧人西行求法問題上較為保守，也正因為如此，才有了後來玄奘的種種歷險，才有了那本驚世傳奇──《西遊記》。

1. 釋門千里之駒

隋朝開皇二十年，西元 600 年，隋朝立國進入了整整第二十個年頭，這是充滿變數的年份。

這一年，發生了一件舉國震驚的大事──隋文帝楊堅廢去了長子楊勇的太子位，改立次子晉王楊廣（後來的隋煬帝）為太子。當時，楊勇位居太子已長達十九年，且性情寬厚率真，參決軍國政事亦多為人稱道。當然，晉王楊廣也有著不凡的名聲──儀表優雅，風度翩翩，禮賢下士，儉樸仁孝。最重要的是，他不像兄長楊勇那樣喜好女色、崇尚奢華，由此深得隋文帝皇后獨孤伽羅的歡心。獨孤伽羅是歷史上有名的強勢皇后，頗有政治才能，常參預國家大事，宮中將她與隋文帝並稱為「二聖」。獨孤皇后生活儉樸，不好華麗，對長子楊勇的風流奢靡十分看不慣，一意廢掉楊勇的太子位，改立更討她歡心的楊廣為太子。隋文帝素來敬畏妻子，二人結婚之時曾有「誓無異生之子」的誓言，因此獨孤皇后的態度有決定性的作用。誰也沒有想到，一切廣為稱頌的美德都是楊廣為了達到當太子的目的而偽裝矯飾出來的。這位號稱中國歷史上性格最複雜的帝王，即位後立刻迫不及待地暴露了本性，奢侈殘暴，直接導致了天下大亂，群雄並起。從他父親楊堅開國，到他手中滅亡，隋朝立國不過三十七年時間，成為歷史上又一個短命的王朝。

在這一年，還發生了一件大戰事，西突厥步迦可汗

隋文帝楊堅像

（即達頭可汗）引兵犯邊。隋文帝派大軍分兩路追擊：楊廣和尚書右僕射楊素率軍出靈武道（今寧夏靈武南）；漢王楊諒（隋文帝第五子）與行軍總管史萬歲出馬邑道（今山西朔縣）。兩路隋軍均取得了勝利，楊廣一路斬首千餘級，史萬歲一路追擊百餘里，斬首數千級。步迦可汗懼而退兵，並在兩年後的一場犯邊戰事中，再次大敗於隋軍，且被隋將楊素一路追擊六千餘里，從此遠遁漠北，再也不敢輕易南下。

同樣在這一年，還發生了一件當時看起來微不足道的事：在洛州緱氏陳村（今河南偃師緱氏鎮附近）某個官宦之家，誕生了一個名叫陳禕的小男孩。這個小男孩，就是本書的主人公玄奘。陳禕是俗名，玄奘則是他出家後的法號。

以上是發生在西元 600 年的三件事，表面看起來毫無關聯，

玄奘故里

實際上卻並非這樣。楊廣後來當上了皇帝，直接下詔允許洛陽剃度僧人，這其中就有陳禕。而當陳禕成為玄奘法師後，前往印度取經，得到了西突厥步迦可汗之曾孫肆葉護可汗的大力支持，二人還在西突厥的汗庭有一次歷史性的會面。

陳禕出生時，佛教在中原正處於繁榮興盛的階段，這與皇帝的大力推崇密不可分。隋文帝本人就是出生在佛寺內，自幼由尼姑智仙撫養長大，因此他篤信佛教，總是說：「我興由佛法。」開皇元年（西元 581 年），隋文帝建立隋朝後不久，便公開宣稱天下一統太平均是佛教之力，還頒下詔書說：「境內人民聽任出家當和尚，並令計口出錢，營造佛像。」崇佛之風因之大起。據《隋書》上說，民間佛書十分流行，多於儒家《六經》數百倍。

就在陳禕出生後的第二年，隋文帝詔令天下三十一州建造靈塔，以奉養佛舍利，還特意發布詔書：「朕歸依三寶，重興聖教，思與四海內一切人民俱發菩提，共修福業。使當今現在，爰及來世，永作善因，同登妙果。」他在位期間，共度僧尼凡二十三萬人，寫佛經四十六藏十三萬卷，修治故經四百部，造佛像六十餘萬軀，修治故像一百五十九萬軀，造寺塔五千餘所。花費如此大的經費與精力在佛教上，在中國皇帝中十分罕見。

佛風如此盛行，以致當時的儒家士子大都以談玄論佛為時尚。陳褘的父親陳惠早先擔任過隋朝的縣令，對儒家經術很有研究，同時也是一名虔誠的佛教徒。在這樣的大環境下耳濡目染，陳褘還在幼年時就對佛學產生了濃厚的興趣。據說陳褘出生後不久，母親宋氏（隋洛州長史宋欽之女）夢見他穿著白衣西去，因此問道：「我的兒子，你要去什麼地方？」陳褘回答：「我為求法，往西天去。」

離陳褘家不遠處有座寺院，叫「靈岩寺」（現已改名為「玄奘寺」，歷史上曾經一度被改名為「唐僧寺」），始建於北魏年間。陳褘還是孩童時，便經常到寺裡聆聽佛法，據說年僅幾歲的他已經能與寺中僧人辯經，並能問住僧人。

陳褘五歲時，母親宋氏因病去世。這對他幼小的心靈來說，不能不說是個沉重的打擊。就在這一年，隋文帝臥病在床，召太子楊廣入居大寶殿。楊廣認為自己登上皇位的時機來了，迫不及待地寫信給楊素 **註**1，請教如何處理隋文帝後事。不料送信人誤將楊素的回信送至了隋文帝手上。隋文帝大怒，隨即召楊廣入宮，打算當面責問他。正在此時，宣華夫人陳氏（陳宣帝陳頊之女）衣衫不整地跑進來，哭訴楊廣在半路調戲她。隋文帝勃然大怒，拍床大罵，決心立即廢黜楊廣，重立長子楊勇為太子。楊廣得知後搶先下手，在宮中遍布親信，殺父即位，成為歷史上著名的隋煬帝。而這場重大政變的引子——宣華夫人則另有奇遇，隋煬帝即位後，立即派人送給宣華夫人一只精美的金盒。宣華夫人以為隋煬帝要賜毒酒鴆殺自己，惶恐不安，打開一看，竟然是數枚同心結，自此又開始侍奉隋煬帝。

隋煬帝即位後，下令在洛陽營建東京。東京建制仿照西京長安，城周長五十五里，城分宮城、皇城及外郭城三重：宮城是皇帝所在處；皇城是文武官司所在處；外郭城就是大城，又稱「羅城」，是官吏私宅和百姓所在處。東京的營建具有重要戰略意義，洛陽由此成為當時中國除西京長安外又一政治、經濟、文化中心及南北交通的樞紐，與長安並稱二都。

當時陳褘的二哥陳素早在洛陽淨土寺出家，法號「長捷」，因博學多才，成為名重一方的高僧。陳褘經常到淨土寺探望兄長，幼小的心靈中已萌發了要出家的念頭。十歲時，父

隋煬帝楊廣像

註1：隋朝開國功臣，隋文帝廢太子楊勇、立楊廣
為太子，楊素曾參與其事。

親病逝，無依無靠的陳禕便到淨土寺投靠二哥，成為了一名少年行者。雖未剃度出家，但他每日都早課誦經，與一般僧人無異，從此開始了正式學佛的生涯。

　　儘管隋煬帝在中國歷史上臭名昭著，以暴君著稱，但對佛教在中國的發展卻做出了貢獻。還在即帝位之前，他便與天臺宗（第一個漢化佛教流派）智顗大師（天臺宗四祖，實際創始人）交往密切，並對智顗執弟子之禮，曾得「總持菩薩」的法號。也有一種說法，說是隋煬帝並非真心崇拜智顗的佛教修為，而是忌憚他的禪法。在智顗死後次年，當時還是太子的隋煬帝下令打開禪龕，想看看智顗是否有靈異，結果發現面貌如生。即皇帝後，隋煬帝又再次下令打開禪龕，結果發現智顗屍骨全無。無論真實出發點如何，隋煬帝大力支持天臺宗，客觀上提高了南方僧人的地位，促進了南北方文化的交流。他還下令在全國廣建寺宇，並承繼南朝佛教講經的遺風，經常在四方館內舉辦講座、法會，進行佛經的勘定或校正等工作。

　　由於當時僧人可免除一切世俗義務，如賦稅、徭役和兵役等，如此一來，不少人趁機出家以逃避義務。隋煬帝登上帝位後，需要大量人力建設徭役工程來滿足他本人奢侈的生活，更需要兵員開邊打仗來滿足虛榮心，因此開始有意控制僧人的數量，對僧人剃度採取極為嚴格的審核制度。他在位期間，剃度僧人僅六千多人，與他父親在位期間的二十三萬僧人相比，顯然不可同日而語。從另一個方面來說，也可看出隋煬帝已清醒地意識到數量龐大的僧人消耗了太多人力和財力，必須進行限制不可。

　　大業八年（西元 612 年），隋煬帝下詔，允許在洛陽剃度二十七名僧人。報名的有一百多人，年僅十三歲的陳禕也在其中，雖然年齡太小，但求度心切，怏怏徘徊在公門之外，結果被主持度僧的大理卿鄭善果發現。鄭善果見他年紀雖小卻氣度不凡，便上前詢問他到這裡做什麼。陳禕說：「我想出家。」鄭善果十分驚訝，問道：「你一個小孩子，為什麼要出家？」陳禕回答說，為了「遠紹如來，近光遺法」。鄭善果深感這孩子談吐不凡，小小年紀便有如此遠大的志向，實在難得可貴，因此說：「誦業易成，風骨難得，若度此子，必為釋門偉器。」於是破格錄取了陳禕。陳禕從此皈依佛門，得到了「玄奘」的法名。

文官俑（唐代）

玄奘果無辜負鄭善果的期望，他專心致志研究佛學，加上天資聰穎，很快就在淨土寺脫穎而出。當時淨土寺開設了兩個講壇：一個由景法師主講《涅槃經》，另一個由嚴法師主講《攝大乘論》。玄奘兩個講壇都學，每講必聽；凡經文教義，只要聽過一遍，稍加整理，他就能將師父所講內容發揮解析出來。如此，玄奘經常被眾僧推舉升座復講，且講得頭頭是道，令眾人欽佩不已。

　　正當玄奘在淨土寺潛心研究佛法之時，外面已經是天下大亂，這其中的根源便是隋煬帝。

　　隋煬帝即位之時，正是隋朝的盛世，「承文帝餘業，海內殷阜」（《貞觀政要·安邊第三十六》）。然而他仗恃國力富強，開始驕奢淫逸，幾乎每年都要徵發重役，大興土木。舉例而言：營建東都洛陽，役使男丁多達兩百萬人；開發大運河，先後調發諸郡農民和士兵三百多萬人；在榆林（今內蒙古準噶爾旗東北十二連城）以東修長城，兩次調發男丁一百二十餘萬，役死者十之五、六。十餘年間，總計被徵發擾動的農民不下一千萬人次，平均每家每戶至少有役者一人，造成「天下死於役」的慘象。隋煬帝還喜歡外出巡遊，曾經北出長城，西巡張掖，南遊江都，還在長安、洛陽間頻繁往返。史稱隋煬帝「靡有定居」，在位十二年，居京不足一年，而到處巡遊卻占了十一年。每次出遊，都要大治宮室，「無日不治宮室」。巡遊隊伍所過之處，如同蝗蟲一般，將沿途百姓刮得精光，無不傾家蕩產，許多郡縣甚至強迫農民預交幾年的租調 2。隋煬帝的每項工程，規模龐大，給天下百姓帶來了無比深重的災難，烽火因之頻起。

　　最諷刺的是，最早揭竿而起的竟然是一群佛教徒。大業六年正月初一黎明時分，天還未亮，數十名自稱「彌勒佛」的人悄然出現在洛陽皇城外。這些人身穿白衣、頭戴素冠，焚香持花，逕自來到皇城端門──建國門。當時佛教盛行，佛教徒也備受禮遇，守衛建國門的衛士見「彌勒佛」大駕光臨，均跪下磕頭。不料「彌勒佛」們突然奪取了衛士的武器，預備衝入皇城，圖謀起事。湊巧的是，剛好齊王楊暕（隋煬帝之子，母蕭皇后）路過此地，馬上率兵將這些人殺死。洛陽立即展開了大搜捕，受牽連而獲罪的達一千餘家。此事史稱「建國門起事」，成為隋末農民大起義的有力信號。

　　隋煬帝年輕時征戰沙場，即位後有開邊的雄心，曾經親征吐谷渾，又打算進攻高句麗。為了準備戰爭，隋煬帝下詔徵全國各地的水陸兵，四方徵糧，舉國就

註2：租庸調制是隋唐時實施的賦稅制度，以人丁為單位授田，「租」即田租，「庸」是力役，「調」則為戶調（絲、麻等物產），此外尚有雜徭、色役。

役，致使「耕稼失時，田疇多荒」，「穀價踴貴……米斗值數百錢」，民不聊生。河東的涿郡和山東的東萊是隋朝進攻高句麗的軍事基地，這一帶人民負擔的兵役和徭役最沉重，加以水旱災荒不斷發生，就在隋煬帝大舉進攻高句麗的前一年，即大業七年，山東鄒平人王薄率領民眾在長白山（今山東章丘東北）起義，由此掀起了全國起義的大風暴。王薄自稱「知世郎」，作《無向遼東浪死歌》以號召民眾。歌詞唱道：「長白山前知世郎，純著紅羅錦背襠，長矛侵天半，輪刀耀日光。上山吃獐鹿，下山吃牛羊。忽聞官軍至，提刀向前蕩，譬如遼東死，斬頭何所傷。」時人為了逃避兵役，紛紛趕去歸附。隋煬帝惶恐不安，為了遏止起義勢力的發展，下令各地郡縣、驛亭、村塢各築城堡，將民眾遷往城堡中居住，於近處種田，以圖控制，實際上就是一種變相的圈禁，結果卻是激起了更大的民變。

大業八年，隋軍出動一百一十三萬餘人攻打高句麗，大敗於遼東城（今遼寧遼陽）和平壤城下。隋煬帝惱羞成怒，次年再發兵圍攻遼東城。這時，在黎陽（今河南浚縣境）倉督運軍糧的禮部尚書楊玄感（楊素之子）見朝政日益混亂，「百姓苦役，天下思亂」，在李密（上柱國、蒲山公李寬之子）的慫恿下，趁隋煬帝出兵高句麗之機，起兵反隋。李密向楊玄感獻上、中、下三策：上策，取薊城（今北京市），據臨渝（今山海關），絕煬帝歸路；中策，直取長安，據險而守；下策，襲取東都，號令四方。楊玄感採用了下策。由於當時人民對隋煬帝的暴政已恨之入骨，所以楊玄感很快就聚集了十餘萬人，殺到洛陽城下。當時洛陽由越王楊侗（隋煬帝太子楊昭次子，楊昭早死）留守，楊侗率兵死守，楊玄感屢攻不克。

隋煬帝在遼東得到洛陽告急書，大驚，立即連夜班師。軍資、器械堆積如山，皆棄而不顧。後軍數萬人被高句麗軍追擊，羸弱數千人被殺。隋煬帝回師後，命令大將宇文述、屈突通（屈突為姓）、來護兒等分路進攻楊玄感。楊玄感腹背受敵，被迫突圍西趨潼關，欲取長安，在半路為宇文述等追及敗死。隋煬帝回到洛陽，說：「楊玄感一聲號召，便聚眾十萬，更證明天下人不要多，人多盜也多，不殺個乾淨，怎能懲戒別人？」於是派大理卿鄭善果（錄取玄奘為僧之人）和御史大夫裴蘊以峻法處治楊玄感黨徒，三萬餘人被殺，六千餘人被流徙，其中大半是無辜受牽連枉死者。楊玄感曾開倉賑濟百姓，凡取米的人都被坑殺在東都之南。

一年後，隋煬帝第三次發兵進攻高句麗。士兵逃亡相繼不絕，隋煬帝勃然大怒，下令斬逃亡者以血塗鼓，卻也不能制止。出兵後不久，農民起義遍及全國，隋王朝岌岌可危。高句麗也人馬困憊，高句麗王高元派使者議和。隋煬帝擔心腹背受敵，只好同意與高句麗議和，倉促收兵。

洛陽城遺址

大業十二年七月，隋煬帝從東都洛陽去江都。次年四月，李密率領瓦崗軍逼圍東都，並向各郡縣發布檄文，歷數隋煬帝十大罪狀，還說：「罄南山之竹，書罪無窮；決東海之波，流惡難盡。」又指出當時形勢猶「瀉滄海而灌殘熒，舉崑崙而壓小卵」，言隋之滅亡，指日可待。隋煬帝處境堪憂，在江都卻越發荒淫昏亂，命江都宮監王世充 註3 挑選江淮民間美女充實後宮，每日以酒色取樂。又引鏡自照，對皇后蕭氏說：「好頭頸，誰當斫之！」蕭皇后驚問緣故，隋煬帝強笑說：「貴賤苦樂，沒有一定，斬頭也不算什麼！」此時，他已經預感末日將到，但卻無可奈何，只想得過且過了。

大業十四年三月，江都糧盡，隋煬帝的隨從衛士是關中人，謀劃逃歸故里。將軍宇文化及、宇文智及、宇文士及（三人皆宇文述之子，其時宇文述已死）以及司馬德勘、趙行樞、裴虔通等煽動隋軍衛士發動政變，攻入宮中。隋煬帝換裝逃到西閣，被叛軍俘獲。隋煬帝很不服氣地問道：「我犯了什麼罪？」叛軍歷數他的罪惡。隋煬帝氣憤不過，便說了一句話：「我實在對不起百姓，至於你們，跟我享盡富貴榮華。為什麼這樣對我？」他身邊十三歲的愛子趙王楊杲哭號不已，被裴虔通一刀殺死。叛軍要殺隋煬帝，隋煬帝說：「天子自有天子的死法，怎能用刀殺，快些取毒酒來。」叛軍不許。隋煬帝又解下巾帶給叛軍，於是被縊死，時年四十九歲。

隋煬帝被縊殺後，皇后蕭氏與宮女拆漆床做成小棺，將隋煬帝和趙王楊杲一起葬在宮中西院的流珠堂裡；後被改葬到江都宮西吳公臺下的雷塘，最後草草葬於武功西原上的楊陵。同年五月，關隴貴族李淵 註4 稱帝，是為唐高祖，國號唐，定都長安，隋朝正式滅亡。

隋煬帝是中國歷史上名聲最差的皇帝之一，是歷史上公認的昏君和亡國之主，以殘暴著稱於世，唐追諡為煬帝。按照《諡法》解釋：逆天虐民、去禮遠眾、好內遠禮曰「煬」，顯然是個惡諡，含有貶義。然而，在某些重大場合下，隋煬帝卻是與孔子相提並論的人物—— 孔子的「有教無類」思想和隋煬帝始創的科舉考

註3：本為西域胡人，幼時跟從其母改嫁王氏，因從王姓。
註4：隋煬帝表兄，李淵母為獨孤信第四女，隋煬帝母為獨孤信第七女。

試制度均是中國教育的先驅。在中國歷史上，能夠名傳千古並影響後世的人，無非有兩類，一類是留下思想的人，一類是留下制度的人。剛好，孔子和隋煬帝楊廣就分別屬於這兩類人。隋煬帝年輕時好學，頗有文采，作有〈春江花月夜〉：

> 暮江平不動，春花滿正開。
>
> 流波將月去，潮水帶星來。

意境優美，境界開闊，寫盡春江美麗的月夜景色，極富動感。

從農民起義大爆發到隋朝滅亡的這一段期間，戰火四起，東都洛陽因其特殊戰略地位，成為各方割據勢力爭奪的焦點。甚至連寺廟也受到了影響，淨土寺再也不能成為一方淨土。僧人們無法置身歷史洪流之外，為了逃避戰亂，紛紛西行。玄奘與兄長長捷跟著離開了洛陽這個是非之地，前往相對安寧的長安。一路上烽火不斷、哀鴻遍野，讓年輕的玄奘留下極為深刻的印象，人間的悲苦更加堅定了他要窮盡佛說的決心。

玄奘與兄長先是來到了長安莊嚴寺，向名僧道基求教。道基對玄奘的聰慧非常嘉許，感嘆地說：「我曾經遊歷過不少地方，從來沒有見過如此聰慧的少年。」當時唐高祖李淵剛剛稱帝，長安的一切百廢待興。玄奘兄弟又跟隨道基一道前往蜀地成都。成都未受戰亂影響，在當時已成為宣揚佛法的中心，高僧雲集。正是在這裡，玄奘藉由數年的鑽研努力，學業大進，於武德三年（西元 620 年）受了具足戒，正式取得僧人的資格。具足戒即大戒，出家者只有受過此戒才能成為比丘、比丘尼。這一年，玄奘二十一歲。

儘管玄奘在蜀地名聲大振，但他並不滿足，說：「學習佛經貴在理解其中奧妙之意，重在修持求證。如果單在一個地方學習，是無法求得佛經精髓的。」他決定要追求更高的目標，到全國各地去學習佛法。當時唐朝雖已立國，但天下尚未歸於一統，各地不斷有割據勢力反唐，不少地區仍處於兵荒馬亂。長捷擔心弟弟的人身安全，一再勸阻玄奘。但玄奘決心已下，毅然辭別兄長，沿長江東下，先後在荊州（今湖北江陵）、趙州（今河北趙縣）、相州（今河南安陽）等地遍訪名師，廣涉佛經。由於他勤奮好學，智力超群，過目不忘，所到之處均聲名遠揚。武德九年年初，玄奘二度來到長安，此時的長安已與他上一次到來時大不相同。

壹、釋門路

剃度（唐代）

此時，開國皇帝唐高祖正衡慮對佛教採取抑制政策，這其中蘊含著極為深刻的歷史背景。唐高祖曾經明確地說：「父子君臣之際，長幼仁義之序，與夫周孔之教，異轍同歸，棄禮悖德，朕所不取。」（《唐會要・議釋教上》）由此可見，利用儒學維繫現實的封建宗法制度是他首要考慮的問題。儒學生於中土，強調階級之別，要求上下尊卑，井然有序，各安其位，不得僭越；強調忠孝，要求臣忠於君，子孝於父，臣子絕對服從君父。這些要點有利於加強皇權統治，因此成為維護封建統治秩序的根本所在，而佛教和道教恰不具備這些要點。故自漢代儒學成為正統意識型態後，儘管歷朝歷代有一些帝王出於喜好或目的，袒護佛教或道教，但卻沒人敢徹底廢除儒學。

由於隋朝對佛教的大力扶持，僅隋文帝在位期間，剃度僧人數目即多達二十三萬，導致佛教再度成為一股不容忽視的強大社會力量。前面提過的隋大業六年的「建國門起事」，便是由彌勒佛信徒發起。後來陝西鳳翔沙門向海明聚眾數萬人，河北唐縣宋子賢擁眾千餘家，均是用「彌勒出世」來號召民眾，發動武裝暴動。隋末唐初時，懷戎（今河北涿鹿縣西南）僧人高曇晟趁官府下令設齋作法事、百姓前來拜佛、人員大集之機，糾集五千多名僧人起事，一舉殺死縣令及鎮守的軍將，高曇晟自稱「大乘皇帝」，立尼姑靜宣為「邪輪皇后」，建元「法輪」。由此可見，佛教徒已然成為不容忽視的勢力。就連唐王朝平定天下時，亦必須藉助沙門的力量—— 唐高祖李淵稱帝前，為積蓄力量，曾暗中籠絡才能出眾的僧侶，如僧人法雅，「黠慧過人，懂拈閫戰陣之術」，李淵將其籠絡入自己麾下，命兒子們對其禮拜。李淵起兵太原時，又命法雅祕密參與機要之事，對他的建議言聽計從。後來法雅功成身退，為化度寺住持；唐武德三年，李世民率軍圍擊割據洛陽的王世充，聯合了少林寺武僧，由此演變出著名的「十三棍僧救唐王」的故事；武德五年，唐高祖認為馬邑（今山西朔縣）沙門「雄情果敢，烽耀屢舉」，

從中選拔出兩千名武藝高強的僧人，充兵兩府。天下統一後，便要建立王朝新秩序，鞏固自己的政權，以何種態度對待佛教便成當朝皇帝不容迴避的問題。

武德四年，太史令傅奕（還俗道士）上表唐高祖，指責佛教「剝削民財，割截國貯」，「軍民逃役，剃髮隱中；不事二親，專行十惡」，認為佛教蠱惑人心、盤剝民財、消耗國庫，請求朝廷採取措施，減少僧尼數量，「令蹻課之黨，普樂輸租；避役之曹，恆忻效力」。傅奕有意扶道抑佛，但他也講出了當時的實際情況：佛教寺院廣占土地、隱匿人口、聚斂財物，直接與國家爭奪土地和勞動人手，確實嚴重影響了國家的財政收入。然而，對皇帝而言，需要權衡的還有更多。佛教在中國已流行傳播了六百年之久，勢力強大，更為可慮。唐高祖頗是猶豫，認為公然採取措施打擊佛教或扶植佛教，在當時均不合適，便徵詢太子李建成的意見，李建成與佛教界代表人物法琳交往密切，竭力為佛教辯護。法琳以護法者自居，多次來到殿堂為佛教申辯。唐高祖一時不能決定，便將傅奕上表暫時擱置。

武德七年，傅奕再次上疏，這次言詞更形激烈，說：「佛在西域，言妖路遠；漢譯胡書，恣其假托。故使不忠不孝，削髮而揖君親；遊手遊食，易服以逃租賦。演其妖書，述其邪法，偽啟三塗，謬張六道，恐嚇愚夫，詐欺庸品。」他前後七次上疏，堅決請求罷除佛教。而產生於中國本土的道教，也藉此機會展開對佛教的抨擊，由此掀起了唐初引人矚目的佛、道之爭。清虛觀道士李仲卿著〈十異九迷論〉，劉進喜著〈顯正論〉，託傅奕轉奏唐高祖。法琳則著〈辯正論〉，以「十喻九箴」對道教進行回擊。佛、道之爭辯日益激化，事情進入白熱化狀態。

這場發生在唐初時期道教與佛教之間的大辯論，主要是從兩教的教義立論。兩方均是為了爭得唐高祖的支持，極力為自己巧言辯飾，對對方進行誇大其詞的攻擊。唐高祖見事情鬧大了，不得不出面調停，弄了個在中國歷史上非常有名的三教論壇：即將儒、釋、道三教的代表人物召集在一起，請國士徐匡講《孝經》、僧人慧誠講《心經》、道士劉進喜講《老子》，由陸德明評析三人闡述的優劣得失。

但這不過是形勢上的文章，最終沒有任何結果。做為開國皇帝的唐高祖，所關心之重點並非教義本身的是非曲直，而是如何利用三教來加強切身的政治經濟利益。他對佛教或者道教的興趣，僅僅限於與唐王朝利益一致的方面。

唐高祖將傅奕上疏交給群臣討論，泰半大臣均偏祖佛教，尚書右僕射蕭瑀 **註** 5更是挺身而出，當面與傅奕爭論，只有太僕卿張道源一人支持傅奕。但唐高祖本人相當認可傅奕的觀點，尤其對沙門道士逃避賦役深惡痛絕。武德九年四月，唐高祖經過長時間的猶疑後，最終決定對佛教加以抑制，同時遭殃的還有道教，下詔沙汰 **註** 6全國的僧、尼、道士、女冠，修煉精深的僧道，可遷到大寺觀，供給衣食，餘者則強令還俗，返歸故里；京城保留佛寺三所，僧人千餘，道觀二所，各州各留一所，其餘均廢除。

毗盧寺壁畫

雖然表面看來佛寺比道觀多出了一所，但這並非偏護佛教。隋朝時，佛寺和佛教徒的數量已遠超過道觀和道教徒的數量，因此，唐高祖重新規定佛寺只比道觀多出一所，實際上是有意偏護道教。之所以如此，則是為了抬高李姓的地位。魏文帝曹丕時期，形成了所謂「九品官人」的士族制度，其崇尚門第郡望的思想對後世影響甚大。唐朝李氏雖出身隴西，可是並非望族。為了抬高出身門第，唐高祖決定攀附道教始祖李耳（即老子）作祖先，以此增強從隋朝手中奪取天下的合法性，特意下詔敘三教 **註** 7先後：「老教、孔教，此土之基；釋教後興，宜崇客禮。今可老先，次孔，末後釋宗。」（《集古今佛道論衡》）並多次臨幸終南山老子廟，以實際行動來表示對道教的支持。這樣，雖然依舊是三教共存，佛教卻被刻意排在了三教中的最末位。皇帝對佛、道的不同態度也許並非佛、道興衰的唯一原因，

註 5：唐太宗凌煙閣二十四位功臣之一，排在名將李靖之後。
註 6：淘汰、整頓之意，指強令部分僧尼還俗。

但因其擁有至高無上的權力，由此對佛、道二教的發展影響甚巨。於是，這場發生在唐初的佛、道之爭，由於皇權的介入，最後以佛教落居下風而告終。玄奘便是在唐高祖「抑佛」的大背景下再一次來到了長安。在高祖下令大規模廢除佛寺之前，他首先來到大覺寺，跟隨名僧道岳學習《俱舍論》。他非凡的才華很快引起了一個人的特別注意，這就是前面提過那位堅決支持佛教的尚書右僕射蕭瑀。

蕭瑀，字時文，其祖父為後梁宣帝蕭詧，其姊為隋煬帝皇后，甚至其子蕭銳後來也娶了唐太宗長女襄城公主。因為是皇親國戚，蕭瑀在隋朝年紀輕輕就已做到銀青光祿大夫的大官，參決要務，地位顯赫。但他為人骨鯁正直，屢屢勸諫，漸為隋煬帝疏斥。隋煬帝征討高句麗時，蕭瑀力諫該捨高句麗防突厥，隋煬帝震怒，貶蕭瑀為河池郡守。唐高祖即位後，招蕭瑀到長安，授光祿大夫，封宋國公，拜民部尚書，以心腹視之。每次臨朝聽政，都賜蕭瑀升御榻而立，親切地稱呼他為「蕭郎」。唐朝革創，以蕭瑀最熟識國典朝儀，他又孜孜自勉，留心政事，因此深得唐高祖信任。

蕭瑀雖是累世金枝金葉，卻並非紈袴子弟，不僅善學能書，還深精佛理，史載其人「好釋氏，常修梵行，每與沙門難及苦空，必詣微旨」（《舊唐書·蕭瑀傳》）。他對玄奘的才華十分欽佩，當唐高祖下令裁減寺廟、抑制佛教後，他特意向唐高祖舉薦玄奘，建議將其遷到大寺觀莊嚴寺，尚未來得及成行，便爆發了震驚朝野的「玄武門之變」。

唐朝能夠得天下，唐高祖次子秦王李世民功不可沒，因此唐高祖稱帝後，封其為「天策上將」，位在諸王公之上。李世民由此建立天策府，並自設官屬，房玄齡、杜如晦、長孫無忌（李世民內兄）、虞世南、張亮、閻立本、高士廉（李世民舅）、張公謹、侯君集、尉遲恭（字敬德）、秦瓊、程知節（原名程咬金）、段志玄等名重一時的文臣武將均是他的幕僚。

李世民有如此聲勢，自然引起了太子李建成和齊王李元吉的忌恨，尤其是太子李建成，感受到深重的危機和威脅。於是，李建成和李元吉勾結起來，聯合高祖寵妃張婕妤、尹德妃等人，在唐高祖

註7：指儒學、佛教、道教，文中合稱為三教，只是沿用一般說法，方便描述，稱儒學為「儒教」並非認為其就是宗教。

老子像（西安碑林）

面前大進讒言。李世民確有功高蓋主之嫌，唐高祖自此開始猜忌秦王。李世民的至交好友劉文靜時任民部尚書，最先成為犧牲品，以謀反罪被殺，李世民本人也時時身處險境。有一次，太子李建成夜宴李世民，暗中在酒中下了毒。李世民喝酒後，突然心痛如絞，吐了很多血。他自知中了暗算，急忙回到秦王府，幸好解救及時，才不致毒發身亡。

李世民為人深謀遠慮，為了防備不測，打算先派人占有洛陽，以作為基地。武德九年六月，李世民派工部尚書溫大雅、秦王府車騎將軍張亮率領一千多人前去鎮守洛陽，並命他們廣散金帛財物、結交各路豪傑、羅致親信。李元吉大為恐慌，上書告發張亮圖謀不軌，張亮被逮捕下獄，但審訊時張亮一言不發，未牽連出任何人，李元吉也無可奈何。因為沒有真憑實據，張亮不得不被釋放，而重回洛陽。

唐高祖對李世民兄弟之間的明爭暗鬥有所察覺後，深為苦惱，最後決定讓李世民出居洛陽，建天子旌旗，想以此來調解兒臣們的猜忌。李建成與李元吉擔心李世民到洛陽後獨霸一方，「有土地甲兵，不可複製」，便暗中唆使近臣向唐高祖陳說利害。此時的唐高祖昏庸不堪，於是改變主意，不讓李世民前往洛陽。

李建成和李元吉為了剷除李世民的左膀右臂，大肆拉攏秦王府的驍將。李建成先派人贈給尉遲恭一車金銀器具，尉遲恭沒有接受，還將這件事告訴了李世民。李元吉便派殺手前來刺殺尉遲恭。尉遲恭事先得知消息，便故意將家門大開，自己安臥在床上不動。殺手多次來到庭院，卻始終不敢走進寢室。李元吉見行刺不行，又在高祖面前譖毀尉遲恭。高祖下詔擒拿尉遲恭準備處死，李世民堅決請求，尉遲恭才保住了性命。李建成和李元吉又用同樣的手段對付程知節和段志玄，並設法將房玄齡、杜如晦逐出京師。

太子與秦王積怨益深，勢同水火，秦王幕僚們人人自危。房玄齡與長孫無忌力勸李世民剷除太子一黨，但李世民遲遲不能下決心，先後問計於名將李靖、李勣 8，二人均未明確表態，立場實已傾向於李世民一方。

武德九年夏，朝廷突然盛傳突厥將要入侵，太子李建成為了避免李世民重掌兵權，推薦由齊王李元吉領兵出征。李元吉趁機請求讓尉遲恭、程知節、秦瓊、段志玄隨行，並挑選李世民手下的精兵充實軍隊，想藉機奪去李世民屬下的兵將。李建成和李元吉更密謀，等到餞行之日，便在昆明池設宴，乘機刺殺李世民。

註8：即《隋唐演義》中的傳奇人物徐茂公，本姓徐，因功賜姓李。

不料太子宮中的率更丞王晊將這一計畫洩漏給李世民。李世民知道事情緊急，立即入朝將太子的陰謀告訴了唐高祖。唐高祖一時愕然，難以相信，只說：「明天上朝時我要問問他們。」叫李世民次日早朝時再說。然而，此時的李世民已經下定了決心要殺掉李建成、李元吉。

第二天一早，李世民先下手為強，率領親信埋伏在入朝的必經之地玄武門（宮城北門）。當時，唐高祖與李世民的談話內容早被張婕妤密告太子李建成。李建成與李元吉商議對策，元吉認為應趕緊布置軍隊，裝病不朝，以觀形勢。但李建成妄自尊大，認為一切都已經布置妥當，只要入朝打探完消息，便可置李世民於死地。於是，李建成與李元吉一同由玄武門入宮。來到臨湖殿時，兄弟二人發現情況不對，立即打馬東奔，逃往太子宮。李世民在後面大聲叫喊，李元吉欲張弓回射，但倉皇之中，竟然拉不開弓。李世民則搶先一步，一箭射死了對他威脅最大的太子。

此時，尉遲恭趕到，一箭將李元吉射下馬來。李世民親手射死兄長，神情極為不安，竟然跌下馬，再也爬不起來。李元吉只受了輕傷，急忙趕過來，奪下李世民的弓，打算用弓弦勒死李世民。尉遲恭在後面大聲呼喝，李元吉一時之間難以下手，便捨棄了李世民，逃向武德殿。尉遲恭窮追不捨，一箭將李元吉射死。這時，唐高祖正在太極宮中的海池裡泛舟嬉戲，根本不知外頭正發生手足相殘的人間慘劇。突然，李世民的親信尉遲恭全副武裝地入見（按照慣例，這已經是殺頭的大罪）。唐高祖見尉遲恭手握兵器，來勢洶洶，大驚問道：「今日亂者誰耶？卿來此何為？」尉遲恭說：「秦王以太子、齊王作亂，舉兵誅之，恐驚動陛下，遣臣宿衛。」當時名臣蕭瑀、裴寂、陳叔達等人均在場。唐高祖十分惶恐，便問裴寂等人：「不圖今日乃見此事，當如之何？」蕭瑀、陳叔達出面圓場說：「建成、元吉本不預義謀，又無功於天下，疾秦王功高望重，共為奸謀。今秦王已討而誅之，秦王功高宇宙，率土歸心，陛下若處以元良，委之國事，無復事矣！」（《資治通鑑・卷一百九十一》）唐高祖見一旁的尉遲恭手按劍柄，咄咄逼人，大有一言不合便要動手的架勢，只得勉強表示同意，並下達「諸軍並受秦王處分」的手令，才算平息了這場事變。

唐高祖又召見李世民安撫。李世民跪在地上，吮吸唐

唐太宗李世民像

尉遲恭（年畫）

高祖趾頭，慟哭許久。這顯示他心中著實難安，這種不安也持續了終生，所以才有後來他臨死前向玄奘詢問因果報應一事。唐高祖見事已至此，不得不順水推舟，立李世民為皇太子，並下詔：「自今軍國庶事，無大小悉委太子處決，然後聞奏。」到了八月，便正式傳位於太子，以太上皇的身分徙居大安宮，不再預聞國事。唐高祖在歷史上並無留下太好名聲，只予人平庸的印象，實際上，這是因為他夾在歷史上最著名兩個皇帝之間的緣故，前有大名鼎鼎的隋煬帝，後則有鼎鼎大名的唐太宗。

武德九年八月，李世民在東宮顯德殿即位，時年二十八歲，這就是中國歷史上著名的唐太宗。唐太宗即位後，宣布大赦天下，並廢除了唐高祖的抑佛措施，佛教因此又恢復了舊觀。但這並不意味著唐太宗積極向佛，而是因為他急於鞏固自己的權力和地位，不願意因抑制佛教而帶來動蕩和不安，畢竟當時除了官僚階層外，最有勢力的集團就是佛教僧徒。

當初李世民為親王時，太子、齊王經常進讒言，蕭瑀則在唐高祖面前為秦王鳴不平。唐太宗即位後，感激往事，遷已拜尚書右僕射的蕭瑀為尚書左僕射（與漢代尊右不同，唐制以左為尊）。剛好此時莊嚴寺慧固法師病逝，蕭瑀就在這個時候向唐太宗提起了玄奘，這應該是唐太宗初次聽到玄奘的名字。蕭瑀推崇玄奘的才華，奏請唐太宗讓玄奘主持莊嚴寺，事見《續高僧傳・卷四》。史籍中沒有記載唐太宗的反應，但推斷起來，他應該並未因此留意到玄奘，至少沒有特別在意這件事，因為他此時對佛教全然無興趣，遑論一名僧人了。

莊嚴寺是當時長安有名的大寺廟，能做大寺廟的住持，是多少僧人夢寐以求的理想。玄奘年紀輕輕，卻已得到住持的提名，可見他的才華老早譽滿京華。然而，事出意外，玄奘竟拒絕了蕭瑀讓他做莊嚴寺住持的推薦，而於貞觀元年（西元627年）春移住莊嚴寺，在長安安頓下來。顯然，他沒有忘記剃度時許下的志向：「遠紹如來，近光遺法」，他還有更高更遠的目標。

這一年玄奘二十八歲，之前的二十七年，九年在家鄉度過，九年在洛陽淨土

寺度過，其他九年則在四方遊歷求學中度過。住進莊嚴寺後，玄奘跟隨名僧法常和僧辯學習《攝大乘論》。二僧是當時公認的佛學權威，被稱為「二大德」，均對玄奘讚不絕口，稱他為「釋門千里之駒」。自此，通曉各家之說的玄奘開始遠近馳名。

　　盛名之下的玄奘卻沒有絲毫喜悅，他很嚴肅地告訴蕭瑀說：「我周遊各地，為的是學習佛法。現在流行的佛法，我已經蘊藏胸中。但我國法師所講的義理，常常因為派別紛爭而各抒己見，對佛法的傳播十分不利。我很想到西方閱讀原始的佛教經典，然後再回到中土傳播，這樣才能振興佛法。為此，我已準備將生死置之度外，誓死求得正法。」這是玄奘將要到印度取經想法的最初流露。

　　南北朝以來，由於佛教譯經浩繁、種類雜多，致使歧義紛出，師說林立。為調和各類佛典之間的矛盾，克服佛教內部的理論分歧，南北朝時已出現了判教的做法。所謂「判教」，是斷定佛教主要經典和體系各有其存在的理由和價值，但以本宗信奉的那部分為至尊，處於圓滿地位。這類判教，到隋朝時特別流行，雖缺乏史實根據，卻反映了隋唐宗派佛教的一個共同傾向：宗派性是強烈的，對異己者是寬容的；調和是主流，爭鬥僅限於高低主次的理論陳述。正因為中國佛教經論體系雜亂，對於一些問題各家說法頗多分歧，部分經典的翻譯又差錯較多，儘管玄奘深研國內主要經典，遍訪名師，但對佛家經典依然「莫知適從」。當他聽說印度保有諸多原始佛經後，便決心西遊，「以問所惑，並取《十七地論》，以釋眾疑」。為了準備西行，玄奘積極向駐留長安的番僧學習梵文，還有意進行各種身體鍛煉，以應付即將到來的艱辛旅途。

　　唐太宗的名字「世民」為濟世安民之意，此時，他藉由「大義滅親」的手段取得帝位，地位尚不穩固，所有的一切都需要時間來處理。他的某些政策並不利於僧人西行求法，也正因為如此，才有了後來玄奘的種種歷險，才有了那本驚世傳奇──《西遊記》。

梵文

2. 金人傳奇

玄奘的出生地，恰位於從洛陽到嵩山的古官道上，其西邊十公里處是白馬寺，西南二十公里處則是龍門石窟，東南二十公里處是嵩山。這三個地方，不僅是名滿天下的旅遊勝地，且在中國佛教史上均有著舉足輕重的地位。我們便以這三個地方為主線，來簡要講述佛教在中國的發展史。

一切故事要從一個金人說起，發生在距離玄奘出生年代十分遙遠的漢朝。

漢武帝元狩二年（西元前121年）三月，驃騎將軍霍去病率領萬騎出隴西擊匈奴。這一戰中，漢軍大獲全勝，殺死匈奴折蘭王和盧侯王，俘獲渾邪王子及相國、都尉，殺死俘虜匈奴兵共八千九百餘。當時漢軍深入匈奴腹地，能夠在補給困難的情況下取勝，主要是靠武器上的優勢。漢朝建國以後，冶煉之術大大提高，已由青銅器時代進入鐵器時代，而漢軍的強弩能夠遠距離射擊，在抑制匈奴騎兵上發揮了極為關鍵的作用。匈奴的經濟遠遠落後於中原，除了俘虜和馬匹外，亦無其他能讓人欣喜的戰利品，但卻有一個金人，引起了漢軍主帥霍去病特別的注意。當然，並不是因為這個金人是純金做的，而是因為它被供奉在匈奴休屠王王庭的高臺上，顯然不甚尋常。據匈奴俘虜說，這是休屠王的祭天金人，來自遙遠而神祕的身毒。

「身毒」是西漢對古印度某一部分的叫法，東漢以後稱「天竺」。一直到唐朝，去天竺取經回來的名僧玄奘在其名著《大唐西域記》（玄奘口述，辯機撰錄）中特別指出：「關於天竺國家的名稱，歷來有許多不同叫法，舊時叫做身毒，或者叫信度、賢豆，很是讓人混亂。若根據梵文音譯，正確應該稱作印度。」據說「印度」這一名稱係由印度河之名引申而來，但玄奘卻有自己的解釋和說法：「印度者，唐朝的話就是月亮。月亮有很多名稱，印度是其中之一。意思是說，所有生物生生死死，輪迴不息，好像一個沒有光明的長夜，沒有一個清晨的掌管者，就好像白日既已落山，夜晚就點上蠟燭，雖有星光來照明，哪能如同朗月的明亮？就由於這種情況，才把印度比成一輪明月。實是因為在這個國家，聖賢相繼出世，遺法相傳，教導群生，條理萬物，猶若月光照臨。

洛陽白馬寺

漢武帝劉徹像

由於這般原因，才把本國家稱為印度。」此後，印度一名襲稱至今。為了方便起見，本書一律用印度來稱古印度。

繼續回到金人的話題。「祭天金人」，就是威震四方的大漢天子漢武帝劉徹得到的第一報告。當然，我們後來知曉了這座所謂的祭天金人很可能是一尊佛像，但當時佛教尚未傳入中原，漢朝人還不知道佛像和祭天金人的區別。既然跟天有關，皇帝是天子，天之驕子，祭天金人理所當然受到漢武帝的重視，被認為是一座大神，隆重地供養在甘泉宮裡。漢武帝如此虔誠供奉，其後代也不敢怠慢，祭天金人便在甘泉宮中見證了西漢王朝風風雨雨的歷程，直至西漢覆滅，王莽從劉氏政權手中篡位、建立新朝，之後又敗於劉秀，身敗名裂。在一連串爭鬥、陰謀、屠殺、血腥中，祭天金人竟也在某一夜詭祕地失去了蹤影，從此下落不明。

但歷史還在繼續，劉秀重新建立了東漢王朝。劉秀是劉氏皇族後裔，未發跡前，居住在南陽。他自幼鍾情於南陽新野著名美女陰麗華，少年時期就立下一個心願：「仕宦當作執金吾，娶妻當得陰麗華。」陰麗華出身名門，陰家先祖是輔佐齊桓公「九合諸侯，一匡天下」的管仲一脈，傳到第七代管修，以醫術名世，從齊國遷居楚國，為陰大夫，便開始以陰為姓。陰家在南陽是高門望族。而劉秀雖是皇室後代，當時王莽已篡位稱尊，劉氏子孫更受到無情的壓迫打擊，劉秀一家早失去貴族的身分，在鄉里的財勢與聲望上遠遠不及陰家。所以，劉秀想娶陰麗華的願望在當時看來不過是不著邊際的空想。然而時勢造英雄，在風雲變幻的歷史大潮中，劉秀不但得償所願地娶到了朝思暮想的陰麗華，還成為了中興漢室的光武帝。陰麗華為劉秀原配，後來劉秀出於政治結盟，再娶了真定王劉揚的外甥女郭聖通。劉秀稱帝後議立皇后，他認為陰麗華先娶，且秉性寬仁，欲立其為皇后，但陰麗華認為郭氏有子嗣，又生長皇室之家，堅決辭讓。最後仍是立郭聖通為后，立其幼子劉強為太子。唯劉秀不忘舊情，對陰麗華非常寵愛，使得郭皇后嫉恨交加，因此「數懷怨懟」，結果反而給了劉秀廢后的藉口。建武十七年，劉秀下詔廢除了郭聖通的后位，改立陰麗華為皇后。不僅如此，還又廢除了郭聖通子劉強的太子位，改立陰麗華之子劉莊為太子，即後來的漢明帝。

漢光武帝劉秀像

本已經被遺忘的祭天金人的故事又再一次從漢明帝劉莊開始了。

漢明帝登基後第七年，太后陰麗華患病去世。漢明帝能夠登上皇位，全憑靠劉秀對陰麗華的寵愛，因此他與母親感情深厚，自母親病逝，日夜思念，再也不曾睡過一個好覺。有一天晚上，漢明帝終於在疲累中睡著了，卻做了場怪夢。夢中有一個金人，項間和頭頂上有圈白光像是閃爍的日輪，忽閃忽閃的，在宮殿中四處漂浮搖晃，神情怡然自得。漢明帝十分驚訝，正要問他是誰、從哪兒來，金人卻突然冉冉上升，升到半空，徑自往西飛去，而夢到這裡就醒了。漢明帝嚇了一大跳，仔細察看四周，除了閃爍不定的燭光外什麼都沒有。

漢明帝覺得這場夢有強烈的暗示意味，於是在第二天上朝時將夢告訴了大臣。大臣們對皇帝這場怪夢都說不出個所以然來，更無法預測吉凶。還是漢明帝自己說：「聽說西域有個神，名字叫做『佛』。我夢見金人是往西去的，說不定就是佛。」博士傅毅見多識廣，當即說：「從前驃騎將軍霍去病征伐匈奴，帶回來休屠王供奉的祭天金人，據說這祭天金人是從印度傳到休屠國去的。武帝本來把金人供養在甘泉宮裡，後來打了這麼多年仗，金人不知哪兒去了。皇上夢見的金人，一定就是那個祭天金人，是印度來的佛。」眾人都認為傅毅的說法頗有道理。議論一番後，漢明帝聽說西方不僅有叫佛的神，還有佛經，十分好奇，決定派郎中蔡愔和秦景到印度去求取佛像和佛經，這個故事在晉人袁宏的《後漢紀》中有詳細的記載。

蔡愔和秦景離開中土後，歷盡千辛萬苦穿越了西域，準備前往印度之時，在大月氏（今阿富汗一帶）意外遇見了來自印度的僧人，即攝摩騰（又作迦葉摩騰）和竺法蘭。

漢朝對大月氏並不陌生，它是一個非常傳奇的民族，與中國有著極深的歷史淵源，直至今天，國外的史籍中仍稱其為「中國的大月氏人」。月氏最早為遊牧民族，居住在河西敦煌（今甘肅敦煌）一帶，一度強大，有「控弦之士」一、二十萬，與北方的匈奴相鄰。匈奴頭曼單于在位時，因為寵愛妃之子，想立其為太子，故意將太子冒頓送到大月氏為人質，不久又發兵進攻大月氏，想藉大月氏之手除掉冒頓。不料冒頓十分機靈，盜取了一匹好馬，傳奇般地逃回匈奴，隨即弒父自立為單于。正是從冒頓單于開始，匈奴崛起，日益強大，之後稱霸北疆。匈奴強大後，打敗了月氏，月氏人被迫離開故地。其中一部分人留在南山（即祁連山）一帶，被稱為「小月氏」，與青海當地羌人逐漸融合。另一部分人則向西逃去，進入伊犁河流域，不久後又被匈奴攻擊，被迫向西南遷徙，擊敗大夏國，

奪占了阿姆河流域，被稱為「大月氏」。大月氏人後來在中亞一帶建立了歷史上聞名的「貴霜王朝」，著名的伽膩色迦王便是此王朝的第三代君王。貴霜王朝最強盛之時，統治範圍囊括了整個北印度地區，但中國史籍仍習慣稱其為大月氏。月氏故地河西之地則被匈奴占領，匈奴單于還將被殺死的月氏國王頭顱做成酒器飲酒，大月氏因此對匈奴恨之入骨，一直懷有報復之心。只是匈奴當時強大，勢力籠罩西域天山南北，大月氏勢單力孤，加上距離匈奴遙遠，縱有復仇之心，亦鞭長莫及。

漢武帝初年，匈奴中有人投降了漢朝，武帝劉徹從他們的談話中瞭解到大月氏的情況，非常重視。他認為月氏既然在匈奴西邊，如果能跟漢朝聯合起來，即可切斷匈奴跟西域各國的聯繫，直接截斷匈奴的右臂（西域在匈奴之右）。然而，大月氏離開敦煌原駐地後，究竟遷徙到何處，卻無人知曉。要聯絡到大月氏，便必須派人去西域尋找。建元三年（西元前138年），漢武帝下令招募使臣，負責出使西域，聯絡大月氏。

張騫當時任郎官，他對遙遠而神祕的西域深富興趣，於是奮而應徵。不過，當時漢朝西部邊界只到金城（今甘肅蘭州），整個河西地區俱在匈奴的控制下，要去西域就必須冒險通過匈奴占領區，出使西域實際上是項艱難又危險的任務。而祁連山南麓，有殺人掠貨的羌族部落。更西邊則是西域，當時沒有人知道西域到底是什麼樣的地方。根據風言風語的傳說，西域全是無邊無涯的沙漠和沙磧，暴風時起，天翻地覆，光天化日之下，處處鬼哭神號；又有寸草不生的鹹水（指羅布泊），舉目荒涼，上不見飛鳥，下不見走獸，往往走一個月皆不見人煙，亦無正式道路，行旅只有沿著前人死在途中的枯骨，摸索著前進。在這般情況下，張騫敢於應徵，前往傳說中恐怖而陌生的地方，充分顯示了他超人的智慧和見識。

在這次招募中，有個在長安生活多年的匈奴人堂邑父也前來應徵。同年，年輕的張騫肩負著溝通中原和西域的任務，偕同堂邑父以及隨從百餘人一起，從長安出發去尋找大月氏。張騫率領的隊伍從隴西出塞。他們剛一進入匈奴境內，便遭匈奴騎兵發現，被抓了起來，並押送到單于王庭。當時的匈奴單于是軍臣單于。軍臣單于聽說張騫一行是漢朝使者，要去西域，立即發了火：「月氏在我們匈奴北邊，漢朝怎可派使者從我的土地上通過？如果我派使節去南越王國，請問漢朝同不同意我的使者從其領土上通過？」單于堅決不肯放行，但也沒有殺害使者，僅是派人把他們分散監禁起來。只有堂邑父跟張騫住在一起。堂邑父原本是匈奴人，善於騎射，窮困時張騫便依靠他射獵鳥獸來維持生活。

張騫出使西域圖

　　軍臣單于為了拉攏張騫，將匈奴女子嫁給他為妻。這是匈奴對待漢朝使節或投降匈奴之大將的一貫策略，如李陵、李廣利投降匈奴後，均娶匈奴公主為妻。匈奴如此做，無非是要籠絡漢臣。就這樣，張騫在匈奴王庭一住就是十多年，匈奴妻子所生的兒女也漸漸長大。匈奴王庭在匈奴腹地，遠離中土。而張騫此時已能夠講一口流利的匈奴話，不僅拖家帶口，還被嚴密監視，按理來說，基本上已無希望望返回中原，但他性情堅毅，仍然手持漢節，表示不忘其使命。因張騫為人寬厚，深受敬重，日子久了，匈奴人滿以為他已以匈奴為家，遂放鬆了戒備。張騫卻無時無刻不在尋找機會，找到合適的機會後他便拋棄妻子兒女，與堂邑父一起盜馬逃走。

　　二人穿越大漠，向西走了幾十天，歷盡艱險，九死一生，經過姑師（後稱車師）、龜茲等地，越過蔥嶺（帕米爾高原），到達大宛（今哈薩克共和國境內）。大宛和匈奴是近鄰，當地人懂得匈奴話。張騫和堂邑父皆能說一口流利的匈奴話，交談起來十分方便。大宛國王早已聽說有個富庶的大漢帝國，很想和漢朝通使往來，聽說張騫來自漢朝，便熱烈歡迎。張騫說明自己是出使大月氏的漢朝使臣，經過匈奴被拘留了十餘年，現在逃出匈奴來到大宛，請求國王派人送到大月氏，將來返回漢朝，定當厚報。大宛國王很願意與漢朝結交，派出嚮導和翻譯，將張騫送到康居國（今哈薩克共和國東南），再由康居護送他們到大月氏去。

　　張騫到達大月氏後，勸說大月氏東歸河西地區，與漢朝共同夾擊匈奴。然而，此時大月氏已打敗大夏，占領了肥沃的媯河流域，日子比以前在河西走廊故地還要好；加上現任國王是被殺國王（即頭顱被匈奴當酒器的那位月氏國王）的孫子，對祖父的感情又隔了一層；「又自以遠漢，殊無報胡之心」，不願意東歸。但因為張騫是漢朝使者，大月氏仍是有禮地接待他。正是在這裡，張騫頭一次聽說有個叫做「身毒」的國家，那裡有浮屠之教（佛教）。他在大月氏住了一段時間，

終究沒能說服大月氏國共同對付匈奴，只好動身返回長安。

回中原的時候，張騫特意選擇了另一條路，從大月氏經南道的莎車、于闐等地東歸，想刻意避開匈奴勢力。但是張騫還是運氣不好，這一路也在匈奴的控制範圍之內，張騫又被匈奴騎兵發現，扣押了起來。有了上一次逃脫的教訓，匈奴人自然不會再放鬆警惕，張騫想再次逃走，可說比登天還難。不料，過了一段時間，事情卻有了轉機。匈奴老單于軍臣單于突然死去（據說為其弟所殺），匈奴內部為爭奪單于大位發生了內亂，張騫才有機會與堂邑父逃出來，回到中原。這一次，張騫還帶上了在匈奴娶的妻子和生的孩子。一行人生怕被匈奴人發現，晝伏夜行，經常缺糧斷水。幸好堂邑父箭術高超，全靠他射獵飛禽走獸充飢解渴。

大食旅行者塑像

元朔三年（西元前 126 年），張騫等人終於回到長安。從出使到返回前後達十三年之久，歷盡了千辛萬苦。初行出使時一百餘人，生還的僅張騫和堂邑父二人而已。漢武帝深為感動，為表嘉獎，拜張騫為太中大夫，封堂邑父為奉使君。張騫第一次出使西域，雖未達到預期的目的，卻與西域各國開始建立聯繫。尤其是出使大月氏的往返途中，張騫將西域的山川地理、風土民情記錄了下來，使漢朝廷初次瞭解到西域的真實情況，著名史學家司馬遷將其此行稱為「鑿空」。

張騫所開闢的路線，即歷史上著名的「絲綢之路」，而大月氏就是絲路的中間樞紐。中國的農產品如胡麻、葡萄、胡蘿蔔、蠶豆等，最早都是大月氏所產，隨張騫西行返國帶回中原。琉璃在中國一度是極貴重的物品，自大月氏生產琉璃的技術傳入後，才開始大量普及。漢元壽元年（西元前 2 年），大月氏國王派使臣伊存來到中國傳授佛經（當時稱「浮屠經」），漢朝由博士弟子景盧（一作秦景憲）受教，這是史籍所記載的中國人第一次接觸佛教。

當時中國對佛教仍屬陌生，蔡愔和秦景所謂的西行求法，意義上完全不同於後來玄奘的求法。他們在大月氏遇到印度僧人攝摩騰和竺法蘭後，認為只要邀請二僧一道至中土，便是求到了佛法。永平十年（西元 67 年），蔡、秦帶領印度僧人回到了洛陽，隨身還帶著白馬，上面馱著佛像和佛經。漢明帝看了印度僧人帶

來的佛像，也不記得是否就是夢中的金人，翻了翻佛經，全是梵文，自然一個字也看不懂。而攝摩騰和竺法蘭為他講了一段，他也完全聽不明白。但因為來之不易，漢明帝還是下令畫工畫佛像，供奉在清涼臺和顯節陵上，佛經收藏在蘭臺石室。印度僧人則被安置在洛陽東門外的鴻臚寺 註9 中，馱佛經的白馬也養在裡面。在那裡，攝摩騰和竺法蘭翻譯了一部分所攜帶的佛經，據說就是現存的《四十二章經》，為《阿含經》的節要譯本，這也是中國最早的佛經翻譯。

絲綢之路的阿拉伯商人塑像

最為傳奇者，是漢明帝因夢見金人而產生的求經想法，乃成就中國佛教的起源。更不可思議的是，玄奘後來前往印度「西天」那爛陀寺取經，那爛陀寺住持戒賢亦曾夢見金人托夢，說有東土僧人要來取經。而後來玄奘在印度學業有成，也是由金人托夢，才起意東歸回國。漢明帝因夢求佛的故事後來被吳承恩移植到其小說《西遊記》中，不過變成了唐太宗夢見了白馬馱著佛經，於是決定派人到西天取經，玄奘做為最合適人選被挑中。而在真實的歷史中，儘管有少林寺十三棍僧救唐王的故事，唐太宗卻並不信佛，玄奘也不是受皇帝委派西行，而是偷渡出國。小說這樣來寫，除了美化帝王形象的需要外，還有重要的一點：「不依國主，則法事不立」，佛教的發展離不開帝王的支持。

次年，漢明帝下令在鴻臚寺舊地建佛寺，為了紀念白馬馱經之勞，以「白馬」為名，這就是白馬寺的來歷。白馬寺是佛教傳入中國後建立的首座寺院，有「中國第一古剎」之稱。中國佛教宗派繁多，寺廟林立，但咸公認白馬寺在中國佛教史上的特殊地位，尊其為佛教的「祖庭」和「釋源」。

白馬馱經石刻

註9：專門招待外國使節的賓館，類似今天的國賓館。當時的行政機關多有以寺為名者。

正是在漢明帝的首肯下，佛教文化得以在中國傳播。相比於後來唐朝玄奘西天取經的故事，白馬馱經到中土的故事其實早了六百年之久。而後來《西遊記》中唐僧的坐騎白龍馬，應該就是由「白馬馱經」的故事化出。

有意思的是，漢明帝君臣最早不懂佛經，並不重視佛教，更談不上信佛了。眾人只是視白馬寺中的佛像、佛經和兩位印度僧人為外國傳來的新鮮玩意兒，當作熱鬧來看。只有楚王劉英（漢明帝異母弟）特別有興趣，專門派使者來到洛陽，向兩位印度僧人請教。印度僧人滿以為遇到了知音，特意畫了一幅佛像、抄了一章佛經，交給楚王使者。劉英將佛像供在王宮裡，學著為浮屠齋戒、祭祀，求佛祖保佑他「逢凶化吉、遇難呈祥」。這是史籍中所記載中國最早的信奉佛教者。然而，當時中原對佛教認識的水準極為有限，僧人僅被視作方士一類，佛經也被當成讖緯看待。而楚王劉英也不過是打著信佛的幌子結交方士，他本人還有著更大的野心，刻製圖文作為「符命」，說他本人該當皇帝。劉英的舉止為人所告發，漢明帝派人調查後，廢除了劉英的爵位。劉英見大勢已去，不得不自殺了事，最終佛祖也沒有幫助他實現野心。

最初，漢明帝因為夢見金人一事而供奉佛像，遭到了一些儒生的批評和反對，楚王劉英一案事發後，他們趁機奏請漢明帝專重儒教，這應該是中國史書上關於佛教與儒教之爭的最早記錄。漢明帝本來也不相信佛教，為了安撫儒生，特意在南宮興辦太學，專門教導貴族子弟學習儒家經典，並親自到魯地祭奠孔子。

佛教因為一個金人而傳入了中國，雖然一開始並沒有被接受，但畢竟直接走進了統治階層，是個相當不錯的開端。那麼，做為一個外來宗教，佛教如何能在中國立足生根呢？

眾所周知，漢朝自漢武帝以後，罷黜百家，獨尊儒術，此後，儒教成為中國封建王朝的正統意識型態。由此可以看出，儒教能夠取得一枝獨秀的局面，實際上是由於取得了帝王的支持。佛教在中國的發展壯大也是如此。佛教誕生於印度，由於文化和社會的差異，最初與中國固有的思想文化體系存在巨大的差異。但佛教懂得「入鄉隨俗」，自傳入中國後，便刻意與中國原有的思想文化相適應，尤其關注儒佛關係，特別強調「儒佛一家」之說，採用引儒援佛的態度，刻意吸收了不少儒家文化。其實，佛教在中國的發展，是個不斷本土化的過程，這其中的表現便是藉由佛經翻譯表現出來的儒化和道化。略舉例而言，東漢時佛經翻譯家有意將「釋迦牟尼」譯為「能仁」，明顯是為了迎合儒家的聖人觀念。而第一部漢譯佛經的《四十二章經》本身宣揚的是佛教的人生無常和愛欲為蔽等思想，行

彩塑佛像（敦煌石窟）

文中卻夾雜著「以禮從人」之類的儒家語言，文體也是明顯模仿儒家經典《孝經》。儒教是封建社會制度的思想支柱，在有意迎合協調儒教的前提下，佛教能迅速為中國所接受，並開始興盛，就不足為奇了。

實際上，儘管佛教的傳播不乏許多僧人的努力，但不可否認，中國歷代帝王在其中同樣起了舉足輕重的作用。據說漢明帝曾允許陽城侯劉峻等皇親國戚出家，又允許洛陽婦女阿潘等出家，這就是中國有僧尼的開始（事見《僧史略・卷上》）。其後，漢桓帝於宮中立浮屠祠，修華蓋之飾，上行下效，此後，民間奉佛逐漸興盛。魏朝時期，魏陳思王曹植模仿梵僧歌詠的聲調，運用佛經題材以漢地文詞來製作詩賦。又作《漁山梵唄》，音調豔逸，被視為佛教影響中國文學、音樂之象徵。晉朝以後，由於朝廷的大力提倡，佛教更加盛況空前，可以從中國三大石窟（龍門石窟、大同雲岡石窟、敦煌千佛洞石窟）的發展中看出一些端倪。

三大石窟中，敦煌千佛洞石窟開鑿最早。根據唐武周聖曆元年（西元 698 年）《李懷讓重修莫高窟佛龕碑》記載，前秦建元二年（西元 366 年），僧人樂僔雲遊到敦煌一帶，看到鳴沙山金光萬道、狀若千佛，有所感悟，便在斷崖上開鑿洞窟。因敦煌位於絲綢之路的要衝，東來西去的僧侶極多，佛教在此地十分興盛。之後開鑿洞窟持續不斷，延續長達千年之久，大都是民間自發行為。敦煌石窟以壁畫和泥塑為主，雲岡石窟和龍門石窟均以石刻為主，不僅如此，與敦煌石窟最初產生的根源完全不同，雲岡石窟和龍門石窟的經營一開始便有帝王的介入。

北魏和平元年（西元 460 年），北魏文成帝拓拔濬接受名僧曇曜的建議，下令開始修建雲岡石窟。文成帝之所以如此，乃因當時佛教界流傳一種說法，說「胡本無佛」，這「胡」就是指拓跋氏。

拓跋氏起於北方，原是鮮卑族的一支，後來逐漸強大，占據了黃河以北大部分地區。西元 398 年，拓跋珪建立了北魏王朝，史稱北魏道武帝，遷都平城（今山西大同）。道武帝本人好黃老、覽佛經，並利用佛教收攬人心。當時，佛教在

中國已經形成了一股強大的勢力，無數個寺廟也成為了國中之國：有雄厚的經濟實力（寺產），有自己的武裝組織（僧兵），甚至還有自己的法律（僧律）；僧人不必納稅、服兵役；人犯了罪，便逃入寺廟削髮為僧，朝廷也奈何不得。從北齊開始，皇帝崇佛，佛教急劇膨脹，全國有寺廟四萬所，僧尼三百萬人，數量占全國人口的七分之一還多。如此一來，朝廷不但稅收

露天大佛（雲岡石窟）

銳減，就連徵兵、徵役也成了大問題。在這樣的背景下，爆發了中國歷史上第一次大規模的滅法。

北魏太武帝拓跋燾在位時，司徒崔治（出自四大郡望之一的清河崔氏）厭惡佛法，與嵩山道士寇謙之勾結起來，慫恿太武帝信奉道教。太武帝「銳志武功」，開始興道限佛，下令凡五十歲以下的僧人一概還俗，以服徭役、納稅賦。如此一來，朝廷與佛教僧侶矛盾開始激化。剛好不久後爆發了蓋吳內亂。太武帝親征時，發現長安鄰近的一座佛寺藏有兵器、釀具及官民寄存的不少財物，由此懷疑僧徒與蓋吳有關。在崔治的慫恿下，太武帝下令：「先盡誅天下沙門，毀諸佛像。今後再敢言佛者，一律滿門抄斬！」太子拓跋晃有心祖護佛門，故意延遲宣布命令，遠近沙門多聞風逃走，佛像經卷也被祕藏起來，只有北魏境內的寺塔被銷毀無遺。此事與後來的北周武帝滅佛、唐武宗滅佛、後周世宗滅佛合稱為「三武一宗」。不久後，道士寇謙之病死，崔治也因為修史直書魏先世事實，被冠以「暴揚國惡」的罪名處死。

有意思的是，北魏太武帝滅佛後，其繼承人北魏文成帝（太武帝之孫）則開始重興佛教。在正式開鑿雲岡石窟前，文成帝還下令按照自己的體貌雕刻了一尊佛像，這顯然是為了解決拜佛與忠君的關係。按照佛教的正統觀念，出家人不應當禮敬君王，也不需要孝養父母，而這兩點剛好與儒家思想悖離，因此長期以來備受爭議。如果將寺廟的佛像按照皇帝的體貌來塑造，那麼禮佛與忠君便可兼顧，這是始於北魏皇室的創新。史載文成帝其人性格柔中有剛，擅長在錯綜複雜的朝野紛爭中掌握「度」而使之平衡，佛教在他手中也成了極有力的統治工具。

自文成帝之手開始的雲岡石窟以氣魄宏偉、富麗瑰奇、雕刻精細著稱於世，酈道元曾描述說：「鑿石開山，因岩結構，真容巨壯，世法所稀，山堂水殿，煙

寺相望。」這是當時石窟盛景
的真實寫照。

龍門石窟在三大石窟中
開鑿最晚，北魏孝文帝於西元
494年遷都洛陽後，才由北魏
宗室丘慧成開始，在龍門山開
鑿古陽洞，集中了北魏遷都洛
陽初期那一批皇室貴族和宮廷
大臣的造像。龍門石窟後來歷
經東西魏、北齊、北周、隋，

盧舍那佛（龍門石窟）

連續進行大規模的營造，到唐朝時達到了鼎盛，被譽為「凝固化的中國佛教史」。
其中奉先寺中的盧舍那佛，據說便是仿照武則天的體貌所雕塑。

最後再談嵩山。嵩山歷史悠久，文化燦爛，儒、釋、道三教薈集於此，積澱
了深厚的中原文化，其中更因為少室山為少林寺所在而成為佛教聖地。少林寺最
初興建，亦與北魏政權有關。當時印度僧人佛陀扇多來到中原，受到北魏孝文帝
的禮敬，並應請於北臺石窟結眾習禪。北魏孝文帝遷都洛陽，他也隨行，來到洛
陽白馬寺譯經，譯《金剛》、《上昧》等經十部。其中，《金剛經》的第一句就
是「如是我聞」。明末清初名妓柳如是嫁給東林名士錢謙益後，錢謙益為她修「我
聞室」，便是典出《金剛經》，以暗合柳如是的名字。因為佛陀扇多經常到嵩山
靜養，北魏孝文帝便下令專門為他在嵩山少室山建造了少林寺，此時，距離玄奘
出生剛好一百零五年。

真正令少林寺揚名的人是達摩。少林寺建寺後三十年，南印度婆羅門高僧菩
提達摩（南印度香玉王第三子，摩訶迦葉第二十八代弟子）乘船經海路雲遊至中
土。當時南方正處於南北朝的中南朝時期，當政帝王為梁武帝蕭衍。梁武帝在史
上以好佛聞名，自稱「菩薩皇帝」，曾三次捨身同泰寺，均為大臣花費鉅款「贖
回」。最初，佛教只是禁止弟子吃葷，就指蔥、蒜等氣味辛辣的菜，並沒有嚴格
禁止吃肉，只要所吃的肉是所謂的「三淨肉」。梁武帝本人信奉佛教，長年吃素，
於是下旨規定天下所有佛門弟子皆不准吃肉。據說他禁止吃肉是為了從根本上解
決殺生問題，既然不准吃肉，自然就無人殺生了。

當時建康（今江蘇南京）佛寺林立，唐朝詩人杜牧名句「南朝四百八十寺，
多少樓臺風雨中」便是極力描摹寺院之興盛。達摩來到建康後，梁武帝十分禮敬，

達摩像

問道：「朕即位以來，廣造佛寺、整理經文、超度眾生，可不可以算是有功德呢？」其實就是想得到達摩的稱讚。不料達摩直言說：「這算不上什麼功德，佛家主張罪福並捨、空有兼忘，反對有為之善。」

掃了皇帝的興後，達摩在南方也待不下去了，便決定北上。據說過長江時，達摩只踩著一片蘆葦，這就是著名的「一葦渡江」故事。達摩在洛陽和龍門分別待過一陣，見到洛陽永寧大塔後，十分感慨，認其為莊嚴精麗，為歷遊諸國所未嘗見。最後才來到嵩山少林寺，在五乳峰的一處山洞裡面壁，獨自修習禪定，時人稱為「壁觀婆羅門」，由此成為中國禪宗始祖。禪是梵文 Dhyana 的意譯，意思是冥想，本是印度古代修行方式的一種。傳說佛祖釋迦牟尼在靈山說法，曾經拈花示眾，眾人皆不解其意，只有摩訶迦葉（即迦葉尊者）心領神會，微微一笑，於是得傳釋迦牟尼大法。這就是禪宗「以心傳心」的由來。

有位叫神光的僧人非常仰慕達摩，自斷手臂求法。達摩被他的精誠所感動，逐傳授以衣法，並幫他改名慧可。九年後，達摩打算返回印度，臨走時，把四卷《楞伽經》授予慧可，說：「我看中土人的根機於此經最為相宜，你能依此而行，即能出離世間。」達摩傳給慧可的法衣，就是著名的木棉袈裟，乃印度木棉製成，後來成為禪宗傳法的信物。達摩離開少林寺後不久，傳說在西返途中遇毒而逝，葬於熊耳山（今河南宜陽）上林寺。但又有傳說，說北魏使者宋雲西行求法後自西域回國時，在蔥嶺遇見達摩手拿一隻靴子，向西方而行，這便是「隻履西歸」的傳說。隨著禪宗在中國的發展，達摩逐漸成為傳說人物，被賦予了各種神異色彩。在通俗俠義小說中，達摩也成了少林武功的創始者。慧可成為禪宗二祖，少林寺亦成為中國禪宗的發源地。

但禪宗的真正創立者卻是六祖慧能。禪宗至五祖弘忍選嗣法弟子時，弟子神秀作偈道：「身是菩提樹，心如明鏡臺；時時勤拂拭，勿使惹塵埃。」一時間傳誦全寺。但弘忍卻以為未見本性，不想傳其衣缽。正在碓房舂米的慧能聽到後，

也作了一偈：「菩提本無樹，明鏡亦非臺；本來無一物，何處惹塵埃。」（此為較通行的記載，敦煌本《壇經》作「佛性本清淨」）眾僧聽到後，均感驚詫。弘忍以為得其禪之心要，半夜祕密將慧能喚到堂內，為其講《金剛經》，密授法衣木棉袈裟。當時慧能不過是隨從弘忍的一個雜務工，弘忍擔心門下弟子不服，命慧能接受木棉袈裟後，即日南歸家鄉廣東。慧能回到家鄉，隱遁了十幾年，來到廣州法性寺。當時印宗法師正在該寺講《涅槃經》，有二名僧人辯論風幡，一個說風動，一個說幡動，爭論不已。慧能便插口說：「不是風動，不是幡動，仁者心動。」（《瘞髮塔記》）。印宗聞之竦然而驚，便為慧能落髮授戒。此時，慧能才正式成為一名僧人。從此，禪宗分成南北二宗：北宗神秀和南宗慧能，時稱「南能北秀」。北宗主張拂塵看淨之漸修，數傳後即開始衰微；南宗主張教外別傳、不立文字，提倡心性本淨、佛性本有、直指人心、見性成佛，傳承甚廣，最終成為禪宗正統。慧能門下弟子眾多，其中最著名的是青原行思、南嶽懷讓、菏澤神會、南陽慧忠、永嘉玄覺五大弟子。這五人得法後，均各成一家。其中以青原、南嶽二家弘傳最盛：青原下數傳分為曹洞、雲門、法眼三派，南嶽下數傳衍為臨濟、溈仰二派，由此形成了禪宗五派法流。

慧能生於貞觀十二年（西元 638 年），晚於玄奘近四十年，卻是中國佛教史上類似里程碑般的人物。在慧能之前，佛教在中國的發展歷史仍僅僅是對各種經典的翻譯、整理以及閱讀和掌握，比如玄奘，就是靠翻譯和講經奠定了其在中國佛教史上的地位。玄奘一生，對佛教理論孜孜以求，但依舊僅局限在理性思辨上，這也是當時中國佛教的主流，對於體驗和信仰則感受不深，而這恰恰是宗教最本質的目的。然而，佛教經典浩如煙海，難免使人眼花繚亂，迷失其中。即使是才智出眾、學問淵博如玄奘者，終其一生也未能窮盡所有經典，更遑論其他人了。那麼，到底要如何才能領悟到真正的佛教精髓呢？如何能成功走向佛之路呢？慧能另闢蹊徑，他認為涅槃終究是精神的覺悟，而並非一門學問，於是拋棄了傳統的研讀經典、坐禪修行等方法，著意突顯體驗的價值，將佛之路直指本心，即所謂的「即心即佛」、「明心見性」，實際上就是講求「契機」，講求「頓悟」。釋迦牟尼昔日在菩提樹下成佛，其實就是一種「頓悟」，他用拈花選擇傳法弟子，實際上也是強調明心見性，只不過後來佛教在發展的過程中，逐漸背離了他的本意。慧能將「頓悟」作為南禪宗的特色，實質上是回歸釋迦牟尼的本意。自慧能開始，中國佛教才拋棄了以往一味接受追隨印度佛教的被動姿態，邁入真正中國化、本土化。唐宋之後，禪宗在士大夫中廣為流行，並由此對中國文化如詩歌、

書法、繪畫、園林等產生了重大影響，形成了獨特的東方文化特色。

少林寺在北魏皇帝的扶持下建立，後來名揚天下則是因為唐朝李世民的支持。唐武德四年（西元 621 年）二月，當時還是秦王的李世民率兵進攻割據洛陽的王世充。在洛陽與少林寺之間有一個叫「轘州」的地方，原稱柏谷屯，最早是隋文帝賜給少林寺的廟產，在寺西北五十里處，因其地勢險要，屬兵家必爭之地，王世充將其據為己有，改名轘州，讓姪子王仁則據守，與洛陽犄角相應。少林寺上座善護、寺主志操、都維那惠、寺僧曇宗、普惠、明嵩、靈憲、普勝、智守、道廣、智興、僧滿、僧豐十三名僧人，在轘州城內司馬趙孝宰等人配合下，裡應外合奪取了轘州，擒拿了王仁則，歸順李世民。由於姪子被擒、後路被截，王世充不得不投降了李世民。這就是傳說的「少林寺十三棍僧救唐王」的故事原型。事後，李世民遣使持書告少林寺主教，召見立功僧人賜物千段，封僧曇宗等為大將軍。

自東漢明帝時白馬馱經東來，洛陽便成為中國佛法的中心，鄰近的白馬寺、龍門石窟、少林寺均成為佛教聖地，遍布著大德高僧的足跡。而玄奘的故鄉，恰恰就在這些地段的中間，這應該不是巧合，而是一種緣分。

十三棍僧救唐王圖

3. 西行求法的先行者

自東漢明帝因金人感夢而求法，中國首座官辦寺院白馬寺的建立，佛教正式傳入了中國。那麼，誰是中國佛教史上第一位出家的僧人呢？

漢明帝聽任宗室許陽成侯劉峻出家是最早的記載，但這時所謂的僧人僅僅是從師出家，剃除鬚髮，照戒律生活，還沒有受戒的制度。自傳入中國，佛教在很長一段時間內僅是被當成黃老神仙方術的一種，只在皇室和貴族階段流傳，普通百姓極少接觸，佛寺的建造主要是為了滿足西域僧人的需要，正如白馬寺最初的建立一樣。而且漢、魏時代，官方不允許漢人出家，「漢明感夢，初傳其道，唯聽西域人得立寺都邑，以奉其神，其漢人皆不得出家」（《高僧傳・卷四》）。東漢以後，隨著西域僧人的增多，佛教始在社會上普及，但依未有出家受戒的僧人。

西元 250 年，魏、蜀、吳三國鼎立的時期，東吳發生了「兩宮之變」，吳帝孫權廢徙太子孫和，賜死魯王孫霸。就在這一年的年底，印度僧人曇柯迦羅（意譯「法時」）來到洛陽白馬寺，正式建立戒壇傳戒，從此魏國開始按佛教戒律授戒度僧，中國才有了正式登臺受戒的僧人。河南潁川的朱士行 **註** 10 依法成為比丘，成為漢地真正沙門第一人。不僅如此，他還是漢僧西行求法第一人，比後來的法顯早了一百四十年，比玄奘則早了四百年。

朱士行「少懷遠悟，脫落塵俗」，出家後「專務經典」。當時中國佛經最流行的譯本是《道行般若》，最早由印度僧人竺佛朔於漢靈帝光和二年（西元 179 年）誦出梵文，再由大月氏僧人支婁迦讖（簡稱「支讖」）譯成漢文，再由河南洛陽孟福和張蓬筆記。朱士行在洛陽講經時，發現許多地方都講不通，「覺文章隱質，諸未盡善」。主要是傳譯者理解不透，刪略頗多，脈絡模糊，時有扞格，他深感「此經大乘之要，而譯理不盡，誓志捐身，遠求大本」，決定要親自西行，去尋找原文梵本，然後回國重新翻譯，來彌補原來譯本的缺憾。

魏甘露五年（西元 260 年），魏都洛陽發生內訌。魏帝曹髦（魏文帝曹丕之孫，東海王曹霖之子）不滿司馬昭專權，擔心其危及帝位，聲稱：「司馬昭代魏之心，路人皆知。」決心要親自出討。司馬昭派兵迎擊，曹髦於亂軍中被殺，時年二十歲。司馬昭假傳太后詔，宣布曹髦罪狀，追廢為庶人，又從鄴城（今河北磁縣南）遷來燕王曹宇之子常道鄉公曹璜，更名曹奐，在洛陽即位。

註 10：中國沙門最早均從俗姓，也就是說，俗家本姓本名就是法名，以「釋」為佛門弟子通姓自西元 376 年釋道安開始。

這一年，正是朱士行出家後第三年，他離開了洛陽，出發西行，前往西域求法。當時去西域的路十分難走，又乏人引導，朱士行只憑著一腔熱情，克服無數艱難險阻，穿越戈壁沙漠，徒步跋涉一萬一千多里（引自《後漢書·西域傳》），終於在魏元帝曹奐景元二年（西元261年）到達了西域于闐國（今新疆和闐一帶）。

于闐原為絲綢之路南道上一個小國，西漢時人口還不足兩萬人，周圍有皮山（即蒲山）、渠勒、精絕、戎盧諸國，漢代以後變得強盛。魏晉時期，于闐相繼兼併了四周的皮山、渠勒、戎盧、扞彌等綠洲小國以及曾為漢軍屯駐中心的輪臺、烏壘，疆域大大擴展，一度成為與鄯善（即樓蘭，今新疆若羌）、焉耆（今新疆焉耆）、龜茲（今新疆庫車）、疏勒（今新疆喀什一帶）並立的西域大國。

于闐的佛教歷史比中原更為悠久，它與佛教大國迦濕彌羅 11 只隔了一座雪山，有著地利之便。據《大唐西域記》卷十二中說，早在西元前一世紀中，有毗盧舍那（一作毗盧折那，有作盧旃）羅漢自迦濕彌羅來到于闐弘化，于闐王待若上賓，專為其建贊摩大寺。自此，佛教開始在于闐流傳。受于闐影響，西域其他綠洲國家如龜茲、疏勒、莎車等也陸續傳入佛教，並建造伽藍。中國漢譯大乘經典，無一不跟于闐有著很深的淵源。因而梁啟超先生認為，于闐實際上是中國真正的佛教發祥地。正因為于闐佛教鼎盛，一度成為中國僧人嚮往的「小西天」，朱士行及其後許多僧人都到于闐求經學法，或取道于闐赴蔥嶺以西取經。

朱士行到達于闐時，該地佛法已相當興盛，印度風格的石窟和犍陀羅式造像及壁畫等佛教建築藝術隨處可見，其人民熱心佛教，每家門前均建有小塔，最小者亦高二丈許。朱士行本人受到了于闐佛教信徒的歡迎。但自他到達于闐起，一直沒有尋找到一部大乘佛典。

斗轉星移，時間轉眼就過了二十年，中原已是西晉王朝。終於，在弟子弗如檀（意譯「法饒」，于闐人）的幫助下，朱士行取得了于闐國王的好感與信任，設法取得了藏於于闐王宮的般若正品梵書《道行經》原本，凡九十章，六十餘萬字。隨後，弗如檀假裝成商人，混進商隊，終於將經書運出于闐國境，於西晉太康三年（西元282年）送達洛陽。

《梁高僧傳》中記載的則更加神奇，當于闐小乘教派得知朱士行要送回的經書是大乘法時，紛紛反對，並要求國王禁止輸出大乘佛經，說：「漢地沙門欲以婆羅門書惑亂正典。王為地主，若不禁之，將斷大法，聾盲漢地，王之咎也。」

註 11：梵語 Kasmira，漢朝時稱罽賓，魏晉南北朝稱迦濕彌羅，隋唐時改稱迦畢試，本書為了方便，一律稱迦濕彌羅，在今喀什米爾一帶。

于闐國王聽信了這種說法，下令不許將《放光般若經》等大乘佛經送往中土。在萬般無奈下，朱士行在于闐國王面前積薪升火，起誓說，如果佛法必定要在漢地流傳，那麼將此經投在火中，將不會損一字。當他做了準備後，在國王面前點火燒經時，投進火中，火立刻就滅了。眾人震撼不已，于闐國王只得答應將經送出，一場風波方告平息。這個故事紕漏甚多，實在難以取信，但也充分說明朱士行為了將經送回國內而經歷了不少阻撓和困難。

弗如檀送經到中土後，晉武帝司馬炎十分重視，組織了竺叔蘭、無羅叉、弗如檀和周玄明等中外高僧、學者，在陳留水南寺專事翻譯工作。西元 304 年，經書送回中土二十二年後，終於全部譯校完成定本。這部歷經磨難的《大品般若經》（《放光般若經》）誕生之日，中原正值西晉「八王之亂」，北方匈奴劉淵自稱大單于，起兵反晉，時逢群雄逐鹿，為爭奪權力、地盤、王位而廝殺，中國大地處處腥風血雨。然而，《大品般若經》面世後，影響極大，快速傳播出去。

至於朱士行本人則被留在了于闐國內，這顯然並非出於他的本願，應與他從于闐國王手中「智取」經書有關。終其一生，再也未能回到中原，未能實現親自翻譯經書的願望，於八十歲時圓寂在于闐。朱士行求得的經典雖只有《放光般若經》一種，譯文也不完全，但在當時影響很大，譯本一出，立即風行京華，凡研習者無不將此經奉為圭臬。當時的佛學名家如帛法祚、支孝龍、竺法蘊、康僧淵、竺法汰、于法開等，或者加以注疏，或者從事講說，都藉著此書來弘揚般若學說。朱士行西行求法為開山之舉，加上求法故事曲折動人，後人更偽託有《朱士行漢錄》的經錄著作。

朱士行之後，中土僧人支法領（據名字推斷，似應為大月氏人後代）也慕名到

于闐國王像

于闐求法。支法領到達于闐後，為于闐佛教如此興盛而興嘆不已，但也一直未能求到大乘經典。後來支法領打聽到，在于闐國東南三十里處有一座險峻的高山，其中祕藏大乘經典無數，由國王派衛兵守護，且嚴禁持出國境。支法領得知消息後，立即懇請于闐國王，請求將《華嚴經》帶往中土流傳。于闐國王感於支法領之求法心切，特允其請，於是支法領將《華嚴經》梵本帶歸長安。支法領與朱士行遭遇不同，但結果卻是相同的。

朱士行前往西域後不幾年，司馬昭之子司馬炎代魏稱帝，建立了晉朝，是為晉武帝，並且統一了中國。而敦煌又有僧人竺法護步朱士行後塵，前往西域求法。竺法護梵名「達磨羅察」，祖先為大月氏人。前文提過，大月氏與中國淵源極深，它在中亞建立貴霜王朝後，成為佛教傳入中土的通道，在中國有不少非常有名的大月氏高僧，如支曜（大月氏以國為姓）、支婁迦讖、支曇梁接等人，中國高僧法顯、智猛、法勇、惠生、玄奘西行求法，也都曾經過大月氏。而河西敦煌本是大月氏的故地，後來被匈奴打敗，才逃往中亞一帶，但仍有部分大月氏族人未

于闐公主像（壁畫）

跟著遷徙，留在了當地。漢元狩二年（西元前121年），即漢武帝得到傳奇祭天金人的那一年，漢將霍去病連續兩次出兵，打敗了匈奴，完全占據河西走廊，打通了中原到西域的通道，而河西一帶的原住居民也均成為漢朝子民。竺法護便是留在河西的大月氏人後代，世居在敦煌，八歲出家，拜當時外國沙門竺高座為師，依俗改姓竺。

晉朝立國後，佛教有了長足發展，已是「寺廟圖像，崇於京邑」（《出三藏記集》），出家沙門也漸漸增多。但竺法護卻感到當時佛教徒只重視寺廟圖像，忽略了西域大乘經典的傳譯，因此決心弘法，隨師到西域遊歷。竺法護遍遊西域諸國，學會了當時所謂三十六國語文，求得梵文經典經書二百餘部，後來東歸回到敦煌，從事譯經工作。他一生共譯出《般若》、《方等》大小乘經一百七十五部，時人稱為「敦煌菩薩」。後來孫綽作《道賢論》，盛讚他「德居物宗」，並和竹林七賢中的山巨源相比。

朱士行和竺法護均是到西域求法，而真正到所謂的西天（即佛教發源地印度）求法的中土僧人是法顯。

　　法顯，俗姓龔，出生於平陽郡武陽（今山西襄丘）一個世代務農的家庭。他原有兄弟四人，其中三人都早夭，父母擔心他也會遭此命運，在三歲時將其度為沙彌。後來父母去世，他決定出家，二十歲時受比丘戒，成為正式的僧人，法名法顯。史載其人「志行明敏，儀軌整肅」，才識過人，世人觀之莫不佩服。

　　法顯青年和中年的事跡已不可考，但他生活的年代剛好是東晉十六國時期，中原淪陷，群雄混戰，民不聊生。這一段時期，也是佛教在中國空前大發展的歷史時期。當時，印度、西域來華的僧人日益增多，佛經大量譯入，可以想像，在這樣的大環境下，法顯是如何如飢似渴地精進不息。正因為如此，他才強烈感覺到佛教從

法顯像

印度傳到西域，再由西域傳至中原後，已與傳入時的印度佛教產生了差異。

　　當時後秦政權占據關中、河東一帶，建都長安。後秦主姚興是十六國後期的帝王中較有作為者，他本人信奉佛教，還專門組織人翻譯佛經，長安一時香火極盛。法顯慕名來到長安後，向當時聲名顯赫的西域僧人曇摩侍求教。曇摩侍特意提到他所翻譯的律藏（關及僧尼規範及清規戒律）經本均是來自西域的胡本，並非最初印度的梵本，而且數量極為有限。法顯為中國佛法戒律殘缺感慨一番，隨即產生了一個想法，脫口而出道：「那我們自己到印度取梵本回來。」

　　有了這想法後便一發不可收拾，法顯去找同門好友慧景、道整、慧應、慧嵬等人商量說：「佛法有三藏 🌐 12，但漢地律藏甚少。既然戒律被單獨列為一藏，說明它與其他兩藏有著同樣重要的地位，漢地律藏缺少，只說明許多律藏典籍尚在印度，未被取回。因此，我想親自到印度去取回真經。」法顯這一洞見，在七年後為著名的佛經翻譯大師鳩摩羅什所證實。（作者按：關於鳩摩羅什的事蹟，我們在講述玄奘的西域之旅時還會再提到。）

🔴註12：佛教術語，為經藏、律藏、論藏三類佛教經典的合稱。經藏是指以佛說法之形式創作的典籍；律藏是和戒律有關的內容，同為佛說形式；論藏則是佛弟子或後世論師闡釋經義的著作。

東晉隆安三年（西元 399 年），法顯抱著「欲令戒律流通漢地」的目標，與慧景、道整、慧應、慧嵬四人從長安出發，預備沿絲綢之路北線，前往印度取經求律。這一年，他已屆六十五歲高齡。慧景最年輕，還不到三十歲。道整、慧應、慧嵬三人也均在四、五十歲之間。

　　當時北方割據政權林立，互相攻伐，給法顯一行人的行程帶來了不少麻煩。次年夏天，在到河西重鎮張掖（今甘肅張掖）附近時，正趕上一場政變，法顯等人差點被當成奸細砍頭。幸運的是，他們也在這裡遇到了另外五名西行的僧人──寶雲、智嚴、僧景、慧簡、僧紹。十人為志同道合而興奮不已，決定結伴同行。半路又進來一名叫慧達的僧人，隊伍壯大到十一人。

　　秋季時，一行人到達了敦煌，得到禮佛的敦煌太守李浩資助，隨即西出陽關，

西域商旅圖

莫賀延磧（大戈壁）

踏上了沙河（即白龍堆大沙漠）之路。十一人分為兩隊，法顯與最初從長安出發的四名同伴先行，智嚴、寶雲等人在後。路途異常艱險，不時有流沙，稍有不慎便會被流沙吞沒。法顯後來在他的《佛國記》中描寫道：「上無飛鳥，下無走獸，遍望極目，欲求度處，則莫知所擬，唯以死人枯骨為標幟耳。」就這樣，沿著以死人枯骨為標識的沙磧地帶一連走了十七天，終於渡過「沙河」，到達都善國。

　　這裡是著名典故「不入虎穴，焉得虎子」的發生地。東漢時期，班超帶三十六名隨從出使西域。班超出身名門，為著名史學家班彪的幼子，其長兄班固、妹妹班昭也是著名的史學家，兄妹二人先後修《漢書》。最早班超只是做些文書工作，每日伏案揮毫，心思卻不在文書上，常輟業投筆而嘆：「大丈夫無它志略，猶當效傅介子、張騫立功異域，以取封侯，安能久事筆研間乎？」拿現在的話說，就是坐不住。旁人都因此取笑班超。班超說：「小子安知壯士志哉！」（《後漢書・班超列傳》）一氣之下，班超去找人看相。看相的人說：「當封侯萬里之外。」自此，班超便有了投筆從戎的打算。永平十六年（西元 73 年），奉車都尉竇固出兵攻打匈奴，班超隨從北征，因為作戰勇敢，屢立戰功，被指派出使西域。當時西域各國與漢朝的交往已斷絕了五十多年，班超出使西域的目的，仍與百年前張騫的使命一樣：聯絡西域各國，共同抗擊匈奴。年輕的班超也跟當年的張騫一樣，有著

非凡的勇氣和毅力，而因少有大志，還比張騫
多了一份決斷的性格。

　　班超一行經過長途跋涉，先到達鄯善。鄯
善王起初對班超很恭敬，噓寒問暖，禮敬備至。
過了幾天，鄯善王突然改變態度，變得疏懈冷
淡。班超敏感地猜到一定是匈奴也派使者來與
鄯善國聯絡，於是把負責接待的鄯善侍者找來，
出其不意地問：「匈奴使來數日，今安在乎？」
侍者一時間不知道該如何回答，只好把匈奴使
者到此的情況說了。班超便將侍者關了起來以
防洩露消息，隨即召集隨從，說明情況，研究
對策。隨從都很害怕，班超說：「不入虎穴，
焉得虎子。」最後決定先下手為強，殺死匈奴
使者，降服鄯善王。這天天剛黑，班超率領

《史記》中關於于闐文字的描述記載

三十六人直奔匈奴使者駐地。當時天颳大風，班超先派十人，拿著鼓藏在匈奴使
者營後，其餘的人各執弓箭刀槍，埋伏在營前兩側，然後乘風放一把大火，擊鼓
吶喊，一同殺出。三十六人前後鼓噪，聲勢喧天。匈奴毫無防備，從睡夢中驚醒，
也不知漢軍來了多少人馬，亂作一團，逃遁無門。包括匈奴使者在內被殺三十多
人，其餘一百多人葬身火海。第二天，班超把鄯善王請來，把匈奴使者的首級給
他看。鄯善王大驚失色，舉國震恐。班超好言撫慰，曉之以理，鄯善王表示願歸
附漢朝，並且同意把王子送到漢朝做質子。經過艱苦的奮鬥，班超終於重新打通
絲綢之路，成為中國歷史上繼張騫之後，為促進中西經濟和文化交流做出傑出貢
獻的英雄。

　　經過鄯善國後，法顯折向西北，到達了焉耆國（法顯《佛國記》中稱烏夷國，
在今新疆焉耆），又遇著寶雲一行人。烏夷國信奉小乘教，規則嚴肅，漢僧到此
不得共處。法顯一行受到冷落，衣食無著，於是智嚴、慧簡、慧嵬三人返回高昌
（今新疆吐魯番）去籌措行資。

　　就在等待的時候，意外得到了前秦皇族苻公孫的資助，法顯一行又開始向西
南進發。七人穿越了塔克拉瑪干沙漠（又名「塔里木沙漠」，意為進去出不來），
「行路中無居民，沙行艱難，所經之苦，人理莫比」。在荒漠上走了一個月又五
天後，終於抵達于闐國。此時，距離法顯離開長安已過兩個年頭。

當時的于闐是西域佛教的中心，「其國豐樂，人民殷盛，盡皆奉法，以法樂相娛。眾僧乃數萬人，多大乘學，皆有眾食」。法顯住在瞿摩帝伽藍，又稱「大乘教佛寺」。該寺有三千多僧人，然而戒律嚴整，「三千僧共犍槌食，入食堂時，威儀齊肅，次第而坐。一切寂然，器缽無聲。淨人益食，不得相喚，但以手指麾」；讓法顯十分詫異。

尤其于闐有佛教「行像」盛會，從四月一日至十四日，莊嚴華麗，十分有名。「行像」其實就是用寶車載著佛像巡行城市街衢的一種宗教儀式，法顯仰慕已久，決定留下來看完行像再走。慧景、道整隨慧達先走一步，這樣法顯一行就只剩下了五人。

法顯對行像有詳細的記戴：「其國（于闐）中有十四大僧伽藍，不數小者。

于闐文字

從四月一日，城裡便掃灑道路，莊嚴巷陌。其城門上，張大幃幕，事事嚴飾，王及夫人婇女皆住其中，瞿摩帝僧是大乘學，王所敬重，最先行像。離城三四里，作四輪像車，高三丈餘，狀如行殿，七寶莊校，懸繒幡蓋，像立車中，二菩薩侍，作諸天侍從，皆以金銀雕瑩，懸於虛空。像去門百步，王脫天冠，易著新衣，徒跣持花香，翼從出城迎像，頭面禮足，散花燒香。像入城時，門樓上夫人婇女，遙散眾花，紛紛而下。如是莊嚴供具，車車各異。一僧伽藍則一日行像，自月一日為始，至十四日行像乃訖。行像訖，王及夫人乃還宮耳。」

看完佛教「行像」儀式後，僧紹跟隨一名西域僧人前往雪山另一邊的迦濕彌羅。法顯與剩下三名同伴繼續前進，經過子合國，南行進入蔥嶺，在于麾國過夏。在山中一連行走了二十五日，到了和印度接壤的竭叉國。與之前先走慧達三人會合，在那裡參加了國王舉行的五年大施會。

東晉元興元年（西元402年），法顯一行終於度過蔥嶺，進入北印度境內，到了陀曆國。又西南行，過新頭河，到達烏萇國，即在該地過夏。其後南下經宿呵多、竺剎屍羅、健陀衛到弗樓沙國（今巴基斯坦白夏瓦）。弗樓沙國是北印度的佛教中心，慧達、寶雲和僧景在此參訪了佛跡以後，便返回了中土。慧應則在當地佛缽寺病故。

法顯和慧景、道整三人南度小雪山（指阿富汗的蘇納曼山，對「大雪山」即喜馬拉雅山而言）時，突然遇到寒流，年紀最輕的慧景本患病在身，抵不住寒冷，當即凍死。法顯與道整繼續前進，翻越過小雪山，抵達羅夷國。後經過西印跋那國，再度新頭河到毗茶國。進入摩頭羅國，過蒲那河東南行，終於進入了中印度境內。此時已是東晉元興三年，離開長安的第五個年頭。自此，法顯開始了周遊印度的生涯。

期間，他唯一剩下的同伴道整仰慕印度有沙門法則和眾僧威儀，嘆息故鄉僧律殘缺，決意留在印度，不再回國。法顯一心想著將戒律傳回祖國，獨自一人繼續旅途，搜求經律，並學習梵語，達到他求法的夙願。

周遊完印度後，法顯開始準備回國，東下經瞻波國，到達恆河三角洲的多摩梨帝國（今印度泰姆魯克）後，為了述經和畫像，又停駐了兩年。隨後，法顯搭商人大船往西南而行，前往獅子國（今斯里蘭卡）。他在獅子國王城觀看了三月出佛牙的盛會，並在無畏山精舍求得了《彌沙塞律》、《長阿含》、《雜阿含》及《雜藏》等四部經典。

至此，法顯身入異域已經十二載了。他經常思念遙遠的祖國，又想著一開始的十一名同伴，或留或亡，今日顧影唯己，心裡無限悲傷。有一次，他在無畏山精舍看到商人以一把中土的白絹團扇供佛，觸物傷情，不覺淒然淚下。

東晉義熙七年（西元411年）八月，法顯坐上載客二百餘人的大商船，循海東歸。船行不久即遇暴風，船破水入，幸好遇到一島，補好漏處又繼續前行。就這樣，在危難中漂流了一百多天，終於到達了耶婆提國（今印尼的蘇門答臘島，一說爪哇島）。法顯在這裡住了五個月，又轉乘另一條商船向廣州進發。不料行程中又遇暴風雨，船失方向，隨風飄流。船上諸婆羅門認為載沙門不利，商議要將法顯留在海島，幸虧法顯從前的施主仗義反對，得倖免於難。正在船上糧水將盡之時，忽然到了岸邊。法顯上岸詢問獵人，方知這裡是青州長廣郡（今山東青島）的嶗山。時為東晉義熙八年七月十四日。

法顯六十五歲出遊，途經五年，才到印度的中部，在那裡逗留了五年，歸程經獅子國等地，又三年才回到青州，前後歷經十四年，共遊歷了三十餘國，回到祖國時已經七十八歲。在這十三年中，法顯跋山涉水，經歷了人們難以想像的艱辛，正如他後來所說的：「顧尋所經，不覺心動汗流！」青州長廣郡太守李嶷聽到法顯從海外取經歸來的消息，立即親自趕到海邊迎接，並留法顯住了一冬一夏。

義熙九年秋間，法顯南下赴東晉都城建康（今江蘇南京）。在建康道場寺住

了五年後，又來到荊州（今湖北江陵）辛寺，元熙二年（西元 420 年）終老於此。在臨終前的數年時間內，法顯不顧年事已高，一直緊張艱苦地忙於翻譯帶回來的佛教經典，共譯出了經典六部六十三卷，計一萬多言。他翻譯的《摩訶僧祇律》，也稱「大眾律」，為五大佛教戒律之一，譯文樸素傳真，別成一格，對往後中國佛教界產生了深遠的影響。

最初與法顯一道西行求法的，先後有十一人，要麼半途折回、要麼病死異國、要麼久留不還，唯有法顯一人，以花甲之年，不言放棄，終於求得經律，達成夙願，又冒了海行的危險回到祖國，翻譯流通。他孜孜不倦、勇往直前、不達目的絕不甘休的意志，足以照耀千古。

在抓緊譯經的同時，法顯還將自己西行取經的見聞寫成了《佛國記》。《佛國記》全文九千五百多字，別名有《法顯行傳》、《法顯傳》、《歷遊印度紀傳》、《佛遊印度記》等，不僅對後來西行求法的人起了強烈的指導作用，且在世界學術史上占據著重要的地位。《佛國記》中記錄了許多有關西域和古代印度史地的資料：西域地區的鄯善、于闐、龜茲等古國，由於湮滅已久，

《佛國記》書影

傳記無存；而法顯去印度時，正是笈多王朝（西元 320 年至 540 年）超日王在位的時代，笈多王朝古史缺乏有系統的文獻記載。《佛國記》中所記載的這些地區之情形，可以彌補史書的不足。《佛國記》還詳盡地記述了印度的佛教古跡和僧侶生活，因而後來被佛教徒們作為佛學典籍著錄引用。此外，《佛國記》也是中國南海交通史上的巨著。中國與印度、波斯等國的海上貿易，早在漢代已經展開，但史書上卻乏關於海風和航船的具體記述，《佛國記》對信風 註 13 和航船的詳細描述和系統記載，乃是中國最早的記錄。

南北朝時，由中國前往印度求法的僧人還有幽州僧人曇無竭。曇無竭，俗姓李，幽州黃龍人，十來歲出家為僧。他常慨嘆中土佛經殘缺不全，聽說山西有僧人法顯親自前往印度取回真經後，頗受啟發，也決定親赴西天取經。

西元 420 年，曇無竭召集志同道合的僧人僧猛、曇朗等二十五人，攜帶供養

註 13：地表上由南北緯三十度附近副熱帶高壓帶吹向赤道的風，受地球自轉影響，北半球吹的是東北風，南半球吹的是東南風，因風向穩定且具規律性而被稱為「信風」。古時行船常利用此風進行渡洋貿易，亦稱為「貿易風」。

佛、菩薩的幡蓋和法器、食缽等物，從幽州龍城（今遼寧朝陽）出發，開始了西行的旅程。這一年，剛好是立國一百零四年的東晉滅亡，宋武帝劉裕起而代晉。

曇無竭一行人先到鮮卑吐谷渾人建立的河南國（今青海青海湖一帶），再穿過海西郡（河西走廊），穿過沙漠後，從高昌沿塔克拉瑪干沙漠北緣向西行，途徑龜茲、沙勒等國，過蔥嶺，越雪山，渡大江，路途十分驚險。翻越一座大山時，處處懸崖陡壁，登山者只能利用峭壁上鑿出兩兩相對的小洞通過，每個人用四個小木椿，雙手各持一個，雙腳上各綁一個。攀登時，先將四根木椿插入小洞內以便立足，然後再拔出手中木椿，插進更上面的小洞，再用手拉住木椿，將腳下木椿插進上一階的小洞，如此輪換，不斷向上攀。狀況十分驚險，稍不留神，便會掉入絕壁深淵。經過一整天的艱難攀登，總算翻過了此山。同行二十五人，竟然有十二人墜崖而死，山勢之險惡由此可見一斑。

餘下的十三人繼續前行，終於到達了迦濕彌羅。在向中印度行進的時候，同行又有八人餓死。到達中印度後，曇無竭禮拜佛跡，隨處受學。學習約六年後，曇無竭從南印度乘船回國，翻譯完成《觀世音菩薩受記經》，後收入佛典總集《大藏經》。他還將西天取經見聞編著成《歷國傳記》。

北魏太武帝正平元年（西元 451 年），僧人道藥也經疏勒、蔥嶺去到印度僧伽施等國求法，回國後也有《記傳》一卷。北魏神龜元年（西元 518 年），北魏胡太后派使者宋雲（敦煌人）與崇立寺僧人惠生西行求佛經。宋雲西行時，正值秦州人莫折念生起兵反北魏，涼州人可于菩提等率眾回應，北魏失去了對河西的控制，宋雲等只好改走吐谷渾道，經青海西行。二人歷經磨難，終於到達北印度烏萇、犍陀羅諸國，得到梵本一百七十部。

北齊僧人寶暹、道邃、僧曇、智周、僧威、法寶、智昭、僧律等十人，於西元 575 年西行求法，往返七年，獲得梵本二百六十部。西元 581 年，寶暹等人返回長安；這一年，剛好是隋文帝楊堅建立隋朝。

可以說，以上這些人均是西行求法的先行者，他們「忘形殉道，委命弘法」的精神，成為中、印佛教文化交流的支柱，他們的事跡大大地激勵了後人，這其中當然也包括本書的主人公——玄奘。玄奘對法顯等西行先驅者的業績欽慕不已，曾說：「過去的法顯等人，也是一時的英才，他們都能不畏險阻，西行求法，利益眾生，怎麼能讓他們的崇高事蹟無人追尋、堅貞氣節就此斷絕呢？大丈夫當繼承他們的事業！」而事實證明，他不但繼承了西行先行者的事業，而且遠遠超越了前人的成就。

即將踏上征程，玄奘的心情是喜悅的，但也有一絲憂慮，不是為他本人，而是因為唐朝即將開始的與東突厥之戰爭。他忍不住回望長安，夜色朦朧中，偉岸高大的城牆也模糊了起來，只有城頭星星點點閃耀著的光亮，那是守城唐軍槍尖的冰冷寒光。再看前方，前途漫漫，一片漆黑。他心中非常清楚，前面要走的是條荊棘之路，等待他的將是難以想像的艱難險阻，以及不可預測的際遇。然而，命運本身就隱含著無法估計的因素在內，玄奘自己大概也沒有想到，等他十六年後再次回歸長安的時候，竟然受到了舉國上下的熱烈歡迎，盛況空前。而此時，他不過是個潛逃者。

1. 西行攔路虎

武德九年（西元 626 年），唐太宗李世民發動「玄武門之變」奪取皇位後沒幾天，曾與唐朝結盟的東突厥頡利、突利二可汗突然背棄盟約，率兵十餘萬人直逼長安。大軍駐紮在城外渭水便橋之北，距長安城僅四十里，京師大震，長安由此戒嚴。唐太宗被迫設疑兵之計，親率高士廉、房玄齡等六騎至渭水邊，隔渭水與頡利對話，指責頡利背約。不久，唐大軍趕至唐太宗背後。頡利見唐軍軍容威嚴，又見唐太宗許以大量金帛財物，便同意再次結盟。於是雙方在便橋上殺白馬訂立盟約，突厥領兵而退。這就是中國歷史上十分有名的「渭水之盟」。

「渭水之盟」的背後，是唐朝廷被迫送給突厥大量財寶而換取來突厥暫時退兵，據說這批財寶數量龐巨，甚至到了「空府庫」的地步。以致後來唐太宗提到「渭水之盟」時，曾經恨恨地說它是「渭水之辱」。

東突厥軍一度逼近長安之事對唐太宗震撼尤烈，他認為突厥反覆無常，結盟也不足為信，決定要徹底剷除東突厥。渭水之盟後，唐太宗加緊了備戰，甚至不惜以皇帝之尊，親自垂範練兵。唐李出自隴西李氏，據說與漢代令匈奴聞名喪膽的飛將軍李廣同屬一系，李廣的箭法獨步天下，傳說能射穿石頭。隴西李氏善射高手一直層出不窮，唐高祖李淵便是靠射中畫屏上孔雀的雙目而贏取妻子竇氏，留下了「雀屏中選」的千古佳話。唐太宗本人也是當時赫赫有名的神箭手，為了

備戰突厥，每日「引諸衛騎兵統將等習射於顯德殿庭」，於是「士卒皆為精銳」。

一心要去西天取經求法的玄奘便是在這個時候向唐朝廷申請西行。他邀請了一些有心到西天求法的僧人，聯名上書，請求朝廷發給允許出關的公文。當時，「國政尚新，疆界不寧」，通往印度的陸上絲綢之路均被西突厥控制，西北邊塞局勢極度不穩，而唐朝廷一心備戰東突厥，自然沒有批准玄奘等人的出關請求。

中原與突厥之爭，由來已久，可以追溯到當年大漢與匈奴之爭。漢朝與匈奴之間的戰爭長達百年，之後匈奴分裂，南匈奴呼韓邪單于娶了漢室宮女王昭君，開始內附中原，逐漸漢化。北匈奴在漢軍的軍事壓力下，逐漸西遷，進入歐亞大陸，給當地政局帶來劇烈的變化，其中最為著名的就是令歐洲人聞名喪膽的阿提拉，被稱為「上帝之鞭」。另外，匈奴還有一些別支，依舊生息繁衍在他們的家鄉——廣闊

「上帝之鞭」阿提拉

無垠的北方草原，突厥人就是其中的一支。

與中原作戰失利後，突厥人遷居到金山（阿爾泰山）之南，以遊牧為生。當時柔然汗國強盛，突厥人不得不受其奴役，為他們充當「鐵工」，但勢力漸盛。西元546年，鐵勒部將伐柔然汗國，突厥首領土門率眾擊敗鐵勒，實力大增。土門以為有功，向柔然主求婚。柔然主阿那環不但不許，還辱罵道：「爾是我鍛奴，何敢發是言也！」（《周書·突厥傳》）這一句話使柔然汗國遭到了滅國之禍。西元553年，土門發兵擊柔然，趁勢滅掉柔然汗國，自號「伊利可汗」。自此，建立了突厥政權。突厥建國後，牙帳設在于都斤山（又稱郁督軍山，今蒙古國境內杭愛山脈）。突厥人以狼為圖騰，帳前大旗稱「狼頭大纛」，在漠北稱雄一時，聲威大振。

突厥初起時，中原正逢五胡十六國和南北朝的分裂和動亂時期，無力應付邊防事務。突厥人強盛後，逐漸驕橫起來，時時闖入中原劫掠財富、人口。當時，

突厥騎兵

中原忙於內戰，對北方威脅無能為力。本來，這是突厥進攻中原的良機，幾乎可說是歷史上遊牧民族的最佳機會，此時整個中原四分五裂，無比混亂，廣大百姓都處在水深火熱之中。局面對突厥來說，絕對比後來蒙古南下滅掉宋朝更加有利。當時，中原北周宣帝宇文贇為了籠絡突厥，不得不採取和親政策，將北周趙王宇文招之女封為千金公主，於西元 580 年出嫁突厥佗鉢可汗為妻。千金公主美貌多才，以自己的妙齡青春維繫兩國友好關係。不料千金公主出塞才一年，時為北周大臣與外戚的楊堅廢周稱帝，改國號為隋，定都長安，史稱隋文帝。隋文帝登基後，為了鞏固皇位，大揮屠刀，剗盡了北周宇文氏皇族。

隋朝立國後，隋文帝視突厥為大敵，深深感到北方邊患可畏，但中原尚不穩定，他實在沒有足夠的精力和兵力出擊突厥，不得下令沿邊修築長城，並派上柱國陰壽鎮幽州（今北京）、宰相虞慶則 1 鎮并州（今山西太原），屯兵數萬，以備突厥。

就在隋文帝日夜提防突厥南下的時候，突厥驟然發生了爭奪汗位的紛爭。佗鉢可汗病重時，對兒子庵邏說：「我兄長當年將汗位傳給我，而不是他的兒子，我一直深懷感激。現在我要死了，決定將汗位傳給兄長之子大羅便。」消息傳開後，突厥各部酋長認為大羅便母親身分卑賤，不能服眾。酋長攝圖實力強大，勇武強健，公然宣布支持庵邏即汗位，並威脅說，大羅便若即汗位，他將率部自立。為了避免突厥分裂，佗鉢可汗最後將汗位傳給了親生兒子庵邏。大羅便又不服氣了，一心要惹是生非。庵邏性格懦弱，無法節制大羅便，他頗有自知之明，便主動將可汗位讓給了名望最高的攝圖。攝圖由此登上了可汗位，號「沙鉢略可汗」，又稱「伊利可汗」，居都斤山。沙鉢略可汗又以主動讓賢的庵邏為第二可汗，以大羅便為阿波可汗，以沙鉢略可汗從父玷厥為達頭可汗，居西面。這樣，四可汗各領其部，分居四面，但依舊以沙鉢略為突厥大可汗，暫時沒有分裂。

沙鉢略可汗平息了突厥內部矛盾後，按照部落習俗，繼承了北周千金公主為妻。千金公主怨恨隋文帝覆滅其母國、殺盡其宗族，日夜悲泣，請沙鉢略可汗為她報仇。沙鉢略可汗也感到隋朝對待突厥不像昔日北周那般優禮，心生怨憤，立即率領第二可汗、達頭可汗、阿

突厥碑文

註 1：本姓魚，匈奴鐵弗部赫連氏人，其家族世代都是北方豪強。

波可汗和貪汗可汗，包括他自己在內共五可汗，興兵四十萬，大舉攻隋。隋行軍總管達奚長孺率兵二千，與突厥沙缽略可汗十萬大軍遭遇於周盤（今山西沁源附近），隋軍轉鬥三日，士卒死者十之八九，達奚長孺自己也受了重創。而其他幾路隋軍——屯乙弗泊（今青海樂都西）的柱國馮昱、守臨洮（今屬甘肅）的蘭州總管叱列長叉以及屯幽州（治今北京）的上柱國李崇均被突厥打敗。突厥騎兵聲勢浩大，長驅直入，隋武威、天水、金成（今均屬甘肅）、上郡、延安（今均屬陝西）、弘化等郡被突厥鐵騎蹂躪，六畜皆盡。

雖然中原政權在騎兵方面素來不能與遊牧民族抗敵，但其政治陰謀的歷史卻遠比遊牧民族豐富。在突厥大舉南下的嚴重形勢下，隋朝奉車都尉長孫晟（唐太宗皇后長孫無垢和名臣長孫無忌之父）提出了以反間計破突厥之策。這個長孫晟在當時是個赫赫有名的人物，騎術高超，箭法精妙，突厥聞其弓聲，稱為「霹靂」，見其走馬，謂之「閃電」。北周時，他曾護送千金公主出嫁突厥，在突厥滯留將近一年，對突厥的內情和山川形勢頗為熟悉。他認為：突厥的爭奪汗位雖無演變成內訌，但依仍有可乘之機；尤其是西面的達頭可汗兵強位下，與東面的沙缽略可汗內隙已彰，可使其東西分裂，引發起內戰；而沙缽略可汗之弟處羅侯素有野心，為沙缽略可汗所忌；阿波可汗本應為突厥可汗，現在的地位卻在沙缽略可汗之下，一直心懷不滿。長孫晟建議主動派人聯絡處羅侯，設法離間突厥各部，使其內亂，最終達到「首尾猜嫌，腹心離阻」的目的，這樣便能不攻自破。

隋文帝採納了長孫晟的建議，派太僕元輝出伊吾（今新疆哈密西），賜達頭可汗狼頭，表示尊重之意。達頭可汗的使者來隋，各方面禮遇均在沙缽略可汗的使者之上。隋文帝又命長孫晟為車騎將軍，出黃龍道（今遼寧朝陽一帶），與契丹、奚、霫等少數民族部落聯絡，請他們遊說處羅侯，誘其內附。

反間計十分有效，突厥很快開始互相猜疑。沙缽略可汗想趁勝深入南下，達頭可汗不但不同意，還帶著自己的人馬退兵。長孫晟又使反間計，故意引誘沙缽略可汗之子染干去告訴沙缽略可汗說：鐵勒等部反叛，欲襲占可汗牙帳。沙缽略可汗深怕後方不穩，這才匆忙退兵。

隋文帝統一天下後，為了反擊突厥五可汗入寇，命

突厥步兵盔甲

衛王楊爽等為行軍元帥，分八道出塞討擊突厥。楊爽督總管李充等四將出朔州道（今山西朔縣），與沙缽略可汗於長城北白道遭遇，大破突厥兵，沙缽略可汗棄甲潛逃，突厥軍中無食，死者甚眾。隋秦州總管寶榮定率步騎三萬出涼州（治今甘肅武威），與突厥阿波可汗相遇，阿波屢敗。寶榮定部將史萬歲單騎與突厥挑戰，斬突厥騎將首，阿波不敢戰，引軍而去。長孫晟在寶榮定軍中，又設計離間阿波與沙缽略的關係，勸阿波西聯達頭以拒沙缽略，阿波可汗遂遣使入朝。

沙缽略可汗聽說阿波可汗遣使朝隋後，大為恐慌，他素來忌諱阿波可汗驍悍，便引兵襲擊阿波北牙庭，殺阿波母，大破阿波兵眾。阿波西奔達頭可汗，達頭派阿波率兵東討，原部歸附者將十萬騎，屢破沙缽略，恢復故地。貪汗可汗與阿波友善，被沙缽略廢去汗位，西奔達頭。沙缽略從弟地勤察別統部落，也以眾叛歸阿波。從此，阿波可汗與沙缽略可汗互鬥不已，為了取得隋朝的支持，避免腹背受敵，各自派遣使者到長安求和。這一切的內訌正是隋文帝所希望看到，也正是他苦心經營的，自然對此均不作答，只是坐山觀虎鬥。

因為內訌，沙缽略可汗實力大減，妻子北周千金公主也不得不主動向隋朝示好，上書隋文帝，自請改姓楊氏，求為隋文帝女。隋文帝並沒忘記千金公主出身宇文氏皇族，自己是她不共戴天的大仇人，但由於突厥在北方依舊擁有強大的軍事力量，出於政治利益之需要，他也不得不順水推舟，對千金公主加以籠絡。開皇四年（西元 584 年）九月，隋文帝派開府儀同三司徐平和出使沙缽略，改封千金公主為大義公主。

沙缽略可汗由此開始與隋朝通好，隋文帝特意派宰相虞慶則為正使，長孫晟為副使，出使突厥，加意籠絡。沙缽略可汗一時頭腦發熱，表示願意向隋朝稱臣，並對使者虞慶則和長孫晟行跪拜禮，接受了隋文帝的璽書。但事後又覺得丟了面子，大為後悔，還痛哭一場。

這次出使，宰相虞慶則大賺了一筆，不僅得到千匹良馬，還娶入沙缽略可汗的堂妹。他本是匈奴人，不懂得「功高蓋主」在中土是為臣者的大忌，而隋文帝剛好性情猜忌疏親、刻薄寡恩。最終在十幾年後，虞慶則妻弟趙什柱為了與其妾通姦，誣告其謀反，虞慶則無辜被殺。

突厥內訌後，阿波可汗在西部發展勢力，漸見強大，號西突厥。從此，突厥正式分裂為「東突厥」沙缽略可汗和「西突厥」阿波可汗兩部。東突厥控制著東起興安嶺、西到阿爾泰山的廣大地區；西突厥則在阿爾泰山以西，主要是在西域稱雄，控制著絲綢之路。突厥的分裂，使中原與突厥的戰略對峙發生了根本改變。

隋朝繼續採用長孫晟的離間計：遠交近攻、離間強部、扶助弱部，成效相當卓著。

先看東突厥。

東突厥沙缽略可汗死時，嫌兒子雍虞閭懦弱，擔心他不能與西突厥對抗，因此將汗位傳給了弟弟處羅侯，是為莫何可汗。莫何可汗死後，沙缽略之子雍虞閭最終繼承了汗位，號都藍可汗。沙缽略的另一個兒子染干則居住在北方，號突利可汗。都藍可汗續娶了後母大義公主為妻，隋文帝為了施惠，將陳後主宮中一架屏風作為禮物賜給大義公主。不料大義公主由陳後主的滅亡想到自己的母國，無限傷感，一時不能自己，寫下了詩篇。隋文帝得知後大為惱怒，擔心大義公主會慫恿都藍可汗攻隋，決意剷除大義公主。剛好這時候，突利可汗向隋朝請求通婚，隋文帝便告訴使者說：「殺了大義公主，方能許婚。」突利可汗為了自己利益，遊說兄長都藍可汗殺了大義公主。

開皇十七年，隋文帝以宗女安義公主下嫁突利可汗，並有意賞賜大批禮物，想以此來離間突利可汗和都藍可汗兄弟。都藍可汗果然上當，便有意侵擾隋朝邊境，抄掠人口財物。突利可汗感激隋朝許嫁公主，經常提前將兄長的動向告知隋軍，讓隋軍提前防備，兄弟由此反目成仇。都藍可汗見弟弟有隋朝撐腰，便聯合達頭可汗一起進攻突利可汗。雙方在長城下進行了一場激戰，突利可汗大敗，不得不投向老丈人隋文帝的懷抱。隋文帝正要利用他的名號，恩遇有加，封為「意利珍豆啟民可汗」（意思是意智健，簡稱「啟民可汗」），讓他定居在朔州（今山西朔縣），後移居到黃河以南的夏、勝二州（今陝西靖邊縣及內蒙古準噶爾旗一帶）。當時安義公主已死，隋文帝又將義成公主嫁給了啟民可汗。不久後，都藍可汗被部下刺殺，達頭可汗自立為步迦可汗，不久被隋軍打敗，逃奔吐谷渾，不知所終。經過一連串的內訌後，漠北大亂，許多部落紛紛投靠啟民可汗，啟民可汗便幸運地成為東突厥大可汗。

再來看西突厥。

東突厥莫何可汗即位之後，隋朝賜以鼓吹、幡旗。莫何可汗勇而有謀，打著隋朝所賜的旗鼓，率軍攻打西突厥阿波可汗。西突厥看到旗幟，以為莫何可汗得到了隋朝精兵相助，望風降附，阿波可汗被生擒。

突厥石人

之後，西突厥泥利可汗即位，娶漢人妻向氏，生子達曼。泥利可汗死後，達曼繼位為處羅可汗，向氏再嫁泥利可汗弟婆實特勒。後來向氏到隋朝廷觀見，被隋文帝留在長安，隱有扣作人質之意。隋煬帝即位後，得知處羅可汗思念母親，派人招撫。處羅可汗為了母親的安危，不得不俯首稱臣，向隋煬帝進貢汗血寶馬。隋煬帝西巡時，召見處羅可汗。處羅可汗擔心羊入虎口，推辭不去。隋煬帝勃然大怒，由此動了殺機。

剛好此時西突厥酋長射匱（處羅可汗叔父，達頭可汗之孫）為了壯大實力，派人向隋煬帝請婚。隋煬帝有意挑撥，故意說：「只要你誅殺了處羅可汗，便可許婚。」射匱為了娶到隋朝公主，立即發兵攻打處羅可汗。處羅可汗毫無防備，一敗塗地，只帶領數千騎向東逃奔高昌。高昌王麴伯雅怕得罪隋朝，不敢收留，派人將處羅可汗的下落告訴了隋煬帝。隋煬帝派人送處羅可汗母向氏到玉門關晉昌城，勸說處羅可汗入朝投降。

大業七年（西元 611 年）十二月，走投無路的處羅可汗到臨朔宮（建在涿郡）朝見隋煬帝。隋煬帝設宴款待，賞賜甚厚，並賜其號為「曷婆那可汗」，後來又將信義公主許配他為妻。處羅可汗部眾被分為三部，處羅自率一部，跟隨隋煬帝四處巡遊，其餘兩部分別安置在會寧（今陝西靖邊縣）、樓煩（今山西雁門關北）。射匱沒能娶到隋朝公主，只是白白充當了一回隋煬帝的工具，便自立為西突厥可汗，建牙帳於龜茲國北的三彌山中。但西突厥經過這次內訌後，實力已大為削弱。

到了隋朝末年，由於隋煬帝揮霍無度，加上隋軍遠征高句麗失敗，國力衰弱，突厥勢力又開始崛起。諷刺的是，隋朝一手扶持起來的東突厥大可汗啟民雖然一直忠於隋朝，還曾經到東都洛陽朝見隋煬帝，但他死後，兒子咄吉繼位為「始畢可汗」，一度對隋朝構成了重大威脅。

大業十一年八月，隋煬帝北巡，始畢可汗謀劃趁機截擊，幸好義成公主及時派人報信，隋煬帝迅速南歸，到雁門便（今山西代縣）時，被突厥騎兵重重圍困。當時情形十分危急，上下恐懼，隋煬帝急令各地募兵馳援，其中應召的便有李淵之子李世民。隋煬帝又派人向義成公主求救，義成公主速告知始畢可汗「北邊有急」，九月，始畢可汗解圍離去。其時，長孫晟已死，以致隋煬帝一度感嘆道：「倘若長孫晟還在，局勢何以至此。」

當時突厥號稱「控弦百萬」，「戎狄之盛，近代未有也」。突厥如此勢大，隋末群雄並起，北方各路割據勢力為了倚突厥為外援，大都向其稱臣。唐高祖李淵起兵時，親自寫信給東突厥始畢可汗，說：「欲大舉義兵，遠迎主上，復與突

厥和親，如開皇之時。若能與我俱南，願勿侵暴百姓。若但和親，坐受寶貨，亦唯可汗所擇。」實際上就是向突厥俯首稱臣。始畢可汗回信表示，如果李淵稱帝，願以兵馬助之。如此一來，李淵起兵便無北顧之憂。

西元 618 年，唐朝建立，隨後統一了中原。東突厥始畢可汗已經病死，因其子什缽芯年紀還小，其弟俟利弗設繼位，稱「處羅可汗」。按照突厥風俗，處羅可汗再娶隋義成公主。義成公主一心復興隋朝，將隋煬帝皇后蕭氏及其孫楊政道等隋朝皇室迎接到突厥。處羅可汗聽從義成公主的建議，一心與唐朝為敵。此時唐朝國力還不十分強大，唐高祖只得採取妥協政策，派太常卿鄭元壽到突厥，勸說處羅可汗退兵，但處羅可汗沒有同意。沒過幾天，處羅可汗離奇病死，突厥人懷疑是鄭元壽下藥毒殺可汗，將鄭元壽扣留，後因唐朝答應以公主通婚，才被放還。義成公主力主立始畢可汗另一個弟弟咄苾（啟民可汗第三子）為汗，是為「頡利可汗」。頡利可汗再娶義成公主為妻。

這時候，義成公主的堂弟楊善逃到東突厥，力勸頡利可汗攻打唐朝。頡利可汗接受了建議，連年進擾內地，掠奪人口和財富。武德五年（西元 622 年），頡利和突利（始畢可汗之子，非前面提過的突利可汗即啟民可汗染干）二位可汗親率十五萬大軍進攻唐朝，入雁門關，分兵攻打并州、原州，又率騎兵十餘萬大掠朔州，進襲太原，關中因此而震動，京都長安被迫戒嚴。唐高祖派秦王李世民率兵前去抵抗。當時，關中已下了許多天雨，糧道受阻，將士疲憊，武器澆雨，朝廷上下及軍隊將士俱甚憂慮。唐軍與東突厥軍在豳州（今陝西彬縣）五隴阪遭遇，雙方布陣，準備大戰。李世民單騎來到突厥陣前，先責備頡利可汗同意和親而今違約，又上前對突利可汗說：「你過去與我結盟，言明有急相救，今乃引兵相向，何無手足之情！」藉此來離間二位可汗的關係。當夜，李世民趁雨夜突襲突厥軍營，並派使臣再次前去勸說突利可汗休戰。李世民的分化發揮了很好的效果，頡利可汗欲與唐軍決戰，而突利可汗堅決不同意。加上唐朝許以「幣帛皆入可汗」，頡利可汗權衡利弊之下，主動派使者請求和親，李世民答應，並與突利可汗結為兄弟。突厥在與唐結盟後撤兵。然而，李世民當上皇帝後，發兵攻唐，這就是本篇一開始提到的「渭水之盟」，由此激發了唐太宗剷除東突厥的決心。

貞觀元年（西元 627 年），東突厥頡利可汗因政令苛刻繁瑣，內部怨聲載道。剛好此時突厥境內遭受了罕

突厥騎兵

敦煌壁畫

見的大風雪，大批牲畜死亡，突厥糧食嚴重不足，鬧起了饑荒。剛從東突厥出使回來的鴻臚卿鄭元壽請求趁勢出擊東突厥，大臣蕭瑀十分贊成。重臣長孫無忌則極力反對，認為有盟約在先，唐先進攻是為不義而反對。唐太宗感覺時機未到，最終採納了長孫無忌的意見。但唐朝朝野上下均心知肚明，與突厥一戰只是早晚之事。

此時，玄奘已移居莊嚴寺，他並非沒有感受到一場大戰即將來臨的氣氛，只是求法心切，已顧不上其他。他繼續聯絡有意西行的僧侶，一再上書申請西行公文，但大局勢如此，朝廷均未批准，最初約定與玄奘同行的僧侶紛紛退出了申請行列，只有玄奘依然不改初衷。

貞觀二年四月，東突厥再次發生內訌。頡利可汗重用漢人趙德言，趙德言大改突厥舊俗，政局一片混亂。散居漠北的鐵勒（或作敕勒）各部如薛延陀、回紇、拔野古、僕固等十五部，最初依附東突厥，見東突厥政治混亂，便相繼叛離。頡利可汗為了維護權威，派兄長之子欲谷設帶十萬騎兵前去征討。結果，欲谷設在馬鬣山被回紇酋長菩薩打敗，回紇勢力由此大振。唐太宗為了制衡東突厥，派使者抄小路前往鐵勒部，封薛延陀首領夷男為真珠毗伽可汗，夷男欣喜異常，從此入貢唐朝。頡利可汗擔心腹背受敵，又派突利可汗前去討伐鐵勒各部，結果突利戰敗，單騎逃回。頡利可汗怒火中燒，將突利可汗囚禁了十多天，並處以鞭撻之刑，突利可汗因此懷恨在心。不久，頡利可汗打算再討伐鐵勒，向突利可汗徵兵，突利可汗不給，並向「結義兄弟」唐太宗求助。頡利可汗帶兵攻打突利可汗，突利可汗順勢倒向了唐朝一邊。突利可汗後入朝，唐太宗任命他為右衛大將軍，賜

爵「北平郡王」。

貞觀三年新年剛過，便發生了一件跟佛教有關的事：僧人法雅以妖言惑眾罪被處死，而司空裴寂（唐高祖時重臣）因未檢舉揭發而被免官。法雅原在五臺山講經，名氣很大，唐朝建立後來到長安，頗得高祖信任，能夠自由出入皇宮。唐太宗登基後，禁止法雅再入皇宮。法雅因而心生怨恨，經常口出「妖言」，由此被唐太宗誅殺。表面涉及沙門，其實是起政治事件。十年前，輔佐唐朝建立的重要人物之一劉文靜自以為功績在裴寂之上，位卻在裴寂之下，十分不滿，醉酒後曾拔刀砍擊木柱，咬牙切齒地說：「有朝一日，定將裴寂殺死。」裴寂深為忌憚。剛好劉文靜之妾揭發劉文靜興妖作怪，召用巫人，裴寂儘管知道劉文靜與當時尚是秦王的李世民關係非同一般，仍力勸唐高祖剷除後患。儘管李世民百般求情，唐高祖最後還是採納了裴寂的意見，將劉文靜處死。普遍認為，法雅事件不過是唐太宗藉故除掉裴寂、為劉文靜報仇而已。裴寂被罷官後，請求留在長安，唐太宗堅決不允，更嚴厲地指責他功不補過，唐高祖在位期間身居相位而朝政不清，都是他的責任。這實際上也表明了唐太宗的地位正在日益穩固。如此，將直接決定唐太宗之後的許多重大決策將與之前完全不同。

這一年，一開端就注定將是不平靜的一年，所有的人都在拭目以待。

時間轉眼到了秋天。八月初一，空中出現日蝕。自漢代開始，太陽便被認為是皇帝的象徵。發生日蝕，就表示君主受到侵犯，皇帝有災難。唐朝孔穎達在《左傳正義》一書中說：「日食，陰侵陽，臣侵君之象，救日食所以助君抑臣也。」另一方面，日蝕也被認為是皇帝犯了錯事後，天顯異象以示警告。唐太宗忙得已經顧不上日蝕，他將全部精力都花在了備戰東突厥上。

八月初八，鐵勒薛延陀真珠毗伽可汗派弟弟統特勒到長安進獻貢品，唐太宗著意籠絡，賜寶刀、寶鞭，還說：「你統屬的部族犯下大罪的，用刀斬決；小罪的，用鞭抽打。」統特勒非常高興。東突厥頡利可汗則大為驚慌，開始派使者稱臣，請求迎娶公主，修女婿禮節。而此時唐太宗已決定以頡利可汗援助叛軍梁師都為藉口，任命兵部尚書李靖為行軍總管、張公謹為副總管，出兵征討東突厥。

長安莊嚴寺中，已等待唐朝廷批准西行公文兩年有餘的玄奘感覺到風雲變幻、大戰在即，而戰火不知何時才能止息，他實在不能再等下去了。剛好關中一帶遭遇到特大霜災，莊稼歉收，糧食嚴重不足，唐朝廷同意僧尼和百姓外出遊食。玄奘認為這是個絕佳機會，決定趁機西行。就在出擊東突厥的唐軍整裝待發的時候，玄奘悄然離開了長安。時為貞觀三年八月。

即將踏上征程，玄奘的心情是喜悅的，但也有一絲憂慮，不是為他本人，而是唐朝即將開始的與東突厥之戰。他忍不住回望長安，夜色朦朧中，偉岸高大的城牆也模糊了起來，只有城頭星星點點地閃耀著的光亮，那是守城唐軍槍尖的冰冷寒光。再看前方，前途漫漫，一片漆黑。他心中非常清楚，前面要走的是條荊棘之路，等待他的將是難以想像的艱難險阻，以及不可預測的際遇。然而，命運本身就隱含著無法估計的因素在內，玄奘自己大概也沒有想到，等他十六年後再次回歸長安的時候，竟然受到了舉國上下的熱烈歡迎，盛況空前。而此時，他不過是個潛逃者。

按：《新唐書》記載玄奘於貞觀元年離開長安，但這明顯不對，與後面諸多史實矛盾。這裡只略舉一例說明：玄奘八月離開長安後，當年九月在涼州（今甘肅武威）為都督李大亮所阻，這是公認的史實。貞觀元年，涼州都督為李幼良（唐朝宗室，長平王李叔良弟，封長樂王），李大亮在南方任交州（治所在今越南河內）都督。當年四月，人告發李幼良陰養死士，交通境外，有反叛的企圖。唐太宗特派中書令宇文士及（隋右衛大將軍宇文述子，發動政變殺死隋煬帝之人，娶隋煬帝女南陽公主，投靠唐朝後又娶唐宗室女）趕往涼州，暫時代理李幼良都督一職，並調查其事。李幼良部下驚懼不安，密謀劫持李幼良，殺死宇文士及，占據河西地區。宇文士及上奏朝廷後，四月十二日，唐太宗賜李幼良自殺。新任涼州都督為宇文士及，但當年九月就因事被罷。即使李大亮在九月被任命為涼州都督，從南方交州到北方涼州上任，以當時的交通來說，至少需要二、三個月的時間，這其中還沒有算上移交公文等繁瑣的環節。而玄奘九月就在涼州見到了李大亮。顯然，玄奘貞觀元年出關並不合理。《唐刺史考全編》中則明確指出，李大亮涼州都督的任期從貞觀三年才開始。有人用唐朝廷允許僧人外出遊食舉證，因為貞觀元年關中地區發生饑荒，一斗米值一疋絹。但是，貞觀二年，中原普遍出現蝗災，而貞觀三年則大水泛濫。連年發生自然災害，加上貞觀三年大規模備戰突厥，長安糧食不足也完全合情合理。玄奘本人所著的《大唐西域記》，其弟子辯機所著的《大唐西域記贊》，其弟子慧立、彥悰所著的《大慈恩寺三藏法師傳》，以及與玄奘共事多年的名僧道宣所著的《續高僧傳》，均記載玄奘離開長安時為貞觀三年。關於本書中其他有爭議之處，如玄奘具體生年，作者均有考證，但限於篇幅，不再一一舉證。

2. 漫漫出關路

在中國歷史上，隋朝是個短命的王朝，但由於隋文帝、煬帝父子均推崇佛教，促使中、印佛教文化的溝通交流更為暢達。隋煬帝即位後，一度有開邊的雄心，為了打通西域，委任裴矩為黃門侍郎，駐在張掖，專門主持與西域的通商往來。在此期間，裴矩翻閱了大量歷史文獻，並親自與來自西域的商人交談，詢問西域四十四國的山川風俗、儀形服飾等，由此撰寫成《西域圖記》三卷。另外還專門繪製了地圖，將西域的要害地區標出。在此書的序言中，對當時的西行路線作了詳細的描述，以敦煌為總出發點，到西海（今地中海）共有三條大道，「各有襟帶」：北道在天山北路，起點是伊吾（今新疆哈密），經蒲類海鐵勒部、突厥可汗庭，渡北流河水，至拂菻國（即古羅馬帝國），到達西海；中道即天山南路的北道，起點是高昌，過焉耆、龜茲、疏勒，度蔥嶺；南道即天山南路的南道，起點是鄯善，過于闐、朱俱波、喝槃陀，度蔥嶺。其中的中道和南道，越過蔥嶺後分別到達波斯（今伊朗）和拂菻國等西亞、歐洲各國，即為歷史上有名的「絲綢之路」。在這條古道上，究竟發生過多少蕩氣迴腸的偉大故事，演出過多少驚心動魄的人間悲喜劇，大概只有漫漫黃沙知道吧！

玄奘出發前，早已做了多方準備，中道在他看來是上上之選，因為這條線上來往的商旅最多，容易躲藏。但無論如何，出關是首要的目標。

唐朝實行關禁制度，以控制人口的流動，在全國各交通要樞設有關卡二十六處，專門負責勘察來往之人，「凡行人車馬，出入往來，必據過所以勘之」。「過所」就是出入憑證，由官府機構頒發。《唐律》中從過所的頒給到勘檢均有嚴格之規定：「凡居人遠行，均須向官府層層申報，由里至縣，最後由縣府核實頒予過所。如果無過所，私度關者，徒一年；越度者，加一等；已至越所而未過者，

聞名中外的「絲綢之路」

唐律疏義（局部）

各徒一年。即以過所與人及受而度者，亦准此。」而且不得攜禁物私度關，「諸齎禁物私度關者，坐贓論；贓輕者，從私造、私有法，若私家之物，禁約不合度關而私度者，減三等」。當時唐帝國對僧侶的活動限制尤其嚴格，唐高祖時就下令僧侶無事，須安居寺院，誦讀經文，不得隨意離開寺院；太宗即位後，又規定僧尼外出，需有公驗為憑，否則不予放行。過所只用於關卡處，公驗則用於州縣鎮鋪，也就是說，過所是公驗的一部分。顯然，這條規定是刻意限制僧尼的行動。玄奘之前一再向唐朝廷申請的西行公文，實際上就是公驗。而《西遊記》中，唐僧持有唐朝皇帝頒發的過關文牒，每到一個國家，都要重新驗關蓋章，實際上就是對公驗帶有想像性的描述。因此，私自離開長安的玄奘沒有公驗，時刻面臨被抓捕的危險。

話說玄奘離開了長安，混在一群商人當中，向西進發。途中，他遇到秦州（今甘肅天水）僧人孝達，結伴同行，一同到達秦州。秦州歷史悠久，古為秦人發祥之地。據說這裡還是「三皇」之一伏羲的故鄉，正是在這裡，伏羲創下了代表自然界天、水、山、雷、火、地、澤的乾三、坎三、艮三、震三、巽三、離三、坤三、兌三等象形文字。秦州也是佛

麥積山石窟

風盛行，有著名的麥積山石窟，始鑿於後秦姚興時期（西元 394 至 416 年），當時就已經是「千崖萬象，轉崖為閣」，成為秦州的名勝之地。後來經過歷代割據涼州的政權不斷續鑿，至北魏初期已具相當規模。北魏時，開鑿的石窟更多，由於重視石窟的建築藝術，建築風格各個不同，使麥積山石窟的開鑿進入一個新時期。

在秦州留宿一夜後，玄奘又與蘭州（今甘肅蘭州）人結伴，到達蘭州。蘭州

地勢險要，又是古黃河渡口所在，被稱為「鎖匙之地」。西行之人，必須在這裡渡過黃河。當時渡河的工具是簡陋的木船和筏子，而黃河水流湍急，因此擺渡絕非易事。當地有一首民謠唱道：「黃河害，黃河險，凌洪不能渡，大水難行船，隔河如隔天，渡河如度鬼門關。」但玄奘毫不畏懼，毅然渡過了黃河。

《西遊記》中第四十八回寫道唐僧師徒踏冰渡河，這其實也取材於蘭州的「冰橋」。根據《重修皋蘭縣志》記載：「蘭州黃河結冰以夜，其開亦以夜，冰既堅，狀如積雪填於巨壑，嶙峋參差，不復知有河形，處處可通車馬，欲名冰橋。」每到嚴冬時，人們便可以藉「冰橋」過河。為了防止冰塊初結或消融時危及性命，人們通常會在腰間橫扎一根竹竿，以在踩破冰層時救急。有詩云：「猿臂長杆如打漿，悵惘失足一心驚。」就是對當時這種驚心動魄之景觀的描述。

過了蘭州，便正式進入著名的河西走廊。河西是指蘭州以西的涼州（今甘肅武威）、甘州（今甘肅張掖）、肅州（今甘肅酒泉）、敦煌（今甘肅敦煌）等地，因位於黃河以西，自古稱為「河西」。又因其為夾在祁連山與合黎山之間的狹長地帶，又稱「河西走廊」，南北之間最寬處不過一百公里，窄處僅數百公尺，是中原地區通往西域的咽喉要道。

河西走廊最著名的就是「四郡兩關」，即著名的酒泉郡、武威郡、張掖郡、敦煌郡、玉門關、陽關，始設於西漢武帝時期。前面曾經提過，河西一帶最早為大月氏部族的領地，後匈奴打敗大月氏，迫其西徙，為匈奴占有。匈奴占據河西後，以此為基地，不斷對漢境發動進攻，擄掠人口和牲畜。漢朝鄰近河西的郡縣，均成為匈奴掠奪的對象。自漢高祖劉邦開始，漢朝廷對匈奴採取「和親」政策。這種「和親」，實際上就是一種妥協，不但要把漢朝皇室的女兒嫁給匈奴單于，每年還得送給匈奴許多財物。「和親」並沒有換來邊境的安寧，匈奴騎兵依舊頻繁侵擾漢境。漢武帝慨然有為，即位後銳意富國強兵，立志改變對匈奴的弱勢局面，雄心勃勃地開始訓練騎射，對匈奴發動了大規模的軍事反擊。元狩二年（西元前 121 年）三月，年輕的驃騎將軍霍去病率萬騎出隴西擊匈奴。霍去病領兵深入，轉戰六天，過焉支山（今甘肅蘭州東南）千餘里，與匈奴主力苦戰於皋蘭山（今甘肅蘭州黃河西），殺死匈奴折蘭王和盧侯王，並俘獲渾邪王子及相國、都尉，俘斬匈奴兵八千九百餘。同年夏天，霍去病又與公孫敖、張騫、李廣等三將軍數萬騎從北地（今甘肅環縣）出塞擊匈奴。霍去病指揮漢軍深入匈奴二千餘里，過居延澤（今甘肅北部）、小月氏，直至祁連山，取得重大勝利，襲破匈奴渾邪王、休屠王兩部，斬獲三萬餘人，並俘獲了渾邪王之子，這就是著名的河西之戰。

古陽關遺跡

霍去病墓

霍去病踏破焉支、祁連兩山後，匈奴有歌謠傳唱道：「亡我祁連山，使我六畜不蕃息！失我焉支山，使我婦女無顏色。」焉支、祁連二山皆水草豐美之地。焉支山上有種叫紅藍的植物，匈奴婦女習慣用其修飾面容，類似腮紅之類的化妝品，漢語中的「胭脂」便是由此而來。正是在這次河西大戰中，霍去病得到了休屠王的祭天金人（即佛像），從而傳奇般地引發了後來佛教在中原的傳播。

同年秋季，匈奴渾邪王和休屠王因大敗於霍去病，丟失西部大片領地，懼怕單于問罪，決定投降漢朝。武帝派霍去病率一萬輕騎前去受降。漢軍未至河西之前，休屠王突然變卦，不願降漢。霍去病率軍渡過黃河時，渾邪王的裨王等人看到漢軍眾多、陣容強大，懷疑漢朝有詐，就紛紛逃走。霍去病見狀催馬馳入渾邪王營內，親自與渾邪王面談，同時指揮漢軍斬殺逃亡的匈奴兵將八千餘人，然後護送渾邪王入長安晉見武帝。又帶領降漢的匈奴數萬人，號稱十萬，渡過黃河，凱旋而歸。漢武帝立渾邪王為漯陰侯，封萬戶，並把降附漢朝匈奴人分別安置在隴西、北地、上郡、朔方、雲中五郡塞外，允許他們保留自己的風俗習慣，稱為「五屬國」。霍去病因為軍功赫赫，自此恩寵有加，與大將軍衛青地位相等。

經過河西之戰後，漢朝的疆域擴大到了整個河西走廊和湟水流域，即今青海湖以東、祁連山東北的廣大地區，並且先後設置了酒泉（治所在今甘肅酒泉）、武威（治所在今甘肅武威）、張掖（治所在今甘肅張掖西北）、敦煌（治所在今甘肅敦煌西）四個郡。四郡設置之後，漢朝將秦長城從令居（今甘肅永受）延伸到了陽關、玉門關，其烽燧深入到輪臺，用以防禦匈奴。這條長城的南面，就是漢朝的屯田區。而原來聚居在湟水流域的羌人被驅趕到更西的地區，與匈奴的聯繫遭徹底隔斷。漢朝控制了整個河西走廊後，河西成為漢朝在西域軍事活動最重

要的基地，通向西域的大門自此完全洞開。「四郡兩關」是漢朝用戰爭和鮮血取得的重大戰果，對日後內地的發展產生了極為深遠的影響，張騫開通的絲綢之路就穿過其中。

九月初，玄奘到達了河西重鎮涼州，即漢代的武威，早在張騫通西域之時，武威就已經是「通貨羌胡，市日四合」的繁華之地，有「銀武威」之稱。東晉十六國時，數個政權都曾在此地建都，唐朝詩人元稹曾描寫涼州的繁華說：「吾聞昔日西涼州，人煙撲地桑柘稠。葡萄酒熟恣行樂，紅豔青期朱粉樓。」唐太宗即位後，根據山川地形將全國分為關內、河南、河東、河北、山南、隴右、淮南、江南、劍南、嶺南十道。涼州屬隴右道，設都督府。涼州一帶水草肥美，漢朝以後，成為歷代朝廷專門養馬的地方，舉世聞名的銅奔馬──「馬踏飛燕」，就是在這裡出土。曾經有歌謠唱道：「涼州大馬，橫行天下。」這裡也是河西的文化中心，佛教興盛，早於玄奘的譯經大師鳩摩羅什曾在涼州講經達十六年之久。

鳩摩羅什是佛教史上極為傳奇的人物，其家世代為印度相國，地位顯赫，到了他父親鳩摩炎時，為了追求佛法而主動放棄相位，為家族所不容，於是離開印度，來到了天山南麓的佛教中心龜茲。當時龜茲國王有妹耆婆，貌美聰慧，自視極高，拒絕了無數王孫貴族的求婚，卻意外看中了遊歷到此的鳩摩炎。在龜茲國王的干預下，鳩摩炎被迫與耆婆公主成婚，之後生下鳩摩羅什（意為童壽）。有意思的是，耆婆公主當初用高壓手段與鳩摩炎成婚，產子後卻開始信仰佛教，決定出家。早先不願意結婚的鳩摩炎則愛上了家庭生活，努力勸說妻子，但耆婆公主最後拋家棄夫，出家為尼。鳩摩羅什當時年僅七歲，也跟隨母親一同出家；九歲時，隨母渡過辛頭河前往佛教大國迦濕彌羅。鳩摩羅什年紀雖小，卻天資聰穎，很快嶄露頭角。甚至迦濕彌羅國王也聽說了他的大名，特意邀請他到宮中和外道論辯。十二歲時，鳩摩羅什跟隨母親返回母國龜茲，途中在疏勒停留一年有餘，學問精進。疏勒國王舉行大會，請年輕的鳩摩羅什升座，講說《轉法輪經》。從此，鳩摩羅什享譽西域。之後的二十多年時間，鳩摩羅什一直生活在龜茲，聲名卓著。然而，正因為他名氣太大，由此惹來了一場大禍事。

馬踏飛燕

前秦建元十五年（西元 379 年），僧人僧純、曇充等從龜茲遊學回到中土，對龜茲佛教盛況極為稱讚，尤其強調龜茲名僧鳩摩羅什才智過人，深明大乘佛學。當時高僧釋道安在

鳩摩羅什舍利塔

長安主持譯經，聽說鳩摩羅什的才華後，十分仰慕，極力勸說秦主苻堅派人迎接鳩摩羅什。苻堅當時正忙於統一北方，一時也沒有顧得上此事。三年後北方平定，苻堅又將目光投向南方，準備攻打東晉，統一全國。就在這時候，西域車師前部王彌窴、鄯善王休密馱入朝苻堅，請求苻堅出兵討伐西域不歸服者，並表示願意擔任秦軍的嚮導。苻堅想起昔日釋道安曾提及迎接鳩摩羅什來華一事，便決定派驍騎將軍呂光進兵西域，用武力迎鳩摩羅什到長安。出發前，苻堅特意叮囑呂光說：「朕聞西國有鳩摩羅什，深解法相，善閑陰陽，為後學之宗，朕甚思之。賢哲者國之大寶，若克龜茲，即馳驛送什。」

建元十九年正月，呂光率軍從長安出發，經過艱難跋涉，行越流沙三百餘里，最終於當年十二月抵達西域。在秦軍武力威逼下，西域焉耆等國望風而降。只有龜茲王白純聽說秦軍意在得到鳩摩羅什，堅決不肯交人，擁兵固守城池。鳩摩羅什一度勸白純說：「國運衰微，強敵將至，論實力，龜茲絕比不上苻堅。等呂光到時，大王最好答應他提出的條件，勿抗其鋒，如此才能保佑國家平安。」但白純不聽。呂光隨即進軍討伐龜茲，經過半年苦戰，終於建元二十年六月擊敗了白純及救援龜茲的獪胡、溫宿、尉頭等諸國兵七十餘萬。白純出逃，依附白純的三十餘國王侯皆降。這是由鳩摩羅什引發的第一場戰火，之後還有第二場。呂光本不信佛，入龜茲王城延城後，見到「目標人物」鳩摩羅什表面平常，不知道對方聰明超凡、智量過人，又見他年紀不大，十分輕視，有意讓他乘牛和劣馬出醜，以此為戲。為了表示對僧人「出家」的諷刺，呂光還強迫鳩摩羅什和龜茲王白純女結婚。鳩摩羅什堅決拒絕，不料呂光將他灌醉後，與龜茲王女同閉一室，遂成婚姻。

就在呂光征戰西域期間，中原的局勢發生了大變化。前秦苻堅為達成天下一統，傾舉國之力征討南方的東晉。出發之日，有戍卒六十餘萬，騎兵二十七萬，旌鼓相望，前後千里。當時東晉軍僅有八萬多人迎戰，朝野上下十分驚恐，只有宰相謝安鎮定自若，還與人弈棋，以其別墅為賭注。苻堅兵力雖眾，但不少是被迫當兵的漢人和各族人民，不願作戰，前秦軍最終在淝水大敗。前秦軍逃跑時聽

到風聲和鶴鳴聲，都以為是晉軍追兵來了，晝夜都不敢稍歇，披荊斬棘，涉草而行，宿於野外，凍餓而死者十之七八。這就是「風聲鶴唳」的典故由來。

淝水大戰後，前秦實力大損，本極有可能完成統一大業的苻堅最終難酬壯志，再也無力南下與東晉對抗。雪上加霜的是，苻堅的根據地北方再度陷入混亂。苻堅性格仁厚，之前統一北方時，對投降他的貴族一律優待，但這些貴族並非真心投靠，只是在暗中等待時機。淝水大戰後，北方起兵反抗苻堅的勢力層出不窮。前秦建元二十一年，後秦主姚萇俘虜了苻堅，將其縊殺在新平（今陝西彬縣）的一間佛寺。至此，苻堅最終未能見到他心目中的傳奇人物鳩摩羅什。而遊說苻堅迎鳩摩羅什來華的釋道安也在這一年圓寂，本來極有可能成為知己的兩個人物，就這樣在歷史的機遇中擦肩而過。釋道安是東晉中期最著名的高僧，不少佛教儀軌制度由他確立，後被鳩摩羅什譽為「東方聖人」。

釋道安像

前秦滅亡後，出征西域的大將呂光無所依靠，便乾脆用武力割據涼州，自稱涼州牧、酒泉公，建立了後涼政權。鳩摩羅什也被強行帶到涼州。據說當到達敦煌時，鳩摩羅什夢見他所乘的白馬托夢說：「我本是上界天騮龍駒，受佛主之命，特送你東行。現已進陽關大道，我將超脫生死之地，你到葫蘆谷將另有乘騎。」第二天醒來，白馬果然死去。於是當地佛教信徒將其安葬在城下，並修建白馬塔紀念。

後秦主姚萇稱帝長安後，聽說鳩摩羅什大名，曾經專程派人到涼州迎接。但呂光此時已發現鳩摩羅什智計多能，預言禍福多有奇中，便想將他留在身邊，因此不讓離開。從此，鳩摩羅什隱沒在涼州長達十七年。姚萇子姚興繼位後，為了得償其父迎接鳩摩羅什到長安的夙願，發兵攻打涼州。這是由鳩摩羅什引發的第二場戰端。其時呂光已死，後涼主為呂光之侄呂隆，呂隆抵擋不住姚興大軍，不得不出城投降，久被塵封的鳩摩羅什這才被迎入關。

儘管這時鳩摩羅什已屆五十八歲，但經過兩次兵鋒後，終於迎來了他人生中最輝煌的時刻。他被以國師禮迎入長安，安置在渭水之濱的著名園林「逍遙園」，開始主持規模宏大的譯經事業。自佛教入傳，漢譯佛經日多，但所譯多滯文格義，不與原本相應。鳩摩羅什精熟梵文，博覽印度古典，又因留華日久，對漢文亦有相當素養。同時他對於文學尚具有高度的欣賞力和表達力，所譯經論內容表達準確，文字流暢。之後的十餘年，鳩摩羅什悉心從事講法和譯經事業，其所譯之經典，對中國佛教的發展產生了重大影響。

有意思的是，當初呂光逼迫鳩摩羅什娶親的事再一次上演，姚興選十名美女送給鳩摩羅什為妻。此事在當時影響很大，不少僧人也想學鳩摩羅什娶妻，這樣即使出家也能享受艷福。鳩摩羅什十分恐懼，生怕由此影響佛教僧侶的生活方式，於是召集眾僧，指著一滿缽的針說：「你們若能跟我一樣，將這一缽銀針吞入腹中，我就同意你們娶妻蓄室。否則，絕不可學我的樣子。」說完，將一缽銀針吃進肚中，毫無異樣。眾僧認為鳩摩羅什有異能，自然不敢仿效，遂絕了娶妻之念。這就是著名的「羅什吞針」故事。

據說鳩摩羅什圓寂時，留下遺言說：如果他的譯文不失大意，死後火化焚身，舌頭不爛，可葬於涼州。後來火化之時，舌頭果然不爛，於是安葬在涼州鳩摩羅什寺塔，又稱「舌頭塔」。相傳，羅什寺塔每十年要動一動，那是鳩摩羅什的舌頭在活動。鳩摩羅什是玄奘之前最有名的譯經家，玄奘所讀的許多經書都是鳩摩羅什所翻譯。玄奘抵達涼州後，先來到了鳩摩羅什寺，由此可見他對鳩摩羅什的仰慕。

玄奘在鳩摩羅什寺略作停留後，便立即動身西行。但有人將玄奘要前往印度取經的消息報告給了涼州都督李大亮，李大亮立即派出人馬，前去將玄奘追回。此時，唐朝與東突厥的大戰已經拉開序幕，在唐軍的震懾下，九位突厥俟斤（部落首領的官號）剛剛率領三千騎兵投降了唐軍。毫無疑問，李大亮的謹慎不無道理，這是段敏感時期，而涼州正處在國防前線。唐詩人王翰《涼州曲》云：「葡萄美酒夜光杯，欲飲琵琶馬上催。醉臥沙場君莫笑，古來征戰幾人回。」即使沒有戰爭，玄奘沒有過所私自出關，已經觸犯了法律。

李大亮派人將玄奘追回來後，「追法師問來由」，根據朝廷「疆場未遠，禁約百姓，不許出塞」之命令，不讓玄奘出關，要求他盡快返回長安。玄奘由此滯留在涼州清應寺。當時河西一帶普遍信仰佛教，玄奘在涼州期間，被河西有名的高僧慧威請到寺院講《涅槃》、《般若》諸經。聽者為之傾倒，一時盛況空前。開講散會之日，玄奘所得布施十分豐厚，他領受其中一半作為盤纏和對沿途寺廟的燃燈供奉，其餘則全布施給涼州諸寺。聽聞玄奘佛法的有不少是來自西域的客商，後來他們歸國後，向各自的君主盛讚中土玄奘大師佛法深邃。如此一來，玄奘人還在中原，聲名已傳到西域。誰也想不到，這聲名反而在後來給玄奘的西域旅途帶來意想不到的麻煩。

玄奘在涼州待了一個多月，始終無法出關，不由得心急如焚。慧威是當地佛教界的領袖，對玄奘的勇氣和決心非常欽佩，在關鍵時刻伸出了援助之手，他祕

密派弟子慧琳和道整以護送玄奘回長安為名，悄悄送玄奘西去。經番禾（今甘肅永昌）、甘州，到達了河西走廊最西端的肅州。肅州就是歷史上著名的酒泉，傳說漢代名將霍去病取得了河西大捷後，漢武帝龍心大悅，賜霍去病御酒一罈。霍去病為了讓將士們都能品嚐御酒，下令將御酒倒進城下的金泉中，讓三軍將士圍泉汲喝。從

酒泉遺跡

此以後，金泉泉水便帶有濃郁的酒香，故名「酒泉」。這裡還是歷史上首次記錄以石油為防守武器獲勝的地方。北周武帝宣政元年（西元 578 年）十一月，突厥大肆侵擾北周邊境，圍攻酒泉。守城軍取州西南山石脂（石油）燋火為火種，焚燒掉突厥的攻城器具，酒泉城因此得以保全。

　　河西走廊幅員遼闊，歷史悠久，沿途均是名勝之地，但玄奘一行無心欣賞，如同逃犯一般，晝伏夜行，風餐露宿，終於到達了瓜州（今甘肅安西）。玄奘的馬匹不幸在這時死去，他便在瓜州停留了下來，打聽西行路線。沿途護送的兩名僧人慧琳和道整也在此地與他分道，一人留在甘州，一人則轉去敦煌。瓜州刺史獨孤達好佛，對遠道而來的玄奘款待備至。

　　正是在玄奘逃離涼州後不久，涼州都督李大亮得到了一隻上等的鷹。剛好唐太宗使者來到涼州，暗示李大亮將鷹進呈給皇帝。為此，李大亮向唐太宗上奏說：「陛下一直拒絕畋獵，而使者卻為您索鷹。假如這是陛下之意，則與陛下過去的主張相背離，如果是使者自作主張，便是陛下用人不當。」唐太宗不怒反喜，說：「李大亮稱得上忠誠正直。」親書詔令褒獎李大亮，賜自用的胡瓶一只及荀悅《漢紀》一部。

　　此時，李大亮得知玄奘並未返回長安，而是繼續西行，立即發出追捕公文，命令沿途州縣捉拿玄奘。追捕玄奘的公文傳到瓜州時，幸運地落入了崇信佛教的瓜州州吏李昌手中。李昌為玄奘勇往直前、一心求法的精神所感動，當面撕毀了公文，催促他盡快西行。玄奘不敢耽誤，立即購買馬匹，準備西行。

　　當時從瓜州西行，道路更加險阻，首先要渡過瓜州北面五十餘里處的瓠蘆河（今疏勒河），到達南岸的玉門關。而玉門關外西北方向設有五座烽火臺，均有駐軍把守，負責對出入邊境的人員嚴格檢查，如若未經允許越境則格殺勿論。

每座烽火臺之間相距約百里，除了烽火臺附近有水草，其餘所見都是沙漠荒丘。過了烽火臺，就是著名的莫賀延磧（意為大戈壁，今甘肅安西至新疆哈密之間的沙漠）。磧長八百餘里，上無飛鳥，下無走獸，號稱「沙河」，險途莫測。

就在玄奘為沒有嚮導引導出關而愁苦的時候，有一個名叫石槃陀的西域人前來禮佛受戒，聽說了玄奘的心事，立即表示願意當嚮導，送他過五座烽火臺。玄奘大喜過望，當即約好出發的日期。

有學者認為這個石槃陀就是《西遊記》中孫悟空的原型。當時西域人被稱為胡人，石槃陀受了戒，便是胡僧，胡僧與「猢猻」音近，而「唐僧取經，猢猻幫忙」則很可能是「唐僧取經，胡僧幫忙」在流傳時的音誤。實際上，此說相當不可靠。《西遊記》中的孫悟空，佛性極深，絕非石槃陀所能比擬。

無論如何，石槃陀主動表示願意幫忙，給了玄奘頗大的信心。石槃陀本人卻不過是一時熱情、激於義氣，事後仔細一想：前途險惡，玄奘又是個被官府追捕的逃犯，心中立即後悔起來。但他不好公然違背諾言，於是第二天將一位非常熟悉西行地理情況的老翁介紹給玄奘，目的是想讓老翁將路途險惡的情況完完全全地告訴玄奘，讓玄奘自己打消西行的念頭，這樣他就不必陪著冒險。

老翁曾經去過西域伊吾國三十多次，對西域道路極熟，一見面就說：「西路險惡，沙河阻遠，鬼魅熱風，遇無免者。」不料玄奘意志堅定，表示自己不到印度絕不東返，就是死在路上也絕不後悔。老翁深為感動，便說：「如果一定要去，就請與我換馬。」玄奘見老翁的馬又瘦又老，一副弱不禁風的樣子，不禁十分躊躇。老翁說：「可別小看我這匹老馬，牠曾經往返伊吾國十五趟，不但腳力好，還認識路。」玄奘便與老翁換馬，準備西行。石槃陀的目的沒有達到，反而間接幫了玄奘的忙，但他一時不便說什麼，只好勉強跟隨玄奘上路。

玉門關外

當天晚上，玄奘和石槃陀二人乘夜色來到瓠蘆河邊，南岸便是玉門關。「玉門山障幾千重，山北山南總是烽。人依遠戍須看火，馬踏深山不見蹤」——王昌齡的這首〈從軍行〉真切地描繪了玉門關的氣勢。據說玉門關因玉

得名。自從漢代張騫通西域後，西域于闐玉石大量進入中原，可是商隊經常在此地迷路，後來有人將一塊玉鑲嵌在關樓頂端，以此來給過往商隊指路。「關到玉門中土盡」，出了玉門關，就表示已經出塞。在古人心中，玉門關外極為荒涼遼遠，非人所居住之地，所以唐人王之渙才有「黃河遠上白雲間，一片孤城萬仞山。羌笛何須怨楊柳，春風不度玉門關」這樣悲涼的出塞曲。東漢名將班超久在西域，年老思歸，向漢和帝上疏說：「臣不敢望到酒泉郡，但願此生入玉門關。」於是皇帝詔班超回國。

　　不過玄奘二人到達的時候，玉門關早已帶著滿腔的故事和歷史，融入了蒼茫夜色中，遙遙在望的只是個巨大的黑影。二人不敢靠近玉門關，生怕被守衛發現。幸好石槃陀對瓠蘆河的地形相當熟悉，選了一處河寬僅一丈的地方，砍了些樹枝，搭了一座便橋，人馬均順利得以過河。過了玉門關後，二人就在大漠中席地而臥。據說就在這一夜，石槃陀不知何故突然起了歹心，意圖搶奪玄奘的財物，持刀走近玄奘。玄奘驚覺後，不動聲色地開始唸經。大概受到了感化，石槃陀最終又重回到原處躺下。二人就這樣在皎皎月夜下過了一夜。

　　第二天黎明時分，正要出發之時，石槃陀不肯再冒險繼續西行，提出前面只有五座烽火臺之處才有水源，而玄奘又是逃亡者的身分，被烽火臺守衛捉住的可能性極大，不如現在就折返回去。玄奘當然不同意，石槃陀持刀威脅，玄奘誓死不從。僵持了一會兒，石槃陀見玄奘不肯妥協，便提出自己回去。玄奘無可奈何，只好同意與他分手。石槃陀還不放心，叮囑說：「如果法師被官軍捉住，千萬不能出賣我，不然我的家小都會被牽連。」玄奘立了重誓，二人就此告別。

　　於是玄奘孤身一人踏上了征途。荒漠茫茫，沙丘連綿起伏，被風吹皺的沙紋如同大海的波濤，蜿蜒不盡。黃沙在陽光下發出黃金般光芒，連身後遙遠的玉門關也被塗抹得金光燦爛，更加奪目輝煌。然而，當巍峨的玉門關在大漠中消失之際，玄奘也失去了方向。大漠中沒有任何標誌，他只能跟著駱駝和馬的糞便以及枯骨的痕跡前進。走了八十多里後，他終於望見了第一座烽火臺（今甘肅白墩子），由於有唐軍看守，不敢輕易靠近。一直等到晚上天黑以後，玄奘才悄悄走近烽火臺的水源取水。不料他剛剛下馬，一支箭便從頭頂掠過。還沒回過神來，第二支箭又呼嘯而來。玄奘知被烽火臺上的守衛發現了，只好大聲表明自己的身分：「我是長安來的僧人。」如此一來，他偷渡者與逃亡者的身分就徹底曝光了。

　　玄奘被守衛帶到校尉王祥面前，王祥早已經收到涼州都督李大亮發出的公文，一眼認出玄奘就是那個被通緝的和尚。所幸王祥信佛，不願意將他逮捕、押送回

玉門關烽火臺

京，當即說：「西行太過遙遠，你一個人肯定到達不了。我認識敦煌的一位高僧，不如你就去那裡吧。」玄奘回答說：「如果是為了名利，長安和洛陽均比敦煌要好。我西行取經，是因為中國經有不周，義有所闕。不求得正法，誓不東歸。」王祥深為感動，決定放玄奘西行，而且告知了一條捷徑：可以避過第二烽（今甘肅紅柳園）和第三烽（今甘肅大泉），直接到達第四烽（今甘肅馬蓮井），而守衛第四烽的校尉王伯隴剛好是王祥的朋友。

依循王祥的指點，玄奘來到第四座烽火臺，果然得到了校尉王伯隴的幫助。王伯隴還告訴玄奘繞開第五烽（今新疆星星峽），改到野馬泉取水。離開第五烽後再向西，便是令人聞名色變的莫賀延磧，這是條艱險之路，不知道葬送了多少人的生命和夢想。

這樣，玄奘自長安出發，經過了秦州、蘭州、涼州、甘州、肅州、瓜州，偷渡玉門關和五座烽火臺後，就此離開了大唐的勢力範圍。在一個日出的早上，太陽剛剛將萬道金光灑向大地，他正式踏上了西域土地，冰涼的晨風吹拂在他臉上。只是，空曠無垠的戈壁灘是如此寂寥，除了玄奘一人和身邊棗紅老馬，便只有他腳前長長的影子和腳後淺淺的足跡，再沒有其他生命。

3. 西域之旅

「黃沙磧裡客行迷，四望雲天直下低。為言地盡天還盡，行到安西更向西。」在廣袤無限的沙漠中，天地相接，雲天低迷，四顧茫然，形隻影單，不僅前路朦朧不明，心情也是一片迷惘。但正是在雄渾的天地中，在蒼涼的大漠上，在強烈的孤獨中，使命感才格外宏大。

在經典名著小說《西遊記》中，唐僧的形象是相當古板的，騎著白龍馬，帶著三名相貌怪異的徒弟。而在民間流傳的玄奘西行取經畫像中，他則是左手拿著經書，右手拿著拂塵，背上揹著經書箱，書箱頂上是圓蓋傘，傘前掛著一盞小油燈，腰間有個小包裹，腳穿草鞋。兩者對比，差別何等之大。

莫賀延磧比玄奘之前行走過的沙漠還要荒涼，極目之處，均是黝黑色的礫石，寸草不生，毫無任何生命的痕跡。在這條荒無人煙的死亡之道上，不斷可看見被烈日曬死的動物乾屍，曬得發白的骨骸比比皆是。因為地勢平坦開闊，這裡的太陽都是從地平線上升落。白天烈日當空，熱浪襲人，酷熱難耐。有時突然一陣狂風颳來，轉瞬間飛沙走石，天昏地暗，人馬難行。有時候還會出現海市蜃樓，遠遠望去，旌旗飛揚中數百騎人馬迎面奔馳而來，彷彿是前來捉拿的追兵。轉瞬之間，又化作村莊和樹林，若隱若現，千變萬化，讓人迷離不已。而夜晚的戈壁灘更加令人心悸，四處是游動的磷火，忽明忽暗，忽亮忽滅，彷彿陰魂不散的幽靈，讓人毛骨悚然。

踏上莫賀延磧後不久，玄奘便在大漠中迷失了方向。他一直沒有找到野馬泉取水，雪上加霜的是，還不小心打翻了水袋，滴水全無。在沙漠中，沒有水就沒有生命。無可奈何之下，玄奘決定返回烽火臺取水。走出十幾里後，他想起自己曾經的誓言：「寧可西行而死，絕不東歸而生。」頓時渾身發熱，便又重新西進。老馬高一腳低一腳地走在堅硬的礫石上，看上去非常吃力，似乎隨時會倒下來。玄奘騎在馬上，想著昔日六十五歲高齡的法顯在沙漠中行走的情景，不由得心潮起伏。

這樣一直走了四夜五天，最後因為缺水昏倒在大漠中，奄奄一息。到了第五夜，已瀕臨死亡的玄奘突然被涼風吹醒，所幸老馬忠心耿耿，依舊陪伴在他身邊，便又重新振作精神，繼續上路。走不多遠，老馬突然失控，奔向另外的方向，玄奘怎麼拉也拉不住。片刻後，一片水草如夢幻般出現在眼前，老馬識途，神奇地救了玄奘一命。一人一馬在這片水草地歇息了一天，體力恢復後又重新上路。兩天後，終於走出了八百里的莫賀延磧，到達了絲綢之路北道的第一站——伊吾國。

高昌故城

從玉門關到伊吾，路途極為艱險。昔日隋煬帝派大將薛世雄與東突厥啟民可汗聯兵，攻打伊吾。薛世雄率隋軍到達玉門關，而啟民可汗違約不至，薛世雄便孤軍深入莫賀延磧。當時伊吾認為隋軍不可能渡過沙磧，完全沒有設防。不料薛世雄率軍通過了莫賀延磧，伊吾非常意外，於是投降。由伊吾不設防一事可見莫賀延磧之艱險程度，玄奘孤身一人通過，更是當時十分罕見之事。他到達伊吾時，當地大覺寺中的三名漢僧聞聽來了故國僧人，立即趕出迎接，連鞋子都來不及穿，赤腳就跑了出來。三人抱住玄奘，忍不住失聲痛哭。玄奘劫後逢生，也深為感動，一時涕淚交加。

當時絲綢之路由西突厥所控制，伊吾國王亦向突厥稱臣。但西域佛風極盛，玄奘曾在涼州說法，聲名老早遠播西域，因而受到了伊吾國王的熱情款待，在這裡停留了十多天。高昌國國王麴文泰聽說中土高僧玄奘到達伊吾後，立即派使者帶著數十匹好馬趕到伊吾，請求玄奘到高昌講經。玄奘盛情難卻，由此啟程前往高昌國。

有意思的是，玄奘離開伊吾八個月後，依附突厥的伊吾便投降了唐朝，伊吾國王更是親自到長安朝見唐太宗。此後，唐朝廷在伊吾故地設置了西伊州，伊吾正式成為大唐帝國領土的一部分。這其中，自然有深刻的歷史背景，其中最主要的原因就是唐軍在與東突厥的作戰中取得了決定性勝利。

就在玄奘苦苦尋求出關之路的時候，唐朝歷史上最輝煌的大戰伊始，唐太宗命大將李靖和李勣率領十萬大兵，兵分六路，北出雁門關出擊東突厥。

李靖是中國歷史上有名人物，與紅拂女、虯髯公並稱為「風塵三俠」，史載其人「臨機果，料敵明」，是戰功卓著的大唐開國名將。他們的敵人，則是稱雄漠北的突厥人。「秦時明月漢時關，萬里長征人未還。但使龍城飛將在，不教胡馬度陰山」。漢代名將李廣雄風猶在，這一幕何曾相似！七百多年前，漢代名將衛青和霍去病率漢軍出塞，北逐匈奴，由此創下了不世的軍功。此情此景，怎能不令人感慨。

貞觀四年（西元 630 年）正月，朔風凜冽，李靖親率三千精銳騎兵，從馬邑出發，趁頡利可汗不防備，連夜進軍，逼近突厥營地定襄。頡利可汗毫無防備，

發現唐軍突然出現，大驚失色。還沒等到唐軍正式發起攻擊，突厥兵先亂了起來。頡利可汗的心腹將領康蘇密挾持隋煬帝皇后蕭氏和幼孫楊道政，一道投降了唐軍。頡利可汗一看形勢不妙，就偷偷逃跑了。這一戰，李靖出奇制勝，唐太宗因此稱讚說：「昔李陵提步卒五千，不免身降匈奴，尚得名書竹帛。卿以三千輕騎深入虜庭，克復定襄，威振北狄，古今所未有。」（《舊唐書‧李靖傳》）

在李靖勝利進軍的同時，李勣也率軍從雲中（今山西大同）出發，剛好與突厥軍在白道（今內蒙呼和浩特北）遭遇。唐軍奮力衝殺，降東突厥部眾五萬餘人。頡利可汗一敗再敗，損失慘重，遂退守鐵山，收集殘兵敗將只剩下幾萬人馬了。頡利可汗此時已處於山窮水盡的境地，不得不派執失思力入唐朝請罪，請求內附。其實，頡利可汗內心猶豫未決，不過是想藉此來拖延時間，以等待草青馬肥之時，逃到大漠之北，捲土重來。唐太宗派遣鴻臚卿唐儉等前去撫慰，又詔命李靖率兵迎頡利可汗入朝。

李靖率兵抵達白道後，與李勣謀議說：「頡利雖敗，其眾猶盛，若走度磧北，保依九姓，道路且遠，追之難及。今詔使在彼，虜必自寬。若選精騎一萬，齎二十日糧往襲之，不戰可擒矣。」（《資治通鑑‧卷一百九十三》）商議已定，遂率軍連夜出發，李勣繼而後進。

李靖率軍進至陰山，遇到突厥斥候千餘帳，一戰而全部俘獲，命與唐軍同行。這時，頡利可汗見到唐使臣，以為內附可成，放鬆了戒備。李靖前鋒蘇定方率領的兩百餘騎趁著大霧，悄然疾行，直到距牙帳七里遠的地方才被發覺。如同驚弓

陰山腳下

之鳥的頡利可汗慌忙騎馬逃走，突厥軍也四散而逃。李靖大軍隨之趕到，殺敵一萬餘人，俘虜十幾萬，繳獲牛羊數十萬隻，並殺死頡利可汗妻子隋義成公主。頡利可汗率萬餘人西逃吐谷渾，途中被俘。

唐軍正月出兵，三月俘虜頡利可汗，兩個多月便取得了輝煌的勝利。東突厥就此平定，漠南一帶盡歸唐境，唐朝軍功盛極一時，唐之國威遠播四方。自隋朝以來，突厥一直是西北的強國，李靖等人滅了東突厥，不僅解除了唐朝西北邊境的禍患，而且也洗刷了當年唐高祖與唐太宗曾屈尊突厥的恥辱。因此，唐太宗頗有感慨地說：「朕聞主憂臣辱，主辱臣死。往來國家草創，突厥強梁，太上皇以

百姓之故，稱臣於頡利，朕未嘗不痛心疾首，志滅匈奴，坐不安席，食不甘味。今者暫動偏師，無往不捷，單于稽顙，恥其雪乎！」（《資治通鑑・卷一百九十三》）太上皇李淵亦欣喜萬分，特地在凌煙閣設宴慶祝。李淵一時興起，還親自彈起了琵琶，唐太宗也聞樂起舞。歡宴一直持續到深夜。

高昌壁畫

僡於大唐軍威，貞觀四年三月，各少數民族部落首領齊聚長安，一齊上書，請求唐太宗稱「天可汗」。唐太宗笑道：「我為大唐天子，難道又為可汗之事嗎？」但此後，他賜給西北各部落酋長的璽書都用「天可汗」稱號，由此可見他其實對「天可汗」的稱號相當自得。

就在唐將李靖出兵攻打東突厥的同時，玄奘到達了高昌國。高昌國因「地勢高敞，人庶昌盛」而得名，阿拉伯人稱其為「九姓烏古斯」。自漢代以來，高昌便是連接中原中亞和歐洲的樞紐，也因其重要的地理位置而成為被各種勢力反覆爭奪的目標，也是西域國家中漢化程度最高的國家。西漢武帝時，大將李廣利率軍在此屯田，設立高昌壁。大明四年（西元 460 年），柔然<u>註</u>2 攻打高昌，殺北涼王沮渠安周，滅沮渠氏，以闞伯周為高昌王，高昌王國自此掀開了序幕。隋朝時，高昌國王麴伯雅向隋煬帝請求通婚，隋煬帝封戚屬女宇文玉波為華容公主，許嫁麴伯雅。現任高昌國王麴文泰，便是麴伯雅的兒子。據《唐會要》記載，麴文泰也按照古老的習俗，在父親死後續娶了繼母華容公主為王妃。

麴文泰曾經在隋朝時遊歷過中原，與隋煬帝關係友善，加上王妃宇文玉波是隋朝公主，因此高昌與滅隋的唐帝國關係並不十分友好。但高昌舉國信佛，王室上下均是虔誠的佛教徒，玄奘曾在涼州說法，轟動一時，麴文泰早聽路過的西域商人提過，心中十分仰慕，聽說玄奘要西行求法後，早已經翹首期盼。玄奘到達高昌王城高河城（今新疆吐魯番西二十里的雅爾湖村）時，正是凌晨時分，麴文泰竟親自秉燭迎候，讓玄奘十分感動。當夜，從國王麴文泰本人，到王妃宇文玉波，再到王族大臣，甚至國王的母親，無一不前來禮拜玄奘，禮數殷勤備至。

<u>註</u>2：繼匈奴、鮮卑之後於十六國、南北朝紛爭對峙時期活動於中原西北地方的遊牧民族。

此後，玄奘被安置在王宮一側的佛寺中，與高昌高僧討論佛法，並為高昌王講經。每次講經時，國王麴文泰都親執香爐，前來導引，並不惜以國王之尊跪伏在地，請玄奘踏其背登臺，天天如此，毫不厭倦，態度極是虔誠。玄奘所講的佛經，條理清晰，細微之處也講得十分清楚，由此贏得了高昌國上下真心的崇拜。麴文泰誠摯地懇求玄奘留在高昌做國師，弘揚佛法。但玄奘前往印度取經的意志堅定，因而沒有答應。

　　住了十多天後，玄奘提出要繼續西行。麴文泰執意挽留，玄奘堅決不答應，局面一時僵持住。麴文泰一時心急，竟然威脅說：「如果法師不留在高昌，就送你回長安。」以此為要脅。玄奘仍然堅辭不留，為了表示自己西行的決心，甚至開始絕食。絕食到第四天，麴文泰見玄奘的意志不可改變，只好同意放行，但是提出了條件：玄奘必須要為高昌臣民講經一個月；待從印度取經回來，還要在高昌講經三年。玄奘答應了麴文泰的要求，二人還結拜成兄弟，留下了一段千古佳話。《西遊記》中有唐太宗與唐僧結拜為兄弟一段，其實就取材於玄奘與麴文泰結拜的史實。玄奘在高昌國備受禮遇，其中有他個人的博學和魅力，但更應歸結於文化的力量。儘管後來唐太宗用武力征服了高昌，卻從無達到玄奘那樣的程度──真正令高昌舉國心悅誠服。

　　高昌境內有著名的火焰山（主峰位於今新疆吐魯番市區以東約四十公里處），傳說《西遊記》中唐僧取經受阻於火焰山、孫悟空三借芭蕉扇的故事就發生在這裡。據說孫悟空大鬧天宮時，一腳踢倒了太上老君的煉丹爐，幾塊帶著餘火的耐火磚落到了人間，化成了火焰山。在小說中，火焰山蒙上了一層神祕的色彩，被形容成「八百里火焰，周圍寸草不生。若過得山，就是銅腦殼、鐵身軀，也要化成汁」。這段文字明顯誇大，但高溫和寸草不生這些基本特徵，與火焰山的實際情況完全符合。真正的火焰山在當地被稱為「克孜勒塔格」，意即紅山。山體雄渾曲折，山上荒山禿嶺，寸草不生，山坡上布滿道道沖溝。這裡是中國最炎熱、最乾旱的地方，如今的八百里火焰山，最高溫度仍達攝氏八十多度。盛夏時分，在灼熱陽光的照射下，赭紅色山體熱浪滾滾，地氣蒸騰，煙雲繚繞，恰似團團烈焰在燃燒，十分壯觀。唐朝邊塞詩人岑參，曾有詩云：「火山突兀赤亭口，火山五月火雲厚。火

火焰山

雲滿山凝未開，飛鳥千里不敢來。」又詩云：「火山六月應更熱，赤亭道口行人絕。」明朝陳誠有詩曰：「一片青煙一片紅，炎炎氣焰欲燒空。春光未半渾如夏，誰道西方有祝融。」皆十分具象地描繪了火焰山的景色。

玄奘繼續在高昌講經的一個月期間，麴文泰開始為義弟西行做充分的準備：剃度了四個小沙彌作為玄奘的侍從；縫製了法衣三十套，外加若干面衣（面罩，用以抵擋風沙）、手套、靴、襪等禦寒物；有路費黃金一百兩、銀錢三萬、綾絹（可當作貨幣流通）五百疋；另配有役夫二十五名，好馬三十匹。麴文泰還親自寫了二十四封信，給玄奘西行所要經過的龜茲等二十四個國家的國王，每封信均附有一定大綾作為信物。

高昌之行是玄奘西行的轉捩點，此後，雖然路途依舊困難重重、波折不斷，但再也沒有遇到像孤身在莫賀延磧中那樣九死一生的經歷了。這應該給了玄奘思想上很大的震撼，昔日東晉高僧釋道安經過顛沛流離的弘法生涯後，無比感慨地說：「不依國主，則法事不立。」於是開始依附前秦主苻堅，被苻堅譽為「神器」。在苻堅的支持下，釋道安領導幾千人的大道場，組織翻譯事業。兩百多年過去了，玄奘應該比以往任何時候都能理解他的前輩釋道安說這句話時的複雜心情。實際上，玄奘之後也確實非常注意與君主的關係，無論是在西域沿途各國，包括謁見西突厥可汗，還是後來到達印度，以及後來東歸中國，他均與各君主保持了非比尋常的關係。《西遊記》的作者吳承恩寫唐僧是奉旨取經，實際上是與「不依國主則法事不立」的宗旨是一致的。

玄奘離開高昌王城的當天，高昌民眾傾城而出，送玄奘上路。麴文泰更是相送數十里，緊抱玄奘慟哭不已。回望來時之路，玄奘自然對結義兄長麴文泰充滿了感激，所以後來他才寫信給麴文泰，稱讚兄長的盛情「決交河之水比澤非多，舉蔥嶺之山方恩豈重」。只是，玄奘無論如何也沒有想到，這竟是他與兄長麴文泰的最後一面，三年之約再也無法實現。

就在玄奘離開高昌後不到一個月，東突厥頡利可汗遭唐軍俘虜，東突厥由此被唐太宗徹底剷平，四方無不懾服，爭相到長安朝見，形成一股熱潮。麴文泰畏懼唐朝軍威，也攜王妃宇文玉波到長安朝見唐太宗。唐太宗恩遇有加，賜宇文玉波李姓，封為常樂公主，由隋朝公主變成了大唐公主。然而，後來西突厥刻意阻絕西域與中原的交通，麴文泰在西突厥的壓力下也參預其事，由此激怒了唐太宗。貞觀十三年十二月，唐太宗決定著意經營西域，第一步就是派大將侯君集帶兵出擊高昌國。侯君集帶大軍到達磧口時，西突厥屯兵在可汗浮圖城（今新疆吉木薩

爾）聲援麴文泰，結果唐軍一到，浮圖城便舉城投降。西突厥援兵未至，麴文泰十分擔心，驚懼無計，終因憂慮過度而死，其子麴智盛繼立。唐軍直抵高昌王城高河城下，立即發起了猛攻，麴智盛見難以抵擋，不得不打開城門投降，高昌國就此滅亡。重臣魏徵和褚遂良極力反對將高昌納入國土，認為它離中原太遠，在軍備和供給上有高度困難，但唐太宗沒有聽從，將高昌國改為西州。因此，當玄奘再次東歸時，麴文泰早已作古，高昌國也已灰飛煙滅，走進了歷史的塵埃。由於伊吾和高昌均已成為唐朝的領土，玄奘在其著作《大唐西域記》中，只能將焉耆國（《大唐西域記》中稱阿耆尼國，今新疆焉耆）作為他到達的第一個西域國家。而《大唐西域記》誕生之緣由，與唐太宗窺覦西域之利益有莫大的干係。

從高昌國出發後，玄奘沿天山南麓西行，在翻越銀山（今天山南麓庫木什山，南疆與北疆之界）時，遇到了強盜搶劫。同行之人拿出了一些錢財，強盜這才散去，總算是有驚無險。當時有幾十個西域商人與玄奘同行，因急於趕到焉耆王城員渠做生意，夜半先行，走出十多里便被強盜劫殺。玄奘等人趕到時，已經是屍橫遍野。

據《史記》記載：「焉耆近海，多魚鳥。東北隔大山，與車師接。」這「海」並非今天意義上的海，而是一個大湖，「川流所積，潭水斯漲，溢而為海」。當時的焉耆國王姓龍，名突騎支，也對玄奘表示了歡迎。但因為焉耆與高昌素來不和，玄奘一行只在焉耆停留了一晚，便繼續動身西行，渡孔雀河，過鐵門關（今新疆庫爾勒市北郊八公里處）。傳說東漢班超曾飲馬於孔雀河，因此又稱飲馬河。

鐵門關則是絲綢之路的中道咽喉，扼守孔雀河上游陡峭峽谷的出口，為兵家必爭之地，被列為中國古代二十六名關之一，稱為「天下最後一關」，與「天下第一關」山海關對照。唐朝邊塞詩人岑參有〈題鐵門關樓〉一詩：「鐵關天西涯，極目少行客。關旁一小吏，終日對石壁。橋跨千仞危，路盤兩崖窄。試登西樓望，一望頭欲白。」極言鐵門關之險峻。

鐵門關西行數百里，便到達龜茲國（《大唐西域記》中稱屈支國，今新疆庫車）。龜茲是絲綢北路上重要的文化中心，其作用相當於絲綢之路南線上的于闐。

龜茲與中原淵源甚深。漢武帝時，漢朝為了「斷匈奴右臂」

劫匪（敦煌壁畫）

大唐・玄奘・真經

（烏孫在匈奴之右），決定與西域大國烏孫聯姻，以江都王劉建之女劉細君為江都公主，下嫁烏孫國王昆莫。之後因昆莫年老，細君公主又改嫁昆莫之孫岑陬。她是中國歷史上第一位與西域和親的公主，遠嫁西域於她個人而言並不幸福，她有〈黃鵠歌〉傳世：「吾家嫁我兮天一方，遠托異國兮烏孫王。穹廬為室兮旃為牆，以肉為食兮酪為漿。居常土思兮心內傷，願為黃鵠兮歸故鄉。」（《漢書・西域傳》）據說當這首〈黃鵠歌〉輾轉傳到漢武帝的耳中時，這位百代之帝王也不禁為之潸然淚下。細君公主死後，漢武帝再以楚王劉戊之女劉解憂為楚國公主，下嫁岑陬，後改嫁岑陬族弟翁歸靡。解憂公主與翁歸靡生有一女，名叫弟史。弟史公主曾被送到長安學習彈琴，回去烏孫時路過龜茲，被龜茲國王絳賓看中，將公主留下。解憂公主得知後，乾脆將女兒嫁給了絳賓為王妃。因為這樣一層關係，龜茲也開始與漢朝走得親近。絳賓受妻子感染，非常嚮往中原文化，還曾經到長安入貢漢宣帝，留住長達一年之久。也正是從這個時候開始，龜茲人開始了漫長的內遷歷史，規模時大時小，人數或多或少。據說唐朝著名詩人白居易就是龜茲移民的後代 註3。絳賓崇尚中原禮儀，回國後學習漢天子制，治宮室，作徼道（禁衛之地），出入讓衛兵守衛，喚人做事時撞鐘鼓。這些禮儀西域人聞所未聞，見所未見，反而譏笑絳賓，說是非驢非馬。

龜茲佛法興盛，佛教史上的傳奇人物鳩摩羅什就是龜茲人。昔日前秦苻堅為了迎接鳩摩羅什來華，派驍騎將軍呂光用武力進兵西域。玄奘於貞觀四年（西元630年）二月到達龜茲時，龜茲國早有寺院百餘所，僧徒五千餘人，信小乘佛教。龜茲國王聽說玄奘到來後，十分重視，親自率數千僧人到王城延城外迎接玄奘。因為要等待凌山（今天山穆素爾

庫車出土的唐朝貨幣

嶺）冰雪融化，玄奘在龜茲停留了兩個多月，在延城蘇巴什佛寺講經說法。

龜茲名僧木叉毱多曾在印度遊學十二年，十分自負，對玄奘說：「龜茲這裡《雜心》、《俱舍》等經典應有盡有，你在這裡學習就夠了。沒有必要再往西去，去受跋山涉水之苦。」於是玄奘問道：「這裡有《瑜伽論》註4嗎？」木叉毱多很不屑一顧，回說：「那是沒有用的書，真佛弟子不學。」玄奘便說：「《俱舍》

註3：龜茲王族姓「白」，龜茲人內遷後也都跟從王姓。
註4：又名《瑜伽師地論》，據說是彌勒菩薩在兜率天宮的彌勒內院所講的經典，印度僧人無著記錄。

等本國已有，我認為不得究竟，才想到西天求學大乘《瑜伽論》。《瑜伽論》為彌勒菩薩所言，法師怎麼會認為是無用之書？」木叉毱多不甘心服輸，又與玄奘論經，但對玄奘提出的經論多不能解。他逐漸為玄奘的才華所折服，私下對旁人說：「別看這位中土僧人年輕，實在非同一般，恐怕印度也沒有人能與他匹敵。」

　　除了佛教外，令玄奘印象深刻的還有龜茲的音樂和舞蹈，「管弦伎樂特善諸國」。龜茲音樂頗負盛名，是自前秦呂光西征西域後，始大量傳入河西，再傳入中原，為中原的音樂文化增添了奇光異彩。隋樂中設有西國龜茲、齊朝龜茲、上龜茲三部，入唐後，龜茲樂又編為十部樂之一，龜茲樂對中原音樂的影響由此可見一斑。唐太宗本人相當喜歡龜茲音樂，他還是秦王時，某回戰事得勝後回師途中，河東士庶歌舞於道，士兵們也在秦王的率領下耍著劍戟，擂著大鼓歡舞。後來，這種場面經過唐太宗的加工發展，成為大型宮廷樂舞，即聞名於世的《秦王破陣樂》，舉凡宴會必定演奏。《秦王破陣樂》舞姿健美，動作剛勁有力，隊容整肅。音樂曲調受龜茲影響甚深，故《舊唐書·音樂志》云：「秦王破陣樂舞雜以龜茲之聲，聲震百里，動蕩山谷。」聽者無不為之振奮。現代日本樂舞蹈中的《撥頭舞》，便是從龜茲傳入中原，又從中原傳入日本。

　　據說龜茲就是《西遊記》中女兒國的所在地，而龜茲河（今庫車河）就是小說中的通天河。其實，就在與玄奘同時代，在蔥嶺之南，有一個真正的女兒國——蘇毗。蘇毗國最大的特點是重婦女、輕男人。通常情況下，國王和官吏都由女人擔任，男人不能在朝廷任官，只能在外服兵役或耕田。蘇毗國設有女王和小女王，由族人推舉有才能的「賢女」擔當，女王一旦去世，由小女王繼位為女王，再選出下一任小女王。到隋朝時，蘇毗已是有戶逾萬的大國，地域廣闊，雄霸一方。蘇毗國靠近印度，崇拜印度神話中的神靈阿修羅，但曾與印度發生過數次戰爭。後來鄰近的吐蕃崛起，利用兩位女王的矛盾逐漸控制了蘇毗國。蘇毗國並不甘心被吐蕃壓迫，時有反抗。正是在玄奘離開長安西行求法的這一年，吐蕃贊普（國王）囊日論贊被人毒殺，凶手不明，其子松贊干布（西元 629 至 650 年在位）即位為新一任的贊普，年僅十三歲。松贊干布年輕有為，很快就征服四周的蘇毗、

龜茲壁畫

敦煌出土的藏文佛經

多彌、白蘭、羊同等部。到他統一青藏高原時，蘇毗已完全被吐蕃同化，被納入藏族。這裡特別要提到的是，吐蕃一直沒有自己的文字，依然靠刻木結繩記事，松贊干布即位後，一心要改變這種落後的狀況，派出十六名貴族到印度求學，時間約與玄奘遊學印度相近，由此創造出吐蕃民族的「藏文」。

離開龜茲後，玄奘一行遇到了打劫的突厥騎兵，有兩千人之多。正當眾人驚恐之時，突厥騎兵因為分贓不均起了內訌，一哄而散。玄奘一行毫髮無損，財物也沒有被奪走。

之後到達姑墨國（《大唐西域記》中稱跋祿迦國，今新疆阿克蘇），路途開始變得艱險，因為要翻越凌山（一名冰達板，今天山山脈的騰格里山穆素爾嶺）。凌山高聳入雲天，山頂冰雪長年不化，地形崎嶇，山嶺陡峭，給攀登造成了極大困難。玄奘一行用繩索把人馬連結在一起，在崎嶇山道上小心翼翼地前行，以防滑下冰谷深淵。甚至不能大聲說話，因為冰雪稍受震動就會坍塌，導致雪崩發生。在冰天雪地的山中，食宿不易，到了晚上，眾人只能在凜冽的寒風中「懸釜而炊，席冰而寢」。正是在過凌山時，玄奘自高昌帶上的四名小沙彌凍死了兩個，其他隨從凍死者十之三四，損失的馬匹更多。由此可見凌山氣候的確惡劣。

翻越凌山，到達大清池（又名熱海或鹹海，今吉爾吉斯伊塞克湖），又是另一番湖光山色的世界：「周千餘里，東西長，南北狹。四面負山，眾流交湊，色帶青黑，味兼鹹苦，洪濤浩汗，驚波汩忽。龍魚雜處，靈怪間起，所以往來行旅，禱以祈福，水族雖多，莫敢漁捕。」

隨後沿大清池西行，來到碎葉城〔註〕5。在這裡，玄奘見到了西突厥可汗肆葉護。

（按：不少史籍記載玄奘所見為肆葉護可汗之父統葉護可汗。統葉護於貞觀二年初因內訌被殺，即使玄奘貞觀元年西行，貞觀二年初才到達高昌，也不可能見到統葉護。）

〔註〕5：又稱素葉城，今吉爾吉斯托克馬克西南，唐朝名詩人李白出生地，李白出生時屬於唐朝安西都護府管轄。

　　玄奘西行之時，西域絲綢之路盡為西突厥所控制。心思縝密的麴文泰特意寫信給西突厥可汗肆葉護，並送上禮物，請求他照顧玄奘。肆葉護可汗為統葉護可汗之子，統葉護可汗為之前提過的向隋煬帝請尚公主不成的射匱可汗之弟，也是在玄奘出生那一年侵略隋朝的達頭可汗之孫。當時，西突厥汗庭已由三彌山（今新疆庫車北）遷到碎葉河北的千泉（今吉爾吉斯境內），但依然派有軍隊屯駐西域各國，以收取賦稅。統葉護可汗在位期間，西突厥汗國處於其歷史上最為興旺發達的時期。唐朝立國後，統葉護可汗有心與唐交好，曾經向唐朝請求通婚。唐太宗即位後，一心要剷除東突厥，由此大力籠絡西突厥，答應了統葉護可汗的通婚請求。貞觀元年末，統葉護可汗派俟斤真珠統為迎親使者，專程到長安迎娶公主，並獻上萬釘寶鈿金帶和五千匹好馬作為聘禮。東突厥頡利可汗生怕西突厥與唐朝和親對己不利，不斷興兵入寇，又派人威脅統葉護可汗，聲稱「迎娶唐公主必須要從東突厥境內過」。由於西突厥實力當時不及東突厥，統葉護可汗非常擔心。這樣，在頡利可汗的阻撓下，統葉護可汗最終未能與唐公主成婚。迎親不成，統葉護可汗隨即在一次內訌中被自己的伯父俟毗殺死，俟毗自立為莫賀咄侯屈利俟毗可汗（簡稱莫賀咄可汗）。西突厥百姓卻不服他的統治，推舉統葉護可汗之子至力特勒為乙毗鉢羅肆葉護可汗（簡稱肆葉護可汗）。之後兩位可汗互相攻擊，烽火不斷。肆葉護因為是前可汗之子，受眾人擁戴，逐漸占了上風，最後打敗莫賀咄可汗，被推舉為西突厥大可汗。

　　西突厥肆葉護可汗本來親近唐朝，曾經派使者到唐朝請求通婚，加上高昌國王麴文泰的妹妹嫁給了肆葉護可汗的兄長咀度設，有一層聯姻關係，因此，他很容易就接受了麴文泰的請託，對唐朝玄奘相當友好，還勸說道：「法師不必去印度了。那裡非常炎熱，冬天比我們這裡的夏天還熱。法師去了，怕是要曬化的。而且那裡的人皮膚很黑，沒有威儀可觀。」玄奘說：「我去印度，是為了求佛法。」肆葉護可汗見玄奘意志堅決，便不再勉強，送給他一套法衣和五十疋絹，還特意找了一個精通各國語言的翻譯為使者，率一隊騎兵沿途護送。西突厥當時正處於其歷史上最強盛的時期，勢力籠罩西域雪山南北，取得了肆葉護可汗的支持，實

際上就是得到了西域各國的通行證。此後,玄奘在西域的旅程大抵暢通無阻。

玄奘由西突厥南下,經過一個叫小孤城的地方,全城只有三百餘戶人家,均為突厥劫掠而來的中原人,還保持有中原的語言和禮儀風俗,見到玄奘後非常興奮,給予了最高的接待。之後過沛汗國(烏茲別克與吉爾吉斯之間),這便是漢朝所稱呼的「大宛」,在中國歷史上以出產汗血寶馬出名。當初漢武帝為了得到汗血寶馬,不惜勞師遠征,先後兩次發動了對大宛的戰爭。

《漢書》中記載,西域大宛國「多善馬,馬汗血,其先天馬子也」。意思是這種汗血寶馬的祖先是天馬的兒子。傳說大宛國有高山,山上有天馬,人力不可得。於是大宛人將五色母馬放在山下,五色母馬與天馬相交,生下的馬駒就是汗血馬,因此汗血寶馬又稱為「天馬子」。漢武帝為了征服匈奴、打通西域,必須擁有強大的騎兵部隊,對於優良品種的好馬,總是夢寐以求。他聽說大宛國王城貳師城(今土庫曼阿斯哈巴特城)出產一種能夠日行千里的名馬「汗血馬」,不禁大喜過望,為了得到汗血馬,不惜用黃金打造兩匹駿馬,派遣使者車令到大宛國換兩匹種馬回來。車令將兩匹黃金馬運到了大宛,擺出天朝的架子,態度傲慢地要跟大宛國王換馬。偏偏大宛國王不吃他那一套,見漢朝使者態度如此倨傲,自然不願意。車令怒氣沖沖,竟然開始詬罵大宛國王。雙方爭吵不休。車令大怒下,自己走上前,椎碎了金馬。後來車令也有些後悔,但已經晚了,只好將金屑收集起來,準備運回漢朝。但車令前去大宛的路上,一路張揚,早惹得大漠上許多人的注意。此時他悻悻而回,正好予人可乘之機。路過郁成時,郁成王派人阻住了車令去路。車令領著手下與郁成軍隊爭鬥一番,對方人多,寡不敵眾,所攜金馬碎塊盡被郁成軍隊奪走,車令也在混亂中被殺死。

消息傳到長安,漢武帝勃然大怒,決定出兵討伐大宛。漢武帝一生中慣於從身邊的女人身上去發掘人才、培養將帥人選。原先寵愛皇后衛子夫,就發掘了她的弟弟衛青與她的姨侄霍去病,加意培植,全力支持,終於衛青和霍去病二人帶領大軍,遠涉漠北,犁庭掃穴,徹底擊潰匈奴的主力,留下「燕然勒石」的佳話,如今又因為遠征大宛,發掘出

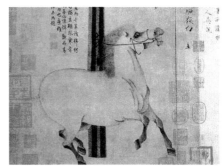

《照夜白圖》

傳說,唐玄宗有兩匹心愛的「胡種馬」,叫做「玉花驄」和「照夜白」。唐代大畫家曹霸畫過這兩匹馬,可惜真跡已失。曹霸的學生韓幹畫的《照夜白圖》,留傳至今,現藏於美國大都會博物館。

李夫人的兄長李廣利。漢武帝聽說大宛兵少，只要漢軍三千人就可以蕩平，於是派李廣利率領「屬國六千騎，及郡國惡少年數萬人」出征，並封他為「貳師將軍」，期望他直搗貳師城，取回汗血馬。孤軍遠征，遠涉大漠，水土不服，補給困難，將領們紛紛勸阻，但是漢武帝立意已堅，要不計代價地勞師遠征。

李廣利出身市井，毫無作戰經驗，一出征就遇到意想不到的困難。漢軍出了鹽澤後，沿途都是沙磧，無糧可因，無水可汲，而當道的小國都固守境界，不肯給食。漢軍必須攻下這些小國才能取得糧食、給養，只好邊打邊進。許多漢兵都忍不住飢渴，倒斃在路中。到達郁成時，漢軍折損很大，只剩數千人。而郁成因為殺死漢使車令，早就擔心漢軍前來報復，一直嚴兵守候。兩軍交戰，飢乏的漢軍無法取勝，反倒折傷了一半人馬。李廣利見取勝無望，便沒有繼續向大宛進發，而是率軍撤退。太初三年（西元前 102 年）漢軍退回敦煌時，所剩士兵只有出發時的十分之一二了。漢武帝原想給李廣利立功的機會，等他得勝回朝，立即授封加爵，沒想到他卻大敗而回。所以，當李廣利派人向朝廷報告並要求罷兵時，漢武帝大怒，派人在玉門關阻止李廣利等入關，並傳諭李廣利軍前：如有一人敢入此關，立即斬首。

漢武帝並未就此放棄奪取汗血馬的念頭，他認為堂堂大漢，若是連大宛這般小國都不能征服，將會使所有西域國家輕視漢朝，於是堅持繼續攻打大宛，並將主張與大宛停戰的鄧光等人治罪，同時徵發壯丁、籌集馬匹，準備再戰。太初三年，漢武帝命令李廣利再次攻大宛。這次征大宛的漢軍達六萬人，牛十萬，馬三萬匹，驢、駱駝等上萬。為了支援征伐大宛的軍事行動，徵兵集糧，「天下騷動」；又專門發天下七科謫戍，為李廣利軍運糧。

這樣一支浩蕩的隊伍，對沿途小國發生了震懾作用。李廣利大軍所到之處，西域各國無不爭相迎送。只有輪臺一城閉門拒絕，李廣利揮兵攻打數日，城破後大肆屠城，從此乘勢長驅，直到大宛，一路毫無阻礙。不過即使如此，到達大宛的漢軍也只剩三萬人了。這充分說明李廣利不恤士卒。在大宛城下，漢軍遇到了激烈抵抗，攻打四十多天不下。最後還是大宛內部發生動搖，大宛貴族殺掉了大宛國王毋寡向漢軍求和，漢軍才得取勝。漢軍挑選了數十匹好馬，並立親漢的大宛

汗血馬（敦煌壁畫）

貴族昧察為國王，然後結盟而還。李廣利又命搜粟都尉上官桀攻滅郁成，郁成王亡走康居，康居王畏懼漢軍，將其縛送上官桀，被殺。此後，西域震懼，多遣使來朝。但無論如何，這實際上是一場失敗的戰爭，等到李廣利的漢軍回到玉門關時，僅剩一萬餘人而已。這場為了得到汗血寶馬的戰爭，「損五萬之師，靡億萬之費，經四年之勞，而僅獲駿馬三十匹」。但既然迫使大宛國訂了城下之盟，取回了汗血馬數十匹，漢武帝便認為是空前的勝利。因為汗血寶馬愛吃苜蓿草，漢武帝還特意在離宮別苑種上大片的苜蓿草，一望無際（事見《史記・大宛列傳》）。

過沛汗國後，玄奘轉道中亞地區，到達颯秣建國（今烏茲別克撒馬爾罕北三公里處，其內城東門叫中國門），即史籍中所稱的康國。這個國家非常繁華，都城方圓二十多里，但國民均信奉拜火教，因而對玄奘一行非常冷淡。不過，當玄奘為國王說因果報應、稱頌佛祖功德後，國王態度開始轉變，後來還主動提出請受齋戒。這時候，跟隨玄奘的兩個小沙彌到荒廢的寺廟禮拜，被當地人用火驅逐。國王知道後，立即下令逮捕肇事者，還要當眾砍掉他們的手，以示懲戒。還是玄奘出面解救，國王才免於刑罰，將肇事者鞭打後驅逐出城。此後，國王大設法會，准許剃度僧人，全國也開始信佛。這樣，玄奘依靠個人力量改變了一個國家的宗教文化，這是一個偉大人物的偉大之處。遺憾的是，玄奘在《大唐西域記》中用不少筆墨記錄的這座宏偉城市，最終在六百年後毀於另外一個來自東方的偉大人物——成吉思汗之手。當時這個城市已成為花剌子模帝國的新都（另有舊都玉龍傑赤），由於蘇丹摩訶末貪財，殺死蒙古商人和成吉思汗的使者，激怒了一代天驕成吉思汗，引發了規模龐大的蒙古軍西征。蒙古軍所過之處，大都成為廢墟，當時有人描述說：「他們（指蒙古軍）到來，他們破壞、焚燒、殺戮、劫掠，然後離去。」這座城市也不例外。由於城市的水利系統被蒙古軍摧毀，城市陷入癱瘓，後遭廢棄。

又經貨利習彌迦國（今烏茲別克基華城），此地已靠近鹹海，為玄奘行程中的最西之地。然後翻越鐵門（今烏茲別克南部布茲嘎拉山口）。這是一道縱深五百里的狹谷，中為狹窄通道，兩旁盡是陡峭的懸崖，岩石的顏色像鐵一樣，所以稱為鐵門，是西突厥的要塞。之後到達吐火羅（即大月氏故地，今阿富汗北境），沿河岸而行，到達坦蜜國（今烏茲別克南界鐵爾梅茲），東南行數百里到達活國（今阿富汗北部昆都士）。

成吉思汗像

活國就是西突厥統葉護可汗長子咀度設（「設」為官職名）的封國。咀度娶高昌國王麴文泰之妹，麴文泰特地捎信給這位妹婿。然而，玄奘到活國時，高昌公主已經病死，咀度本人也正患病，得知玄奘自妻子故國帶信來，睹信思人，極為傷感，一時痛哭不已。咀度病好後，新娶了一位年輕的美麗妻子。不料新妻與咀度之子特勤勾結，毒殺了咀度。因高昌公主之子年紀尚小，特勤自立為設，還娶了咀度新娶的妻子，也就是他的繼母。因要參加咀度設的葬禮，玄奘在活國停留了一個多月。

巴米揚大佛，2001年遭塔利班政權炸毀。

離開活國後南行，爬過大雪山（即阿富汗的興都庫什山），艱難程度甚至超過之前的凌山，再翻越黑嶺（興都庫什山南面的大山），來到梵衍那國（今阿富汗之巴米揚）。

梵衍那國王城東北山崖有一石佛像（即舉世聞名的巴米揚大佛），高一百四五十尺，莊嚴雄偉，在當地十分有名。玄奘的先行者法顯也曾來到此地遊覽，並在其著作《佛國記》中記載了這尊大佛。玄奘特地前往禮觀，後來在《大唐西域記》描繪說：「金色晃曜，寶飾煥爛。」

梵衍那國東南行兩百餘里，度大雪山，到達迦濕彌羅國。迦濕彌羅國國王聽說玄奘到來，非常重視，親自率僧人出來迎接。該國佛教興盛，有寺廟百餘所，爭相邀請玄奘前去居住。沙落迦寺的僧人說：「我寺為中國王子 **註** 6 建造，法師從中國來，當然應該先住我寺。」於是玄奘欣然前往沙落迦寺。

傳說中國王子建沙落迦寺時，曾經埋有財寶在寺東門大神王塑像右腳之下，並刻有「伽藍朽壞，取以修治」字樣。曾經有個貪婪的國王帶兵來挖寶藏，剛要動土，大神王帽子上的鸚鵡像便振翅高鳴，大地顫抖，國王和士兵全部倒在地上，許久才能爬起來，隨即落荒而逃。後來寺廟內的僧人想取出寶藏修繕寺廟，也是剛一動土，大地便顫抖不已，因此無人再敢打財寶的主意。玄奘到來後，寺內僧人認為其氣度不凡，又來自中國，必定與寶藏有緣，於是請求玄奘協助取寶。玄奘到大神像面前焚香禱告後，開始掘土，大地竟然沒有顫抖。挖到七、八尺深時，便得到一個大銅器，裡面裝有黃金數百斤、明珠數十顆。眾人大喜，無不對玄奘嘆服。

註 6：其實為東漢班超平定西域時的于闐國王子，被誤認為中國王子。

迦濕彌羅國是西突厥勢力範圍南方的最遠處。在這裡，西突厥肆葉護可汗使者與玄奘分手，自行帶騎兵返回西突厥，迦濕彌羅國國王另外為玄奘派出了嚮導。玄奘聽說某地有佛影石窟，便想前去禮拜。但迦濕彌羅國的嚮導堅決不肯去，說路途荒蕪難行，而且時有盜賊出沒。玄奘不肯輕言放棄，便獨自前往。果然在半道遇到了五名盜賊，持刀攔住去路，問道：「和尚要去做什麼？」玄奘回答說：「去禮拜佛影。」盜賊十分納悶，問：「你難道沒有聽說這裡有盜賊嗎？」玄奘回答說：「賊也是人。我前去禮拜佛影，即使猛獸盈路，也毫不畏懼，何況各位只是人而已。」時人都視盜賊為賊，玄奘卻視盜賊為人，盜賊自視為賊則行賊道，盜賊自視為人不復為賊。這就是《西遊記》中反覆強調的：「心生，種種魔生；心滅，種種魔滅。」五名盜賊由此受到點化，主動跟隨玄奘一道前去石窟禮拜佛影。佛影的故事在當今印度家喻戶曉，被收入教科書中。

類似的故事在《西遊記》中也有不少，不過不是從唐僧口中說出，而是孫悟空說出。第三十六回《心猿正處諸緣伏，劈破傍門見月明》中說：

說不盡那水宿風餐，披霜冒露。師徒們行罷多時，前又一山阻路。三藏在那馬上高叫：「徒弟呵，你看那裡山勢崔巍，須是要仔細提防，恐又有魔障侵身也。」行者道：「師父休要胡思亂想，只要定性存神，自然無事。」

《西遊記》中，唐僧最初的性格比較世俗化，與真實的玄奘形象相差頗大。如第四十三回中談到《心經》時。

行者道：「老師父，你忘了『無眼耳鼻舌身意』。我等出家人，眼不視色，耳不聽聲，鼻不嗅香，舌不嘗味，身不知寒暑，意不存妄想，如此謂之祛褪六賊。你如今為求經，念念在意，怕妖魔不肯捨身，要齋吃動舌，喜香甜嗅鼻，聞聲音驚耳，睹事物凝眸，招來這六賊紛紛，怎生得西天見佛？」

其實都是講「情性相和伏亂魔」的道理。以上這兩回的故事也能很容易地看出孫悟空修為之深，因此認為石槃陀就是孫悟空原型一說絕不可信。

《心經》全稱《般若波羅蜜多心經》，譯本甚多，大約有十來種，但以玄奘所譯版本最為膾炙人口。原經書《大般若經》有二十萬頌、六百四十萬言，被高度濃縮在《心經》中，漢譯只有不到三百字，是佛教經論中文字最為簡煉、內容又極為豐富的一部典籍，影響甚大，千百年來傳誦不絕。其中最為有名的一句就是：「色不異空，空不異色。色即是空，空即是色。」這部經在唐

《心經》卷

太宗病逝前兩天才剛剛譯完，據說是玄奘想以此經為唐太宗帶來心靈上的安慰，唐太宗也因此成為《心經》的第一個讀者。

這裡要特別提一下傳奇小說《西遊記》。關於玄奘富有傳奇色彩的西去印度之旅，絕大多數讀者是從《西遊記》這部著名的神怪小說中所瞭解到的。其實從唐朝開始，便有唐僧取經的故事在民間廣為流傳，主要線索便是取材於玄奘西行求法的傳奇旅程，不過也加入了不少後人的豐富想像，將玄奘到西天取經的故事賦予了種種神祕的色彩。南宋時有《大唐三藏取經詩話》，金代院本有《唐三藏》、《蟠桃會》等，元雜劇有吳昌齡的《唐三藏西天取經》、無名氏的《二郎神鎖齊大聖》等，這些都為明代吳承恩版本《西遊記》的創作奠定了基礎。吳承恩也正是在這些民間傳說、話本、戲曲的基礎上，經過豐富而大膽的藝術加工，完成了中國文學史上的不朽名著《西遊記》。《西遊記》全書一百回，從大結構上看，可以分成三個部分：第一部分從第一回到第八回，主要寫了孫悟空出世、拜師、大鬧天宮；第二部分為第八回到第十二回，主要寫唐僧的出身及取經的緣由；第三部分為第十三回到最後一回，主要寫唐僧西天取經的奇遇，路上先後收了孫悟空、豬八戒、沙和尚三位徒弟，並歷經九九八十一難，最後終於取到了真經，修成了正果。

《西遊記》絕非僅僅是一本神怪小說，其中包含了宏大而完整的宗教哲學寓意。中國有句古話：「少不讀《西遊》，老不讀《三國》。」「少不讀《西遊》」的意思是說《西遊記》中蘊含著深刻的思想和豐富的哲理，而少年因為年紀還小，讀它只當童話看，容易為故事情節本身所迷，領略不到其中意義。從另外一個角度來看，這其實是對《西遊記》的高度讚譽。雖然歷史中真實的玄奘和小說中的唐僧相去甚遠，旅行中的經歷更是大相徑庭，但從《西遊記》問世即經久不衰便可看出，玄奘赴印度取經所產生的影響是相當深遠的。從劃時代的意義上來說，即使拿它比二十世紀的阿波羅登月旅行亦不為過。

繼續回到玄奘的話題。貞觀四年夏天將盡的時候，玄奘終於進入了當時的北印度境內。

此時，距離玄奘離開長安的那天，已有將近一年的時間。三百多個日日夜夜，玄奘終於用雙腳征服了從長安到印度的旅程。即使在今天看來，這也是一項了不起的壯舉。這一年，玄奘三十一歲，唐太宗三十二歲。對他們其中每一個人來說，這一年都是非比尋常的一年，甚至是他們人生中最為重要的一年。

参 天竺名

　　貞觀七年，西元633年，東方的唐王朝在唐太宗的精心治理下，成就了傲人的「貞觀之治」，天下一片太平。舉例而言，年前放縱歸家過年的三百九十名死囚，到了秋天，在無人督領的情況下，全都如期返歸就刑，沒有一人逃亡。「路不拾遺，夜不閉戶」的盛世景象，終於在唐太宗手中實現。而玄奘也總算到達了他嚮往已久的「西天」——那爛陀寺，為他離開長安後的第五年，長途跋涉共五萬餘里，入印度後，足跡已遍及北印度、中印度的四十餘國。這兩個在各自軌道上向著目標前進的英雄人物，這時候還沒有想到，十年後，他們將會有一次相遇，而這次相遇將會造就唐朝又一個傳奇。

1. 佛教起源

　　佛教誕生於印度，有著極為深刻的歷史背景。印度之所以成為玄奘等中國僧人心目中嚮往的「西天」，是因為這裡是佛教創始人釋迦牟尼的出生地（釋迦牟尼出生地在今尼泊爾，現在的尼泊爾和印度在古代總稱為印度），也是佛教的發源地。

釋迦牟尼塑像

　　釋迦牟尼本姓喬達摩（意為最好的牛），名悉達多（意為目的達到之人）。釋迦牟尼是佛教徒對他的尊稱，釋迦是其種族名，意思是「能」，牟尼意思是「仁」、「儒」、「忍」、「寂」，釋迦牟尼合起來就是能仁、能儒、能忍、能寂等，也即是釋迦族聖人的意思。

　　釋迦牟尼出生在迦毗羅衛城（約在今印度、尼泊爾邊境地區），約與孔子同時代。當時的印度也跟中國的春秋戰國時代一樣，正處於群雄割據的分裂時期。釋迦牟尼的父親首圖馱那（意為純淨的稻米，所以又稱「淨飯王」）是小國迦毗羅衛的國王，母親摩訶摩耶則是與迦毗羅衛國隔河相對的天臂城善覺王之女。摩訶摩耶王后約四十五歲時才初次懷胎，按照當地風俗回母家分娩，途經藍毗尼花園時，站在一棵鬱鬱葱葱的無憂樹下休息，因撫摸樹枝而動了胎氣，生下釋迦牟尼。這一天，是中國農曆四月初八，後來被定為「佛誕節」，也稱「浴佛節」。

釋迦牟尼出生後第七天，母親便病逝了，由姨母波闍波提撫養長大。

由於國王是老來得子，釋迦牟尼從小便備受寵愛，過著錦衣玉食的王子生活。據說他擁有三時殿，即在不同季節居住的三座宮殿，分別為冬天居住的禦寒宮、夏天居住的避暑宮以及雨季居住的防潮宮。他的父親對他寄予厚望，希望他能夠成為一代優秀君王，因此讓他接受傳統的婆羅門教教育，學習吠陀經典和五明。

婆羅門教是印度古代宗教之一，起源於吠陀教（「吠陀」意為知識和學問）。五明則是印度的五類學科：「聲明」是研究語言和名、句、文等如何構成的學問；「工巧明」包括農、商、占相、咒術、營造（雕塑）、生成（豢養六畜等）、防那（紡織、編織、縫紉）、和合（調解爭訟）、成熟（飲食業）、音樂等；「醫方明」是醫藥科學和醫療技術；「因明」是邏輯學；「內明」是婆羅門教的經典四吠陀，四吠陀為養生之法的《梨俱吠陀》、《祭祀祝詞》的《搓馬吠陀》、兵法研究的《夜柔吠陀》、《咒求文獻》的《阿闥吠陀》。

釋迦牟尼十六歲就娶了表妹耶輸陀羅公主為妻，但直到他二十九歲時，耶輸陀羅公主才生下第一個孩子羅睺羅。令人大出意外的是，就在這一年，釋迦牟尼悄然離開了王宮，出家修行。對釋迦牟尼而言，能夠拋棄富貴豪華的生活或許不難，但拋棄嬌妻和剛剛出世不久的兒子卻實在不容易。關於他捨棄王位而離家出走的原因，說法紛紜：有人說是因為有一天，他偶然看到熟睡中的宮女姿態醜陋，毫無平時的美麗姿容，頓時感到事物的虛假、人體的醜惡，精神上遭遇極大困惑；也有人說他看到老人和病人，為人生的生老病死而痛苦，消極厭世，出家遊歷是為了尋師訪友，探求人生解脫之道。

其實，這並非完全是個人因素，也含有時代的背景。當時的印度，四分五裂，有許多個小國，互相征伐吞併，烽火不斷。而釋迦牟尼本人所屬的釋迦族，也受到鄰國戰火的威脅，時有覆滅的危險。他預感到自己國家早晚要遭受滅亡的結果，由此聯想到自己也擺脫不了同樣命運，從而開始思索人與人生的本原，認為人世無常，人生難脫苦海；而他所受的婆羅門教教育，又不能幫助他在精神上獲得解脫，最後導致他走向了出家之路。在歷史上，對人的精神和內心世界進行探索往往是宗教產生的根本原因。正因為釋迦牟尼一心探求人的本原和精神，才有了後來佛教的誕生。

濕婆神

大
唐
‧
玄
奘
‧
眞
經

釋迦牟尼離家後，南渡恆河，來到摩揭陀國的都城王舍城（今印度臘季吉爾以北數公里處），跟隨數論派先驅阿邏邏‧迦羅摩和郁陀迦‧羅摩子修習禪定功夫。數月之後，仍然覺得不能滿足，於是開始嘗試苦行，想就此發現真理，尋求解脫。他轉而逐漸減少飲食，直到每天只吃一粒米，最後發展到七天才進一餐。生活極為艱苦，只穿鹿皮、樹皮，就地睡在鹿糞牛糞上。這種非人的生活一直持續了六年，此時的釋迦牟尼早已消瘦得不成樣子，形同枯木，但卻沒有如期望中

釋迦牟尼成佛圖

那樣發現真理。他最終認識到苦行也不能解脫，又重新開始進食。

這期間，釋迦牟尼的父親首圖馱那國王曾派人勸說出家的獨子回去繼承王位，但沒有成功，於是就在親族中選派了阿若憍陳如、阿說示、跋提、十力迦葉、摩訶男拘利五人陪伴愛子，以讓他不致太孤獨。

某一天，釋迦牟尼渡過尼連禪河，來到伽耶（今菩提伽耶），坐在兩棵畢鉢羅材（後稱菩提樹）下，沉思默想。據說，經過七天七夜後，他終於大澈大悟，悟出了「四諦」的真理，遂創立了與基督教、伊斯蘭教並列為世界三大宗教的佛教。這就是佛教的起源。釋迦牟尼本人也被稱為「佛陀」（梵文 Buddha 的音譯），意為覺悟者，這一年他三十五歲。

據說釋迦牟尼成道後，先趕往婆羅奈城郊的鹿野苑，找到阿若憍陳如等五個侍從，向他們講說四諦之理——「苦諦」為世間的苦；「集諦」為苦的原因；「滅諦」講苦的消滅；「道諦」講滅苦的方法。由於從不同角度講了三遍，佛史稱作「三轉法輪」。這是釋迦牟尼首次宣講佛法，所以也稱為「初轉法輪」。阿若憍陳如等五人也成為釋迦牟尼的首批僧侶，號稱「五比丘」。之後，釋迦牟尼在故鄉說服許多親友皈依佛教，其中也包括他十五歲的兒子羅睺

初轉法輪

羅，這是僧團中有沙彌（不滿二十歲的出家男子稱沙彌）的開始。後來他的養母波闍波提也要入教，從此才開始接納女弟子（比丘尼）。後來他的妻子耶輸陀羅公主也出家為比丘尼。

自從成道後，釋迦牟尼將大部分精力轉向布教，主要活動地區在摩揭陀、拘薩羅和跋耆三國，東面最遠到過瞻波，西到摩偷羅。他常年來往於摩揭陀國的王舍城和拘薩羅國的舍衛城（今印度北部巴爾蘭普爾西北約二十公里處）。當時這一帶經濟文化發達，沙門運動高漲，新的宗教團體和哲學派別大都在此活動。據說摩揭陀頻毗沙羅王之弟迦留曾召集九十六種「外道」舉行大齋。釋迦牟尼的傳教也得到了王族和商人的支持。佛教提倡「眾生平等」，力圖打破婆羅門教的種姓界限，因此他傳教的對象，包括當時社會的各種姓和各階層：有婆羅門、沙門、國王、大臣、商人、手工業者、漁民，甚至妓女、盜賊等。釋迦牟尼允許弟子可不用規範化的梵語，而用地區方言進行說教，加上「眾生平等」口號對下層民眾具有相當吸引力，使得他的思想學說在最短時間內得到了廣泛傳播。

祇園精舍的僧房遺址

竹林精舍的 Karandaka 池

釋迦牟尼最早規定佛教僧尼的生活方式是沿戶乞討，過午不食。由於是乞食為生，人家給什麼就吃什麼，當然也沒有禁止吃肉的規定。僧尼雲遊四方，也沒有固定居所。但印度每年有三個月的雨季，僧尼出行十分困難，因此將雨季定為安居期：即在雨季期間定居一處，坐禪修學，接受供養。釋迦牟尼本人有兩處重要的居住說法場所：一處在舍衛城南的祇園精舍（又名「祇樹給孤獨園」），為拘薩羅國富商須達多（由於他樂意救濟貧窮

鹿野苑全景

孤獨的人，人稱「給孤獨」長者）贈送；一處在王舍城的竹林精舍，竹林為迦蘭陀長者所贈，精舍則是頻毗沙羅王出資建造。這兩處均是因為雨季安居以及聚會的需要才建立的，後來也都成為佛教聖地。而僧尼在雨季安居的住所亦逐漸成為永久居住的僧院，即後來的寺廟。

有不少釋迦牟尼度人的故事流傳。贈送祗園精舍給釋迦牟尼的富商須達多，兒媳婦玉耶是拘薩羅國第一美女，因擁美貌而十分自負，盛氣凌人，不睦家人。須達多向釋迦牟尼求助。釋迦牟尼便帶上一個比玉耶還要出色的美女，親自去對玉耶說法。玉耶聽釋迦牟尼說法時，看到另一名美女逐漸變老，最後變成一架白骨。玉耶意識到人的美貌不能長久，最終要變為可怕的骷髏；遂此覺悟，皈依佛教，成為在家修行的優婆夷。

在舍衛城北郊的沙那村莊裡，有個漢子名叫央哥馬羅，力大無窮，他信奉一種邪教，但總是不能修煉成功。他的師父告訴他說：「如果在一天之內殺一百人，用被殺者的小手指做成花環戴在頭上，就能受到神的保佑而得到永生。」第二天一清早，央哥馬羅見人就殺，但到日落時只殺了九十九人。剛好這時候，他母親來叫他回家吃飯，他成道心切，打算殺死自己的母親湊數。釋迦牟尼出現在他的面前，教導他說：「你怎麼能信仰教人作惡的神呢？世上哪有殺人者會得到永生？」央哥馬羅恍然大悟，但自覺殺人太多，欲一死贖罪。釋迦牟尼說：「你一死反而不能贖罪，只有放下屠刀，從此行善，既能贖罪，亦可成佛。」於是央哥馬羅拜在釋迦牟尼腳下，成為佛門弟子。這就是「放下屠刀，立地成佛」的由來。

還有一個女子，被丈夫拋棄了，她唯一的孩子又得病死了。女子痛不欲生，抱著死去孩子來到釋迦牟尼面前，請求無論如何要救活她的孩子，否則她也不能活在人世上了。釋迦牟尼說：「要救活妳的孩子，妳必須去找到一戶從來沒有死過一個人的家庭，向這家人討來一粒芥菜籽，就能救活這孩子。」這女子為了救活自己孩子，走過了無數的家庭，但沒有一個家庭是從來沒死過一個人的。最後這女子終於明白了，人終難免死亡結局，每個家庭都經歷了死去親人的痛苦。釋迦牟尼教導這個婦女說：「死是人生最大的痛苦，要想解脫生死的煩惱，唯有皈依佛門，達到正覺涅槃境地。」於是這位婦女皈依佛門，成為比丘尼。

釋迦牟尼八十歲時死去，據說死於拘尸那迦城（印度北方邦境內）附近希拉尼耶伐底河邊的婆羅林中，佛經稱為「涅槃」，意思是火的熄滅，漢譯為「圓寂」或「入滅」。早期佛教沒有對佛的偶像崇拜，但流行佛陀的遺物和法物崇拜。據說釋迦牟尼死後，有八國分其舍利（骨灰），起塔供養，但更加普遍的是供養象

舍衛城城牆遺址

徵轉法輪的車輪等。這實際上是一種紀念意義，並非宗教意義。釋迦牟尼一生的事蹟很多，不過經過後世的反覆渲染和神化，再也很難分辨是傳說還是真事。

釋迦牟尼涅槃後不久，他的弟子們在摩揭陀國（當時阿闍世王在位）召開大會，即所謂的佛教第一次大「結集」。所謂「結集」，意思是會誦經典。釋迦牟尼一生的教誡，沒有文字記載，全靠弟子們口耳相傳，「結集」的目的，就是將釋迦牟尼的一言一語都記錄下來，相當於編輯文字，由此形成了佛教經典——「三藏」中的經藏和律藏，這是原始經典。

猶如世界上其他宗教，釋迦牟尼死後一個世紀，佛教徒僧眾教團對佛祖釋迦牟尼的教義持有不同觀點，開始分化。為了排解教派紛爭，維護團結，耶舍在吠舍釐城召開佛教第二次大「結集」，打算進一步修訂佛經。這次會議上發生了嚴重的分歧，耶舍等人雖然是少數派，但因為是地位高的上座（長老），強行通過。而多數派則不服，自行組織了上萬人參與的大結集，反對耶舍通過的決議。佛教由此分裂為上座部和大眾部兩大派。「上座部」以佛教正統派自居，「大眾部」則屬於新興教派。「大眾部」宣揚「普度眾生」，創立了「大乘空宗」和「大乘有宗」的宗教理論體系，自稱「大乘」，意思是大道或大業，即寬廣的解脫大道，而把原始佛教貶稱為「小乘」，即解脫之道狹小。

佛教的基本教義認為：人生所經歷的生、老、病、死，一切皆苦；一切苦因在於欲望，有欲望就有行動，有行動就會造孽，就不免受輪迴之苦；必須消滅一切欲望，才能消滅苦因，斷絕苦果，達到不生不滅的涅槃境界；而要達到涅槃就必須要修道。小乘佛教著重倫理

釋尊出城浮雕

涅槃（敦煌石窟）

教誨，不崇拜任何偶像，主張眾生自度，即個人通過苦修，最終進入涅槃境界，達到自我解脫，但不能人人成佛。而大乘佛教則受到印度婆羅門教的影響，主張佛有許多化身，由此造出各種菩薩，宣揚崇拜偶像；認為要修成正果，不僅要破除知障、煩惱障等，還要修成菩薩，不僅要自己解脫，還要幫助別人解脫，即普度眾生，只要虔誠信仰，人人都能成佛。

到了西元前三世紀，孔雀王朝阿育王（意譯「無憂王」）在位。孔雀王朝是第一個基本統一印度的政權，也是印度歷史上第一個大帝國，版圖幾乎包括除泰米爾地外的整個印度和阿富汗的相當大一部分。孔雀王朝創始人是旃陀羅笈多。西元前 325 年，曾經不可一世發出「讓我們把戰爭帶給亞洲，把財富帶回希臘」狂言的馬其頓王亞歷歷山大大帝，將大部分軍隊從印度河流域撤走，臨行前在旁遮普設立總督府，留有軍隊駐守。旃陀羅笈多不甘被希臘人統治，率眾揭竿而起，趕走了馬其頓軍隊；隨後，他又推翻了難陀王朝，自立為王。因為旃陀羅笈多出身在一個養孔雀的家族，因此人們把他一手建立的王朝稱為「孔雀王朝」。阿育王為孔雀王朝第三代國王，是旃陀羅笈多之孫，號稱是印度歷史上最重要的國王，對印度和佛教的歷史產生了極深遠的影響。阿育王的一生，大致可分為前後兩個階段：前階段為「黑阿育王」時代，主要是阿育王藉由血腥屠殺奮鬥鞏固王位以及使用武力統一印度；後階段則是「白阿育王」時代，阿育王大力提倡和保護佛教，大大地推動了佛教的發展。

阿育王十八歲時被任命為阿般提省總督，在鎮壓呾叉始羅城的叛亂中戰功赫赫，聲名鵲起。西元前 273 年，賓頭沙羅國王病重，王子和公主們開始了爭奪王位的殘酷內戰。阿育王也不甘落後，趕回國爭奪王位，據說他一連殺死了九十九個兄弟姊妹，才順利舉行了灌頂儀式（當時印度的登基儀式），登上了王位。這或許有些誇張，但爭奪王位的血腥和殘酷由此可見一斑。而佛家經典中說阿育王從小就有佛心佛性，崇拜佛祖釋迦牟尼，這顯然是為了美化形象而有意為之。阿育王即位後，一直用暴力和酷刑治理國家。當時在首都華氏城（今巴特那）北部有一座「阿育王監獄」，號稱「人間地獄」，裡面有最兇惡的酷吏使用各種刑具

大唐・玄奘・真經

嚴刑拷打犯人。任何人只要進了這座監獄，就別想活著出去。這就是所謂的「黑阿育王」時代。據說有一天，一位佛教聖者毫無理由地被關進了監獄，獄吏將他拋入熱水鍋裡，水竟無法燒沸。獄吏將此事報告給阿育王，阿育王感到很奇怪，開始對佛教產生了濃厚興趣。後來他下令取消了那座臭名昭著的「阿育王監獄」，並修正刑法，對犯人從寬發落。

阿育王還發動了一連串征服戰爭，規模最大的一次是是西元前261年（秦昭王四十六年）遠征孟加拉灣沿岸羯陵伽國的戰爭。這次戰爭中，有十萬羯陵伽人被殺，十五萬人遭俘虜。積屍成山、血流成河的場面意外震懾了阿育王，他的良心突然前所未有地感到了不安，產生了強烈的悔恨和悲憫之情。為了尋求解脫，他多次向佛教高僧優波毬請教。數次長談之後，阿育王終於被徹底感召，決心穿上僧袍，皈依佛門，不再用暴力來完成對印度大陸的征服。他下令釋放所有俘虜，並公開發布了一封表示懺悔的文書，說他對羯陵伽人民在戰爭中所遭受的苦難「感到深切的憂慮和悔恨」。後來他又當眾宣布：「戰鼓的響聲」沉寂了，代替它的將是「法之音」，今後代替暴力統治和侵略的將是不竭餘力的宣揚佛法，從此以後，他將不再向鄰國派遣軍隊，取而代之的將是宣揚佛法的高僧。

就像印度許多的傳說一樣，很難說阿育王皈依佛教的故事到底有多少真實成分。不過，阿育王之熱心推崇佛教，倒是可由他發布的多起詔令充分證明。這些詔令被銘刻在岩石和石柱上，即為著名的阿育王「摩崖法敕」和「石柱法敕」，這些石刻的紀念碑有許多至今尚存。在這些詔令中，阿育王竭力讚揚佛教，勸告人們皈依佛教，並將佛教精神體現到日常生活中，要求人們孝敬父母，善待親戚朋友和其他人，對人要仁愛慈悲。他宣導「眾生平等」，親自食素，下令禁止打獵，明令禁止濫殺動物，並設立人與動物醫院，向窮人施捨。他還主動捐贈了大量的財產和土地，在印度各地興建佛寺、佛塔，據說總共興建了八萬四千座奉祀佛骨的舍利塔，並親自巡拜。最難得的是，阿育王雖是熱心的佛教徒，但也不排斥其

摩耶夫人堂中的阿育王石柱

他宗教。在他的國土上，所有的宗教都允許兼容並存，耆那教、婆羅門教、阿耆昆伽教等也受到同樣的保護。阿育王的皈依佛教，直接導致了孔雀王朝內外政策的重大變化，開始了所謂的「白阿育王」時代。

此時，距離釋迦牟尼創立佛教已有三百多年，期間經歷了七位持法者，進行過兩次大「結集」，佛教的四諦、五蘊、八苦、眾生平等的思想得到廣泛傳播。這時候，印度還流行其他宗教——如耆那教、婆羅門教、阿耆昆伽教等，佛教與之相比，並無取得優勢，更沒有傳播到印度以外的地區。然而，自從阿育王皈依佛教之後，佛教傳播取得了大飛躍。在阿育王的支持下，以國師目犍連子帝須為首，召集一千比丘，在首都華氏城舉行了佛教歷史上第三次大「結集」。關於這一次結集，北傳佛教沒有記載，一般認為只是大眾部（即大乘佛教）的結集。這一次結集之後，佛教不但沒有統一起來，反而加速了分裂的進程，大眾部分化出八部，上座部（即小乘佛教）分化出十部，連同原來的大眾部和上座部，共為二十部。從上座部中分化出來的說一切有部，以「說一切有」的教義而得名，主要在迦濕彌羅和犍陀羅一帶活動。

第三次大「結集」後，阿育王開始向臨近國家和邊陲地區派遣包括王子和公主等貴族在內的佛教使團，試圖大力遠播佛教，斯里蘭卡、緬甸、甚至敘利亞、埃及等地都有他們辛勤的足跡。一位印度公主遠達斯里蘭卡傳教時，不僅帶去了許多僧侶和佛教經典，還帶去一枝神聖的菩提樹枝，親手種植於斯里蘭卡。這棵菩提樹在斯里蘭卡一直生長到今天。這是佛教走出印度的開始。除了南亞次大陸之外，東亞、東南亞、中亞均一度成為佛教的勢力範圍。尤其是佛教傳入中國後，便展開了落地生根、蓬勃發展的進程。

阿育王登基時，佛教還只是在印度西北的一彈丸之地流行，但由於他大力推行，導致佛教徒迅速遍及印度各地，佛教也發展為印度最大的宗教（近千年後才被婆羅門教取代），並且迅速傳向鄰國，逐漸成為世界性的宗教。可以說，除了釋迦牟尼本人，沒有任何其他人物能比阿育王在推廣佛教上發揮的作用要大，子民稱他為「護法名王」，佛教徒則稱他為「轉輪聖王」。至今，印度人民仍懷念

這位國王。

有意思的是，孔雀帝國的阿育王與羅馬帝國的君士坦丁大帝有不少共同之處。君士坦丁大帝也是從不信教到大力宣導基督教，最終促使其成為世界性宗教。他也曾經召開大集會，以調解不同教派的糾紛，對基督教的教義產生了重要影響。

西元前 236 年（秦王政十一年），阿育王病死。在他死後半個世紀，孔雀王朝也跟著走到了盡頭，印度又再度陷入分裂的局面，群雄並起，各自割據一方。印度的歷史一直是分裂大於統一。即使在統一時期，地方上仍存在大量半獨立的王公政權，阿育王在位時亦是如此。無論如何，孔雀王朝雖然覆滅，但作為第一個基本統一印度的帝國，它的版圖和事業成為激勵後世無數雄心勃勃的梟雄去奮鬥的目標。

佛教歷史上第四次大「結集」是在貴霜帝國（即中國史籍所稱的大月氏）統治時期所舉行的，當時小乘佛教和大乘佛教的紛爭日益激烈，已到了帝國必須出面干涉的地步。其實，帝國所考慮的兩大派誰為正統，就是考慮哪個派別更適合自身統治的需要。最後，在迦膩色伽國王的支持下，由脅尊者提議，世友主持，在迦濕彌羅舉行了佛教第四次大「結集」，編纂了經、律、論三藏經典。因為大乘佛教更唯心，更適合統治階級的需要，所以被定為正統。從此，大乘佛教居主要地位。中國也是以大乘佛教為主。

最後再談佛教的傳播。佛教的傳播基本上分為南傳和北傳路線，均是從孔雀王朝的阿育王開始。

南傳路線從印度先傳到斯里蘭卡，西元四、五世紀時由斯里蘭卡傳到緬甸，十一、十二世紀時傳到泰國以及柬埔寨、老撾，所到之國，均被奉為國教。

北傳路線則是先傳到中亞。大約在西元前一世紀前後，傳入了西域地區（自漢代起，對玉門關以西地區的統稱）。絲綢之路南道的于闐和北道的龜茲均成為重要的佛教中心，不僅佛徒眾多，而且高僧輩出。隨後，佛教由西域傳入中國內地漢族地區，早期的中原頗負盛名的佛教學者都是來自西域各國的高僧。在世界三大宗教

印度行僧像

（佛教、基督教、伊斯蘭教）中以佛教傳入中國的時間最早，影響也最為深遠。西元二世紀，佛教由中國內地傳入越南；四世紀，由中國傳入朝鮮；五世紀初，由朝鮮傳到日本。最初的北傳佛教都是小乘佛教，大乘佛教興起後，在東亞各國廣泛傳播，迅速占據了主要地位，中國亦是如此。

作為發源地，佛教最後在印度卻面臨消亡的命運。十二、十三世紀時，中亞伊斯蘭教諸王入侵印度，開始對佛教徒及寺院採取打壓政策，使佛教在印度本土遭到了全面潰滅。一度擁有絕對優勢的佛教不得不讓位於更加古老的婆羅門教，這是因為婆羅門教不樹偶像、不建神廟，即使強勢如伊斯蘭教，也無法將這種看不見、摸不著的宗教消滅。

羅摩衍那（壁畫）

《羅摩衍那》是印度古代史詩作品，與《摩訶婆羅多》並列為印度兩大史詩，在印度文學中被稱為是最初的詩。全書是詩體，用梵文寫成。《羅摩衍那》意思是羅摩傳，羅摩是印度古代傳說人物，後逐漸被神化。

繼續談佛教在中國的傳播。最初，佛教的傳播主要是依靠西域來的僧侶，當然也有如朱士行、法顯這樣的僧人，親自前往西方求取真經。無論是單向還是雙向交流，存有一個根本問題，就是佛經翻譯的問題。印度的佛經，大多由梵文寫成，本身的翻譯難度就大，加上譯者的語言水準問題，導致中國僧人在閱讀佛經時產生了極大的困惑，如此一來，歧義、爭論應運而生。正是為了解決佛經中歧義，親自到佛教發源地看看原始的佛經究竟是何樣，才有了玄奘西天取經的壯舉。玄奘對中國佛教史的重大貢獻不僅在取經，還在以大家風範治學和譯經。他一生共譯佛經七十五部，一千三百三十五卷，乃是項重大的里程碑。此後，唐代佛教人文形成盛勢，玄奘則功不可沒。

而玄奘的貢獻還不僅於此。印度文明是世界最古老的文明之一，距今已有大約五千年的歷史；在歷史上的絕大部分時期，多處於四分五裂的狀態，且有只重宗教、不重歷史的傳統，少有歷史典籍流傳。正是從玄奘翻譯的佛經和《大唐西域記》中，印度人才知道他們的土地上掩埋著輝煌的驕傲。無數學者手持《大唐西域記》，在古老的印度大地上按圖索驥，陸續發掘出鹿野苑、菩提伽耶、庫什

那迦、蘭毗尼等眾多佛教聖地和數不清的古跡，甚至現今印度國家象徵「阿育王柱」的柱頭，也是根據這本詳細的史料發掘出來的。中世紀印度的歷史從此得以重見天日。印度歷史學家阿里曾經作此評價：「如果沒有玄奘、法顯等人的著作，重建印度史是完全不可能的。」英國歷史學家史密斯則認為：「無論如何誇大玄奘的重要性皆不為過。中世紀印度的歷史漆黑一片，玄奘是唯一的光芒。」至今，對《大唐西域記》的研究已成為一門國際性學問。

在如今的印度，沒有人不知道玄奘，正如在如今的中國，沒有人不知道唐僧。

菩薩頭像（犍陀羅雕塑）

2. 遊學「西天」

玄奘到達印度時，印度分為東、西、南、北、中五部。從地理位置上大體上來說，喜馬拉雅山和溫德亞山脈之間恆河流域的上游和中游，稱為「中印度」；溫德亞山脈以南稱為「南印度」；恆河三角洲以東為「東印度」；印度河中下游地區為「西印度」；北靠喜馬拉雅山的印度河上游地區為「北印度」。各部均沒有統一，其中小國林立，不過以中印度戒日王最強。但分裂的局面並不影響印度正處在佛教全盛時期，寺廟僧院密布，佛教學者雲集。

玄奘所到達的第一個印度國家為濫波國（今阿富汗東北的拉格曼省）。這是一個典型的山國，北面是白雪皚皚的雪山，其他三面是層巒疊障的黑嶺（因全年不積雪，故名黑嶺），擁有天然的屏障。南行渡河，到達那揭羅喝國（今阿富汗之賈拉拉巴德）。

雲岡石窟
早期佛教造型沉靜壯麗，具有明顯的犍陀羅藝術特徵。

那揭羅喝國有不少佛教遺跡，最出名的為五件佛寶：佛陀頭頂骨、佛陀頭骨、佛陀眼睛、佛陀衣服、佛陀錫杖，號稱鎮國之寶，據說能預示人的未來形象。玄奘西行，無非是為了求得正法，親眼目睹佛陀遺跡，他在禮拜佛寶時，回想到自己從東到西一路走過來的風雨歲月，備感滄桑，又覺欣慰，當真是百感交集。

東南山行五百里，到達犍陀羅國都城布路沙布

羅（今巴基斯坦白夏瓦市西北）。西元前四世紀時，這裡曾被亞歷山大大帝所征服，由希臘人統治了相當長一段時間，對當地文化藝術產生了深遠的影響。後來，自中國河西一帶向西遷徙的大月氏人在中亞地區建立了強大的貴霜王朝。閻膏珍為王時，以犍陀羅為基地，征服了整個印度河流域。迦膩色伽（出生於西域于闐）為王時，貴霜王朝疆域進一步擴大，囊括了整個北印度，還正式遷都到布路沙布羅。迦膩色伽本人是虔誠的佛教徒，積極扶持大乘佛教，由此誕生了佛教內容與希臘雕刻藝術結合的「犍陀羅藝術」，其實就是希臘藝術的支流。後來隨著佛教的傳播，犍陀羅藝術跟著遠傳到中國，著名的山西大同雲岡石窟中，不少早期佛像沉靜壯麗，具有明顯的犍陀羅藝術特徵。

犍陀羅佛教盛行，出過不少高僧。玄奘赴印度的主要目的之一就是學習《瑜伽論》，而這本經典的作者無著就出生在犍陀羅。其他著名的佛教論師如那羅延天、世親（無著弟）、法救、世友、如意、脅尊者等，均出生在此地。這裡的國民均信仰佛教，隨處可見莊嚴的寺廟、高聳的佛塔以及雄偉的佛像。

之後來到迦濕彌羅國（故都在今喀什米爾印度控制區之斯利那加），迦濕彌羅和犍陀羅同是貴霜王朝的統治中心，也是當時佛教的中心之一。傳說迦膩色伽國王召集的第四次佛教大「結集」就是在迦濕彌羅舉行。這裡還是小乘佛教的發祥地。中國自兩晉到南北朝劉宋元嘉年間，國外譯家絕大多數來自這裡，包括僧伽提婆、佛陀耶舍等。在中國傳播佛教的名僧如佛圖澄、鳩摩羅什、曇無讖、佛馱跋陀羅等，也都到這裡留過學。中國西行求法者，這裡也是必遊之地。國王聽說有高僧自東方來，親自到城門迎接，將鮮花撒到玄奘的身上，乘坐大象入城。這是非常崇高的待遇。迦濕彌羅國是玄奘到印度後的重要一站，國王專門為他派出書手抄寫經論，提供一切需要費用。如此優厚的學習條件，使得玄奘在這裡停留了一年多，專心研習經論和梵文。

迦濕彌羅國的第一高僧稱，雖已年近七十，卻與玄奘十分投緣；一老一少經常談經論道，從白天到黑夜，絲毫不覺疲倦。高僧稱對玄奘的聰明博學和非凡的領悟力非常欣賞，認為他智力高超，將來能

佛陀與苦修者對話（犍陀羅石刻）

繼承被尊奉為聖賢的名僧無著、世親兄弟之風。其他僧人見高僧稱如此誇獎玄奘，頗不服氣，紛紛提出各種問題，與玄奘辯論。玄奘侃侃而談，眾僧無一不真心折服。

離開迦濕彌羅國後，玄奘一行在一處大森林遇見五十名強盜。不但將他們的財物搶劫一空，還揮刀將眾人驅逐到一個長滿荊棘的大坑，準備之後再殺死。玄奘的兩名小徒弟很是機靈，發現了一個洞，師徒三人趁強盜不備時鑽洞逃走。後遇到一婆羅門耕地，便向其求助。那人大吃一驚，立即吹螺號報警，招來八十多村民殺進森林，將玄奘的其他同伴救出。

第二天，玄奘一行遇到一位老婆羅門，據說有七百年歲，但看上去不過三十歲左右，自稱是龍樹菩薩弟子，得其真傳。玄奘便向他請教，閒聊時談及昨日遇盜、錢財被劫一事。老婆羅門便派人四處去傳唱，說：「支那僧，在森林，被賊人，洗劫盡，請大家，共知詢。」不久後，竟然有三百多名強盜攜帶財物和食品，趕來向玄奘請罪。

之後，到達羯若鞠闍國（今印度恆河與卡里河匯流處的卡瑙季），即中國史籍中所稱的曲女城國，當時由稱霸五印的戒日王直接統治。戒日王（笈多王族的旁系後裔，意譯為喜增王）因其兄羅賈伐彈那被鄰國所殺而嗣位，勵精圖治，征伐四方，成為繼笈多王朝之後統一印度的著名國王。他統治的四十多年間，北印度相對穩定繁榮。戒日王本人信奉印度教濕婆派，但對其他宗教也都採取扶持政策，修建了許多佛塔、伽藍，供養佛教僧眾，每五年舉行一次無遮大會，鼓勵各教派進行宗教學術交流。他本人還是一名文學傳記作家，有《龍喜論》、《珠瓔傳》、《愛見記》三部劇本傳世。由於戒日王對佛教的大力扶持，佛教徒把他看作與阿育王、迦膩色伽王齊名的護法名王。

玄奘在羯若鞠闍國都城曲女城（今印度北方邦坎諾吉城）待了三個月，巡禮佛教聖跡，便繼續旅程，去周遊其他國家。他無論如何也沒有想到，在數年後，正是在這座曲女城，一場大辯論使他在印度的名望達到了頂峰，成為傳奇人物。

之後，到達摩揭陀國（印度比哈爾邦邦的巴特那和伽耶地區）。這裡有一座伽耶山，又叫名山，即釋迦牟尼悟道成佛的地方，也是摩揭陀國歷代國王敕封的地方。玄奘禮拜了釋迦牟尼悟道時所坐的菩提樹，一時感傷不已。這時，那爛陀寺（一名施無厭寺，故

迦膩色伽王錢幣

址在今印度比哈爾邦邦巴特那縣的巴爾貢村）派遣四名高僧前來迎接玄奘，那爛陀寺是玄奘這次西行的最終目的地，他立即隨同前往。

貞觀七年，西元 633 年，東方的唐朝在唐太宗精心治理下，取得驕人的「貞觀之治」，天下一片太平。舉例而言，年前放縱歸家過年的三百九十名死囚，到了秋天，在無人督領的情況下，全都如期返歸就刑，沒有一人逃亡。「路不拾遺，夜不閉戶」的盛世景象，終於在唐太宗手中實現。而玄奘也總算到達了他嚮往已久的「西天」——那爛陀寺，時間為他離開長安後的第五年，長途跋涉共五萬餘里，入印度後，足跡已遍及北印度、中印度的四十餘國。這兩個在各自軌道上向著目標前進的英雄人物，這時候未預料到十年後他們將會有一次相遇，而這次相遇將會造就帝國的又一個傳奇。

那爛陀（Nalanda），象徵著美、善、知識和智慧。那爛陀寺歷史悠久，為印度最大、最著名的佛教寺院。據說此地原來是座菴摩羅園，菴摩羅是樹名，意為無垢、清淨，其果實叫菴摩羅果，意為天果。後來有五百名商人湊了十億金錢，購買了此園，施捨給釋迦牟尼作為精舍，釋迦牟尼曾在這裡講經說法三個月。釋迦牟尼涅槃後，帝日王認為這裡是福地，便在此修建寺院。後來陸續經過覺護王、如來護王、幼日王、金剛王等人的修繕，極盡能工巧匠之能事，使之成為一處雄偉壯麗的大寺院。《慈恩寺三藏法師傳・卷三》中詳細記載了該寺的壯觀：「庭序別開，中分八院，寶臺星列，瓊樓嶽峙，觀竦煙中，殿飛霞上，生風雲於戶牖，交日月於軒簷，羯尼花樹，加以流水逶迤，青蓮菡萏，暉煥其間，庵沒羅林，森疏其外。……印度伽藍數乃千萬，壯麗崇高此為極。」《西遊記》中的西天大雷音寺便是以此寺為原型。

不僅如此，那爛陀寺還一直是印度佛教最重要的教學和研究中心，一切費用由國家資助。在佛教上，兼有大、小二乘，而以大乘為主，大乘中兼有中觀派、瑜伽行派及密教，同時旁及印度其他宗教哲學派別，如勝論、數論、四吠陀等，此外，還學習因明（邏輯學）、聲明（音韻學）、術數、醫方明等各種知識。寺中曾有多達九百萬卷的的藏書，有三大圖書館，分別是稱作「寶海」、「寶增」、「寶色」，意為所藏經書均為珍寶，收藏著浩繁的大乘、小乘佛教經典以及婆羅門教最古老的經典和天文、地理、技藝、醫藥、數學、音韻等書籍。

全寺分八大院，好學成風，戒律嚴格。寺中的幾千名僧人，均是學問淵博的人，其中德才兼備、名重一時的高僧就有好幾百人，真可謂是高僧雲集，人才濟濟。寺內學徒勤學苦練，學風嚴謹，學術思想自由活躍，每天都有一百多個講壇，

那爛陀寺遺址

舉辦各種講學、辯論活動。各地慕名而來的人不計其數,據說其極盛之時,主客常達萬人。不過,並不是所有想到那爛陀寺求學辯論的人都能輕易進去。首先就要經過看門人的詰難,多數人都會因為答覆不上來而折返。即使通過了看門人一關,進寺後便要再次接受外來學生的詰問,十之七八均失敗退走。剩下的二、三人,還要依次接受僧人的詰問,能留下來者寥寥無幾。在這樣的風氣下,能在那爛陀寺中居住的人無不是多才多藝的賢人。

那爛陀寺還是世界上最早的國際學府。不僅印度的著名高僧在此修持講學,西域以及中國等國的一些名僧也不遠萬里,負笈前來。法顯曾經到過此處,不過當時的那爛陀寺還未見顯赫。玄奘並非第一個來到印度的中國僧人,也不是最後一個,但他卻是成就最高且影響最大的一位。至今那爛陀寺遺址處還有玄奘紀念堂。

玄奘西行求法的名聲早已先於他的人到達了那爛陀寺,所以才有之前僧人主動出迎的一幕。玄奘到達時,那爛陀寺對這位東土來的唐朝和尚表示了隆重的歡迎,寺內張燈結綵、二百多位僧徒、一千多名百姓,手執擎幢幡、華蓋、香花等,遮道歡迎,禮遇甚隆。那爛陀寺住持,便是玄奘在長安時就久仰大名的戒賢法師。

前面講過大乘佛教和小乘佛教的來歷。佛教自西域傳入中國後,最先翻譯的大都是小乘經典。到東晉時,才有人譯出「大乘空宗」的經論;到南北朝中後期,才譯出「大乘有宗」的經論。玄奘研究佛經是從「大乘有宗」入手。在長期的鑽研探索中,他覺得自己所請教的大師各有師承,對教義的解釋也不同,需要作進一步的探討。但是,當時傳入中國的佛教典籍並不多,譯文也難以表達原意,尤其是他研究的「大乘有宗」的經論更加缺少。就當他困惑不解的時候,印度僧人波頗密多羅來到了長安。玄奘向他請教後得知:在印度有座那爛陀寺,那裡的住持戒賢法師是他師父,學識淵博,通曉佛教與其他教派的全部經論,應能解決

玄奘所有的疑問。正是在波頗密多羅的直接啟發下，玄奘決定西去印度那爛陀寺，向戒賢法師求教取經。

玄奘到達那爛陀寺時，戒賢法師已經一百零六歲了，對佛學理論有精湛的研究，通曉內外大小一切經書，是印度佛教界的泰山北斗，被尊稱為「正法藏」。當時的國王戒日王十分崇敬他，將十座城池的稅收送給他。玄奘入寺後，前去拜見戒賢，說明自己從中國來，想學習《瑜伽師地論》等論著，求得正法。本來一直泰然的戒賢突然哭泣起來，眾人均不明白究竟。戒賢向玄奘施了一禮，這才說：「多謝法師前來救我出疾苦。」玄奘不解其意，如墜雲霧之中。戒賢說：「三年前，我得了一場大病，身上如同刀刺一般，痛苦難耐。當時很想一死了之，以盡早前往西方極樂世界。但就在這個時候，有個金人托夢給我，說：『你的痛苦是前世的報應，你前生是位國王，殘害了許多生靈，該當懺悔自責。剛好有東土支那（中國）僧人要到此地學法，正在路途之中，三年後就到這裡。等他到達後，你將佛法傳授給他，他再去傳揚，你前世的罪孽便可由此解脫。我是文殊菩薩，特來相勸。』而現在，我的病全好了。」眾人聽了，這才恍然大悟。戒賢又問玄奘：「你在路上走了多久？」玄奘回答說三年多。玄奘求法的經歷果然與戒賢夢中相同，戒賢不由得悲喜交集。於是，玄奘正式拜戒賢為師。

由於金人托夢，加上感動於他艱苦西行的堅強毅力，玄奘一入那爛陀寺，就受到了很高的禮遇。當時，那爛陀寺設有十個「法通三藏」的稱號，是寺中的最高榮譽，只給那學問淵博的大德高僧。寺中有九人已獲得這種稱號，還剩一個名額，戒賢便給了玄奘。稱號不同，待遇也有差別。「法通三藏」享受最高級別的上賓待遇，每日供給瞻步羅果一百二十枚、檳榔二十顆。就連所供應的大米，也是只有國王和地位最高的大德才能享用的「供大人米」，香氣襲人，產量極少。日常生活則有四個僕人伺候，出入乘坐大象，有三十名隨從。

玄奘先到王舍城觀禮聖跡，再返回那爛陀寺，正式開始了學習生涯。戒賢法師因年事已高，有許多年不曾講學，這次破例為玄奘主講大乘佛教「瑜伽」學派主要經典《瑜伽論》等，從聽者達千餘人。至此，玄奘求學《瑜伽師地論》的目的已然完全達到。戒賢花了十五個月時間才講了一遍，又用了九個月向玄奘講授第二遍。除此之外，玄奘還聽了戒賢主講《順正理論》、《顯揚聖教論》以及因明、聲明、集量論、中論、百論等學問，早晚不輟，夜以繼日，鑽研諸部經論並學習梵文。

一晃五年過去了，玄奘學問精進，當時在那爛陀寺主、客僧眾一萬多人中，

除了戒賢法師一人通曉全部經論外，通曉二十
部佛經理論的有一千多人，通曉三十部的有
五百人，通曉五十部的包括玄奘在內也只有十
個人。

　　有一天，戒賢收到了羯若鞠闍國國王戒日
王的一封信。當時，戒日王正在討伐南印度，
路過烏荼國。烏荼國信奉小乘佛教，認為大乘
非佛所說，對戒日王尊崇大乘十分不滿。尤其
是戒日王曾花費鉅資，在那爛陀寺旁建造了一
座高過十丈的黃銅精舍，引起小乘佛教僧人的
嫉妒，對戒日王說：「聽說大王在那爛陀寺旁
建造了極為壯麗的黃銅精舍。怎麼不建在迦波釐外道寺旁，卻偏要建在那裡？」
戒日王說：「這是什麼意思？」小乘僧人說：「因為那爛陀寺是空花外道，與
迦波釐沒什麼不同。」然後拿出老婆羅門般若毱多（意為智護）用正量部（小乘
二十一部之一）觀點寫的《破大乘論》，說：「這就是我宗之論，大乘學者休想
辯駁一個字。」「破」字，顧名思義，就是擊破，其實就是小乘學說公開向大乘
學說提出挑戰。戒日王說：「我聽說狐狸行於鼷鼠中間，自吹比獅子雄猛，一旦
真的見到獅子，就嚇得魂飛魄散。各位法師還沒見過大乘的高僧，所以固守愚陋
的宗派。倘若一旦見到，恐怕會像狐狸見到獅子那樣了。」小乘僧人頗不服氣地
回話：「大王既然不信，何不召集兩派辯論，當面決定是非？」於是戒日王立即
寫信給那爛陀寺，要求住持戒賢派出四名精通大小乘學的僧人，到戒日王行軍之
處，與小乘教僧人辯論。經過仔細比較，戒賢選中了智光、海慧、師子光以及玄奘，
派四人前去應辯。

　　就在四人要出發的時候，有個順世派^註1的教徒寫了一篇〈四十條〉的帖子，
貼在那爛陀寺的寺門上，要求與那爛陀寺僧人辯論。此人有備而來，十分狂妄，
誇口說：「如果有人能把我駁倒，我願意用自己的項上人頭來謝罪。」那爛陀寺
僧人一看內容，論證縝密，很難找出破綻。因此一時無人敢站出來應辯。關鍵時
刻，玄奘站了出來，說：「我要與他辯論，請各位為我做旁證。」玄奘與順世派
教徒一番脣槍舌劍，那人辯解無力，理屈詞窮，最終敗下陣來。那爛陀寺歡聲鼎

註1：古印度婆羅門教之支派，主張隨順世俗，宣導唯物論之快樂主義。

沸，有人上前要求順世派教徒履行諾言，斬首謝罪。玄奘連忙阻止，順世派教徒心悅誠服，自此皈依佛門，留在了那爛陀寺中。

非常意外的是，這名自順世派改投佛教的僧人對小乘正量部的學說非常瞭解，聽說玄奘等人要去與烏荼國小乘教僧人辯論，立即詳細向玄奘講述其學說的主要理論。玄奘由此寫出梵文的《制惡見論》，送給戒賢過目。戒賢對《制惡見論》十分讚賞，認為它窮盡了天下勁敵的理論，能夠橫掃天下，無人能夠辯駁。

儘管由於戰事原因，戒日王最終寫信暫緩了玄奘等四人與烏荼國小乘學者的辯論，但此時戒賢意識到玄奘的學問已達爐火純青，那爛陀寺無法繼續滿足這條潛龍的求知欲，便對玄奘說：「你捨身求法，歷經多年才到今天這種地步，我不辭老朽，盡力向你傳授。佛法貴在流傳，你應該再去參學其他部派的學說。人的生命如同早晨的露珠，朝夕之間就會消失，你若現在不去，將會失掉學習之機緣。」遂要求玄奘到印度四方雲遊，考察交流，然後再盡快返回中國，弘揚正法。玄奘深以為然，貞觀十二年他離開了那爛陀寺，開始了五年的漫遊印度生涯。

玄奘的足跡遍及印度東、西、南、北、中五部，尋訪各種聖跡，博採眾家之說，真正做到了「讀萬卷書，行萬里路」。他先後到伊爛鉢伐多國（今印度北部蒙吉爾）、薩羅國、安達羅國、駄那羯磔迦國（今印度東海岸克里希納河口處）、達羅毗荼國（今印度馬德拉斯市以南地區）、狼揭羅國（今印度河西莫克蘭東部一帶）、鉢伐多國（約今喀什米爾的查漠），訪師參學。其中，在鉢伐多國停留時間最長，為期兩年，悉心研習正量部《根本阿毗達磨論》及《攝正法論》、《成實論》等。這之後，玄奘重返那爛陀寺，但時隔不久，又到低羅擇迦寺，向般若跋陀羅探討說一切有部三藏及因明、聲明等學，又到杖林山訪名僧勝軍，研習唯識抉擇、無住涅槃、十二因緣、莊嚴經等論，切磋質疑，兩年後仍返回那爛陀寺。

正是在杖林山時，有一晚玄奘作了一個怪夢，夢見寺院內外均被大火燒毀，化為灰燼。有一金人告訴他說：「戒日王將死，印度將會大亂。十年之後的世界，就會像現在燃燒的大火一樣。」玄奘一覺醒來，對勝軍講述了夢中一事，勝軍由此感嘆說：「三界無安，或當如是。既然菩薩以無常告知，或許是勸你早歸。」玄奘由此下定了東歸中土的決心。

五年後，貞觀二十一年戒日王死，帝國立即開始分裂，大臣阿羅那順自立為王。當時玄奘已經回到中國，唐太宗不知道戒日王已死，派太子右衛率長史王玄策為使者，前往與印度通好。

當時在絲綢之路上行走的無非有三種人：使節、僧侶、商人。路途險惡，奔

行於絲綢之路上需要極大的勇氣和耐力，三種人目的則各不相同：使節為了國家利益；僧侶為了弘揚佛法；商人則是為了賺取財富。玄奘是其中一種，王玄策也是其中一種。王玄策，河南洛陽人，與玄奘同鄉。如果說玄奘西行求法有力地促進中印文化交流的話，王玄策也毫不遜色，在唐帝國與印度諸國通好的歷史上占有重要的地位。他曾經到過印度三次。第一次是在貞觀十七年，當時玄奘尚在歸國途中。而戒日王早先曾聽玄奘提到唐朝種種狀況，十分仰慕中華風土文化，於貞觀十五年派遣使者入唐。唐太宗正有經營西域的意圖，對戒日王使者的到來十分重視，立即派雲騎尉梁懷璥為使者，跟隨戒日王使者赴印度撫慰，從此開始與戒日王通好。中、印兩國在歷史上首度建立了正式的友好關係，這是開啟外交關係的初次記載，而玄奘起了關鍵的紐帶作用。戒日王也極重視與唐朝的關係，立即又派使者跟隨梁懷璥赴唐，贈送鬱金香和菩提樹等物。於是貞觀十七年三月，唐太宗再派衛尉丞李義表為正使、融州黃水縣令王玄策為副使，率隨從二十二人，送戒日王使節回國。同年十二月，王玄策一行抵達印度，歷遊各地，並在那爛陀寺外的靈鷲山（《西遊記》中聖地靈山的原型）勒銘留念。此時，玄奘早已離開印度，但王玄策也承接了交流的使命。正是在這次出使後，王玄策等人將泥婆羅國（今尼泊爾）的波稜菜（菠菜）以及印度石蜜（蔗糖）的製造方法帶入中國。而後來中國的製糖技術又超過了印度，能夠熬製出潔白如雪、晶瑩剔透的白砂糖。於是，這種糖又被作為珍品帶回印度。在印地語中，「白砂糖」一詞叫「Cini」，意思就是中國。

貞觀二十一年，王玄策做為正使，率副使蔣師仁等三十餘人再次出使印度。不料此時戒日王已死，剛剛到達中印度，王玄策一行便受到自立為王的阿羅那順的進攻，王玄策及隨從三十多人全部被俘。但王玄策十分機靈，他趁夜色逃脫，日夜兼程趕往吐蕃西部邊境，以唐朝及姻國吐蕃的名義徵召泥婆羅國軍隊。王玄策第一次、第二次出使印度時，均是經過泥婆羅國，因此國王知道他是唐朝使者。

當時吐蕃強大，稱霸雪域高原，唐朝與泥婆羅國均與其聯姻，也就是將本國公主嫁給吐蕃贊普（國王）。泥婆羅國鴦輸伐摩（意為光冑）國王將自己愛女墀尊公主嫁給了吐蕃贊普松贊干布，以此換取和平。唐太宗也將宗室女文成公主許配給松贊干布。文成公主入藏後，大大促進了吐蕃的文化進程，備受臣民尊敬，因此吐蕃與唐朝正處在雙方關係史上最為友善的時期。

據說正是墀尊公主和文成公主入藏帶動了藏地佛教的發展。唐朝佛教盛行時，藏地無佛，而墀尊公主和文成公主均是虔誠的佛教徒，入藏時攜帶了大量的佛像、

文成公主像

松贊干布像

經典、法器、僧侶等，並決意建寺弘佛。文成公主讓山羊揹土填臥塘，協助墀尊公主建成了大昭寺。大殿正中供奉著的釋迦牟尼像，正是墀尊公主從泥婆羅國帶來的。後來，文成公主又修建了小昭寺，裡面供奉的釋迦牟尼像則是文成公主從長安帶來的。

據說後來松贊干布死後，吐蕃盛傳唐朝要派兵入藏，迎回文成公主所帶入藏的佛像。於是吐蕃將佛像從小昭寺移到大昭寺明鑑南門藏佛洞暗室中，用泥封門，門上繪一文殊像，因漢地為文殊化地，漢皇帝為文殊之化身，故唐兵不敢毀壞文殊像。一直到六十年後，唐中宗養女金成公主出嫁吐蕃，提到當年文成公主帶入藏地的佛像，吐蕃才將佛像從密室中迎出，供奉在大昭寺中央。墀尊公主帶來的佛像則被迎到小昭寺供養。

無論如何，自從兩位公主入藏後，佛教開始慢慢在西藏流傳。文成公主還對邏娑（今西藏拉薩）四周的山分別以妙蓮、寶傘、右施海螺、金剛、勝利幢、寶瓶、金魚等八寶命名，這些山名一直沿用到現在。

泥婆羅國是個小國，必須依附強國生存，因此派出了七千人的軍隊，聽從王玄策指揮，松贊干布聞訊也派出一千二百人的精銳部隊趕來支援。王玄策率領這支全部由外援組成的大軍重新殺回中印度，大破中印度軍，俘虜了阿羅那順及其家眷，終於報了之前的一箭之仇。在這次外交事件中，王玄策當機立斷，有勇有謀，表現出相當的將才。可惜在名將如雲、重臣如雨的貞觀年間，他的事蹟和聲名不見顯著，新、舊《唐書》均無傳記。

當王玄策萬里迢迢回到京師長安獻俘的時候，正是大慈恩寺落成之日，玄奘任上座。面對俯首階下的阿羅那順，回想昔日戒日王的優待，以及當年的金人之夢，玄奘如何能不感慨有加。

王玄策後來在唐高宗時期還出使過印度，專程去送佛袈裟。人們習稱的「方

丈」一詞，就是源自這次出使。他到達吠舍釐城（佛教第二次大結集之處）時，經過維摩詰  2 故宅，以笏量基，止有十笏，遂稱「方丈室」。王玄策回國時，印度菩提寺住持戒龍專門為他設大會，贈大真珠箱象牙佛塔、舍利寶塔、佛印等，以示餞別。

　　而那爛陀寺也在十二世紀毀於伊斯蘭教東征的兵燹，變成廢墟，從此湮沒無聞。直到西元 1861 年，英國考古學家康丁漢姆發現了一處佛教遺址，與玄奘所著的《大唐西域記》核對後，證明這就是那爛陀寺。只是，那爛陀寺昔日的輝煌已然成為了永久的歷史。

3. 飲譽曲女城

　　玄奘決定回國後，仍然返回那爛陀寺停留了一段時間。此時，玄奘的學問已達到極高的水準，戒賢對他也十分欽佩。戒賢聽說他要回國後，留戀不已，但還是支持了玄奘的決定。在這一段時間，戒賢指派玄奘主持講席，為全寺僧眾授課，講解《攝大乘論》和《唯識決擇論》。這兩論均屬於那爛陀寺以外的體系，由此也可見該寺學術氣氛活躍。

　　在《大唐大慈恩寺三藏法師傳》中，有一段玄奘的相貌描寫：「法師形長七尺餘，身赤白色，眉目疏朗，端嚴若神，美麗如畫。音詞清遠，言談雅亮，聽者無厭。」此時的玄奘，已經儼然是一派宗師的氣象。

　　當時印度各宗佛教正處於激烈爭論之中，戒賢的另一高徒師子光，學識不凡，曾經與玄奘一起被選中去與烏荼國小乘教辯論。他專門研究中觀法門中的主要經典《中觀論》、《百論》，對「瑜伽」學說則頗有非難之詞，這就是所謂的大乘中觀、唯識二宗之爭。為了調節中觀、唯識兩派學說的矛盾，消除誤會，玄奘以梵文寫

註 2：意譯「淨名」，釋迦牟尼時代以在家身分奉持梵行的菩薩道行者，堪稱佛陀時代第一居士，是象徵大乘佛教興起的關鍵人物。

出《會宗論》，呈送戒賢以及眾僧審閱，無不稱善，並為宣傳頒行。玄奘在印度也名聲大振。

唯獨師子光不服氣，忿然離開了那爛陀寺，去搬東印度高僧旃陀羅僧呵做救兵，慫恿旃陀羅僧呵到那爛陀寺與玄奘辯論。不料旃陀羅僧呵聽了玄奘講論的佛經後，心悅誠服，不敢站出來辯論，最後默默離去。師子光後來也有所醒悟，重返回了那爛陀寺，與玄奘和好如初。如此一來，玄奘的聲名益發遠播。

東印度的迦摩縷波國（今印度阿薩姆地區）國王鳩摩羅（即童子王）聽說玄奘大名後，派遣使者到那爛陀寺，殷勤邀請玄奘到該國講授大乘教義。迦摩縷波國信奉天神，敬重各種教義，只要聽說是有智慧的人，不管是邪是正，都一律供奉禮敬，因此國內異教徒有數萬人之多。佛法在印度廣為弘傳，唯獨在這裡不見昌盛。當時玄奘思歸心切，已開始打點行裝，準備回國，因此拒絕了使者的邀請。使者來回往返數次，玄奘均沒有同意。鳩摩羅久仰玄奘大名，已經到了不見不可的地步，便拿出國王的權威，以武力相威脅，說如果玄奘不答應，「必當整理象軍，雲萃於彼，踏那爛陀寺，使碎如塵」。在這樣的情況下，玄奘只好同意前往迦摩縷波國講學。

鳩摩羅一見到玄奘，就對他的氣度讚嘆不已，衷心表示了仰慕之情。二人一見如故，傾心交談。玄奘對鳩摩羅講經說法，鳩摩羅問玄奘諸佛有哪些功德，玄奘稱讚佛用法身、化身、報身這三種身來利益眾生，還撰寫了有三百首頌的《三身論》贈給鳩摩羅。迦摩縷波國的各種教派紛紛前來，與玄奘辯論。當時玄奘的因明學（邏輯學）學問，已經代表了印度的最高水準，辯才出眾，這些人無一不敗下陣去。鳩摩羅對玄奘更是頂禮膜拜，開始信仰佛教。

這裡特別要提到，前面提過的大唐使節王玄策初次出使印度時，發現這裡除了信佛，「外道」也很興盛，於是對國王鳩摩羅說：「佛教在我國未流行前，已有道家經典在民間廣泛傳布。道經如果能傳到這裡，必定也會被信奉。」鳩摩羅聽了十分仰慕，於是請求得到老子像與《老子》。王玄策回國後，就向唐太宗作了彙報。唐皇室自稱是老子後裔，三教之中尊道為首，唐太宗自然非常高興。當時玄奘已經回到長安，正在主持譯經，於是唐太宗要求玄奘將《老子》五千言翻譯成梵文，「以利西域人」。玄奘很是重視，「乃句句披析，窮其義類，得其旨理，方為譯之」，還特意邀請道士蔡晃、成英等三十餘人從旁協助。由於玄奘是佛教高僧，卻要翻譯道家經典，這事在當時一度引起了佛、道教徒的廣泛爭議。尤其在翻譯的過程中，涉及佛教與道教的一些問題，蔡晃等與玄奘產生了爭執，

如蔡晃等認為《老子》和大乘佛教是相通的,「道」應翻譯為「菩提」,而玄奘則認為「佛道兩教,其致天殊」,「道」沒有達到「菩提」的境界,應翻譯為「末伽」。不過,這件事具有重大的意義,是中國文學典籍第一次譯成外國文字,時為貞觀二十一年(西元 647 年)。

雄霸印度的羯若鞠闍國(首府曲女城)國王戒日王出征回來後,聽說玄奘在鳩摩羅處講學,立即派人去告訴鳩摩羅,趕快將玄奘送來曲女城。鳩摩羅王正和玄奘聊得高興,當然不肯放玄奘走,於是對戒日王使者說:「我的腦袋可以不要,但是大德(對玄奘的尊稱)不能馬上走。」戒日王聽到回話後大怒,態度極為強硬,並以武力相威脅。鳩摩羅王在大臣的勸說下,最終同意將玄奘送去曲女城。經過雙方協商,最後決定在曲女城召開佛學辯論大會,以玄奘為論主。

貞觀十六年,鳩摩羅命令象軍二萬、船三萬隻,送玄奘逆恆河而上,奔赴羯若鞠闍國,主持曲女城大會。

曲女城是戒日王建立的都城,也是當時北印度重要城市,建築壯麗,佛寺林立。根據玄奘《大唐西域記》記載,曲女城原名花宮城,古時的國王名叫梵授,有一百個女兒,個個美麗出眾,儀貌妍雅。當時有位仙人,據說入定數萬年,身上長出大樹,上面還飛來小鳥築巢。仙人脫離禪定後,想砍去大樹,但又生怕搗翻鳥窩,於是就此揹著大樹,人稱「大樹仙人」。大樹仙人傾慕梵授之女的眉毛,於是前去求婚。除了最小的女兒,其他公主都不願意嫁給大樹仙人。因小公主長相最醜,大樹仙人惱羞成怒,詛咒那九十九個公主腰曲形毀,畢世無婚。果然,國王的九十九個女兒都成了駝背,花宮城也因此被改名為曲女城。

戒日王親自率眾來迎接玄奘入城。其實,這並非他第一次與玄奘謀面,他之前曾經與玄奘交談,對玄奘不遠萬里、來到印度求法欽佩不已,說:「大德仰慕佛法,愛好學問,視生命如浮雲,能夠逾越重重險阻,來到這裡,一定是因為貴國崇尚學術所致。我們印度各國有歌頌支那(中國)的《秦王破陣樂》,我聽過後十分喜歡。莫非支那就是大德的鄉國麼?」《秦王破陣樂》就是前面第貳章提過的由唐太宗李世民創作的歌舞,音樂曲調深受西域龜茲影響。玄奘聽了也相當高興,說:「我正是來自支那,不過現在國號已經叫做大唐。《秦王破陣樂》就是歌頌我國國君的。」戒日王尤其歡喜,說:「原來大德就是支那人。我經常仰慕貴國風俗教化,只是由於山高路遠,沒有機會向貴國國君表達敬意。」玄奘說:「我國國君神聖仁慈,威服四方,不少異域國家入貢我朝。」戒日王更加好奇,決定派使者入唐,這就是前面所提到貞觀十五年戒日王使者入唐的起因。

秦王破陣樂（唐代）

來到曲女城參加大會的有印度五部十八個國家的國王，通曉大小乘的僧人三千餘人，婆羅門及「尼乾外道」二千餘人，那爛陀寺也去了千餘人，前來觀禮的人更是人山人海，望去雲興霧湧，場面十分熱鬧。

當時印度的大乘佛教和小乘佛教出現了激烈爭論，無法統一，戒日王胸懷大志，對佛教界的這種狀況深感困惑。玄奘之前寫有《制惡見論》和《會宗論》，成就斐然，受到了印度各界的尊敬和重視，各國國王都把統一大小乘的希望寄託在玄奘身上。在這般狀況下，注定即將召開的曲女城大會是一場最高級別的辯論大會，也是印度歷史上空前的學術盛會。

會議開始，戒日王、玄奘先入寶座，後依次是十八國國王，各國名僧及婆羅門等，其餘道俗僧尼在會場門外。玄奘以主持的身分宣講自己所撰的《會宗論》和《制惡見論》，闡發大乘精義。玄奘宣講後，由那爛陀寺僧人明堅宣讀全文，並抄寫一份懸於會場門口，徵求辯論，即由眾人提出駁難。玄奘表示：倘若其中有一個字沒有道理能被人駁倒，自願斬首謝罪。當時在場有資格參加辯論的有數千人，每個人都宣稱自己擅長雄辯，能夠克敵致勝。然而，玄奘的文章貼出來後，僅有少數人偶爾提出疑問，一經解釋又深表折服。此後再無人提出問題。

這樣，十八天過去了，無人能難倒玄奘。於是，戒日王出面宣布玄奘法師辯論獲勝。這時，僧人們都高興地說：「連支那國那樣遙遠國度的人都有如此智慧，全是佛法重新振興的結果。」

然而，由於玄奘的文章是為大乘佛教辯護，不少地方直指小乘佛教的軟肋，

一些婆羅門和小乘教徒惱羞成怒，打算暗中燒掉會場，謀害玄奘。戒日王聽說後，立即下了一道命令：「若有一人傷觸法師者斬其首；毀罵者截其舌；其欲申辭救義不拘此限。」事情才平息下來。

曲女城大會結束後，戒日王按印度傳統請玄奘坐在飾有錦幢的大象背上，由顯貴大臣陪同，遊街宣揚。他們掀著玄奘的袈裟，向周圍觀眾宣揚：「支那國法師立大乘義，破諸異見。自十八日來無敢論者，普宜知之！」當時萬眾歡呼，群情悅服。從此，玄奘聲名卓著，譽滿印度，並被大乘尊為「摩訶耶那提婆」（意為大乘天），被小乘尊為「木叉提婆」（意為解脫天）。

戒日王十分尊崇玄奘，一心想將他留在印度，表示願意專門為他造一百所寺廟。但玄奘表示西行求法的最終目的是為了歸國弘揚佛法，「不敢須臾而忘」。戒日王苦留不住，只好堅請玄奘參加五年一度、歷時七十五天的「無遮大會」。這場無遮大會是各個教派都可以參加的宗教大集會，參會人數多達五十萬。戒日王為了表示誠意，將五年積蓄的金銀財寶在這次無遮大會上全部施捨出去，連裝飾衣冠的瓔珞珠玉也沒有留下。有趣的是，在無遮大會結束後，他又下令貴族們出錢贖回了他的服飾飾物等。

無遮大會後，玄奘謝絕了印度各國的盛情邀請，立即著手準備回國。他沒有選擇更舒適的海路，而是再一次選擇了更艱險的西域，這自然是因為他曾與高昌國王麴文泰有約在先。然而，他還不知道，高昌國早已被唐軍從地圖上抹去，唯存一個叫西州的地方，成為了唐朝的邊地。唐太宗正親自下令，將被判定死罪的犯人遷徙到西州，以充衛戍。

玄奘回國之日，戒日王、鳩摩羅等國國王相送數十里，贈與青象及無數錢財。玄奘不想接受，但有人勸說道：「青象是佛法興旺的象徵。自佛陀涅槃以來，各國國王崇敬佛法，布施種種物品，但還從來沒有聽說過有布施青象的事。現在戒日王將國寶青象贈予法師，乃國王的一片至誠之心。」玄奘這才接受了青象。這種青象高約三丈，乘坐在上，如騰雲駕霧，十分安穩。但這種青象耗費也很高，因為形體高大，每天要吃掉許多草料和糧食，戒日王為此特意下令沿途各屬國要隨時供給玄奘所需。灑淚而別後，玄奘乘坐著大象，開始了漫長的東歸之路。

玄奘東歸後，印度佛教界十分懷念他。據說當時許多寺廟裡都畫有玄奘所穿的麻鞋，並以彩雲烘托，可見印度佛教界已將玄奘的麻鞋當作佛足印一樣敬重了。甚至直到今天，在印度知名度最高的中國人依然是玄奘。歷史和時間再一次驗證了文化的力量。

肆 大唐譽

送葬這天，長安僧尼和士庶送來了素蓋、幡幢、帳輿、金棺、銀槨、婆羅樹等，達五百餘座之多，分布在城內主要大街要道上。同時以繪采三千疋，結成輦、輿以載柩。方圓五百里之內，四面八方的人流，均匯向長安城東丈河旁的白鹿原，人數達百餘萬。而當時長安城內的總人口僅約百萬，幾乎是傾城而出，這是人們發自內心深處對法師的尊敬和哀悼。只見送葬的隊伍中，素蓋白幢，如白雲浮動，淒婉的哀樂響徹雲霄，令人神動。在玄奘白鹿原的下葬之處，方圓四十里之內，擠滿了僧、俗兩眾，水洩不通。當天晚上，自發在墓邊為法師守靈的人，多達三萬餘人。這種萬人空巷的送葬，在長安歷史上還從來沒有過。這是對玄奘偉大一生的最佳肯定。

1. 萬里東歸

　　儘管在印度贏得了極高聲譽，亦未改變玄奘學成歸國的初衷。貞觀十七年（西元 643 年）春，他帶著多年搜集的佛經、佛像，踏上了返國旅途。

　　當時除了漢武帝時代張騫「鑿空」所開創的中西交通貿易通道——陸上絲綢之路外，其實還有一條海上絲綢之路，也是開闢於漢武帝年間。陸上絲綢之路開闢後，中國絲綢遠銷至大秦（即羅馬帝國），但要經過亞洲西部古國安息（領有今伊朗高原和兩河流域）商人轉銷。由於安息商人從中賺取了巨額的利潤，引發羅馬人不滿，一直希望能找到海上通道至中國。漢武帝也致力開闢海上交通，積極與海上各國往來，先後闢出三條重要的海上航線，其中一條就是從南海通往印度洋的航

海上絲綢之路

線。這是中國歷史上第一條遠洋航線，也是世界上最早的海外貿易。東晉法顯西行取經時走的是陸上絲綢之路，歸國時走的便是海上絲綢之路。

但玄奘卻根本沒有選擇更加容易的海上絲綢之路，這是因為他念念不忘與義兄高昌國王麴文泰有三年之約，還是決定沿原路返回。

到達毗羅那拿國（今印度北方別爾沙爾）時，之前在那爛陀寺與玄奘交手的師子光和旃陀羅僧訶正在此地講學，三人重新相聚，相談甚歡。師子光還要求玄奘為此國的僧眾講解《攝大乘論》和《唯識決擇論》，玄奘因此在當地停留了兩個月。

之後要穿越一個大山澗，必須在裡頭行走二十多天，途中盜賊橫行，經常攔路搶劫、殺人越貨。玄奘聽說後，便派人先行，遇到盜賊就告訴對方：後面都是求法的僧人，所攜帶的物品無非是經書、佛像和舍利，並無其他貴重財物。如此，竟然一路平安無事。

印度河是玄奘回國的必經之路，河寬五、六里，船渡到中間的時候，突然風浪大起，偏偏裝有印度花果種子的船被風浪打沉，同時失落的還有五十多本經書。趕來印度河邊迎接的迦濕彌羅國王向玄奘問道：「法師是不是帶了印度花果的種子？」玄奘回答說：「是。」國王說：「風浪傾船，事因於此。自古以來，凡是帶花種過河的，船多覆沒。這是河神不願印度的奇花異卉傳到別處。」玄奘這才想起來，當初他去印度過河時，曾聽船家提過此事。

這段故事後來被演化成《西遊記》中唐僧師徒的最後一個劫難。當唐僧師徒們到西天取得真經後，乘祥雲騰雲駕霧回返大唐。觀音菩薩掐指一算，唐僧的九九八十一難還差一難，於是興起一陣狂風，將唐僧一行颳落雲頭，落在他們曾經經過的通天河邊，河的對面即為豬八戒招親的高老莊。一行人被大龜駄載過河時，連人帶經被掀落河中。幸運的是，所有的經書都被重新撈上岸，除了豬八戒不小心弄破了一頁經書之外，並沒有其他的損失。

但是在真實的取經經歷當中，玄奘沒有那麼幸運。為了重新抄寫丟失的五十多本經書，玄奘在迦濕彌羅國住了五十多天，重新派人到烏仗那國（今巴基斯坦西北邊境省杜西里山西北）去抄寫經書。當時在印度，紙尚不普及，書主要書寫在貝葉上，玄奘所攜帶的許多經文都是書寫在這種貝葉上。

到達西突厥肆葉護可汗統治的活國時，玄奘從一隊西域商人口中得知高昌國滅亡，他的義兄麴文泰也已經作古，不禁十分悲痛。最終決定改變路線，走最快的近路回國。當初在高昌剃度的四個小沙彌，此時還剩下兩名，因母國已失，也

決定跟隨師父入唐。

於是，從這裡開始，玄奘改走蔥嶺南端。蔥嶺即神祕的帕米爾高原，據酈道元《水經注》引《西河舊事》記載：蔥嶺「其山高大，上生蔥，故曰蔥嶺也」。玄奘也是歷史上第一個對蔥嶺作詳細記述的人。越過蔥嶺後，順

貝葉經

利到達西域國家疏勒（《大唐西域記》中稱佉沙國，今新疆喀什一帶）。這裡是昔日東漢班超微震西域的地方。

當時，匈奴人扶立的龜茲（今新疆庫車）國王倚仗匈奴的勢力在北道肆行無忌，派兵攻破疏勒國，殺死國王，另立龜茲人兜題為疏勒王，疏勒國實際掌握在龜茲人手中。班超當時正帶三十餘人出使于闐，聽說消息後，立即帶著手下人從小道向疏勒國進發。行至兜題居住的架橐城九十里的地方，班超派手下吏員田慮前去招降兜題。班超說：「兜題本非疏勒種，國人必不用命。若不即降，便可執之。」（《後漢書・班超列傳》）田慮隻身一人來見兜題。兜題見田慮勢單力孤，根本沒有把他放在眼裡。田慮趁其不備，突然上前去劫持了他。兜題手下人驚懼奔走。田慮立即帶著兜題乘馬疾馳，向班超覆命。班超一行來到架橐城，把疏勒文武官員全部集中起來，向他們陳說龜茲種種不合理的行徑，宣布另立被龜茲殺掉的疏勒國王的侄子忠為國王。疏勒人大喜。新王忠要殺死兜題，但班超從大局出發，為了宣示漢王朝的威德信義，說服大家，釋放了兜題。疏勒平定。班超也因此威震西域。從王莽執政時期起，西域各國跟漢朝不相往來已有六十五年，經過班超的努力，才重新恢復張騫通西域時的局面。後來匈奴大舉反擊，東漢設置的西域都護府被攻陷，東漢無力應付西域的局面，下令班超回國。班超離開西域之時，疏勒擔心匈奴捲土重來，因此苦留班超。都尉黎弇說：「漢使棄我，我必復為龜茲所滅耳。誠不忍見漢使去。」（《後漢書・班超列傳》）說完竟然拔刀自刎而死。班超最後被感動，毅然決定留在西域。從此，他孤身一人，開始了艱苦卓絕的立功異域之路。他採取「以夷制夷」的策略，最終重新打通了西域通往中原的道路。「以夷制夷」這一實踐中總結出來的策略，為後繼統治者用兵邊疆提供了寶貴的借鑑之處，在中國戰爭史占有重要地位。

之後經沮渠（《大唐西域記》中稱斫句迦國），到達于闐（又稱和闐，《大

唐西域記》中稱瞿薩旦那國，玄奘認為「瞿薩旦那」是雅稱，「和闐」和「于闐」則是俗稱，在今新疆和闐一帶）。

在西域所有綠洲國家中，于闐國的人種最為特別。根據《北史·西域傳》中記載：「自高昌以西諸國人等，深目高鼻，唯此一國，貌不甚胡，頗類華夏。」意思是說，于闐人不像西域胡人，在西域各國中最像中原漢人。其實，于闐人身材低矮，鼻子扁平，毛髮烏黑，瞳孔又黑又亮，倒像是漢族和藏族的特徵，因此有人認為于闐人有可能是漢藏民族結合的後裔。據敦煌出土的古藏文《于闐教法史》記載：于闐人由東土帝子和印度王子分別率領的兩部分人組成。如果東土帝子率領的是內地漢族，那麼印度王子率領的就是藏族人。如此推斷，在張騫出使西域之前，漢族就已經進入了于闐。只是令人遺憾的是，由於種種原因，歷史在這一段時被一隻看不見的手扭斷了。

于闐佛法昌盛，是中國真正的佛教發祥地，昔日西行求法者如魏朝的朱士行、東晉的法顯、北魏的宋雲等人，均到過此處，朱士行更是埋骨於此。宋雲著有《宋雲行記》，記載了不少于闐國的風俗：如于闐國王頭戴像雞形的金冠，頭後垂二尺長的生絹；婦女「褲衫束帶，乘馬馳走，與丈夫無異」；人死後實行火葬，親屬「剪髮劈面為哀戚」。但在中國的史書上，于闐卻是以產玉出名。明人宋應星在其名著《天工開物》記載說：「凡玉，貴重者皆出于闐。」于闐雖然是產玉盛地，但真正消費玉的卻是漢地的中原政權，漢字中「玉」的字形便是佩戴於王者腰間的點狀飾物，散發出無與倫比的權力氣味。而在中國文化史上，玉有著崇高的地位。玉不但被認為可以通靈，用於祭祀天地鬼神，而且成為權力、地位的象徵，甚至漢地時興以玉斂屍，以求祥瑞。儒聖孔子說：「溫潤而澤，仁也；縝密以栗，知也；廉而不劌，義也；垂之如墜，禮也；叩之，其聲清越以長，其終則詘然樂矣；瑕不掩瑜，瑜不掩瑕，忠也；孚尹旁達，信也；氣如白虹，天也；精神見於山川，地也；圭璋特達，德也；天下莫不貴者，道也。詩云：言念君子，溫其如玉。故君子貴之也。」孔子比附的玉德竟然有十一項之多：仁、義、禮、知、信、樂、忠、天、地、德、道，所以才有「古之君子必佩玉」的傳統，才有「謙謙君子，溫潤如玉」的形容。

在中國古籍中，有大量關於和闐玉的記載。據《穆天子傳》記載，西元前947年，周穆王姬滿（西周第五代君主）命御者造父駕著八匹駿馬拉著的車，率領六師萬里迢迢來到西域，與西王母國君會見。到了崑崙山一帶，採得美玉萬只，滿載而歸。于闐剛好位於崑崙山下，很可能就是傳說中周穆王採得美玉之處。這則

故事被認為是中原與西域最早交通的記錄。

于闐境內有兩條大河，均以玉命名，即以出產白玉而著稱的玉龍喀什河（白玉河），和以出產青玉聞名的喀拉喀什河（墨玉河）。這兩條億萬年的古河流皆發源於崑崙山主脈的北坡，在崑崙山北部的深山峽谷中奔流一段距離後，又向北切過崑崙山最北部的一道山脊進入塔里木盆地，在盆地中，兩條河並行向北流過約一百六十公里後匯集成和闐河。每到夏天雨季，河水暴漲，無數泥沙裹著玉石從崑崙山上飛奔而下。到了秋季，採玉人就開始下河採玉。他們手拉著手，排成一路橫隊，在河水中慢慢行走，一邊走，一邊用腳在河床上摸索，

用腳來分辨出所踩踏的是玉還是石。因此，和闐採玉又叫「踏玉」。傳說有一位于闐國王，擔心採玉人私藏玉石，就讓侍女站在河邊，採玉人每彎腰一次，侍女就擊鼓一次。國王記錄下擊鼓次數，等採玉人上岸後，便按擊鼓次數讓採玉人繳納玉石。玉採到後，還要鑑別真假。當時鑑別真假玉石的辦法就是用火燒，採玉人在山洞中燃起大火，把河中撈出的玉石投入火中。據說在火中燒上三天三夜而色澤不變的就是上好的玉。唐朝大詩人白居易有詩寫道：「試玉要燒三日滿，辨材須待七年期。」

玄奘在《大唐西域記》中還記載了一則關於玉龍喀什河神奇的故事：據說有一天，玉龍喀什河突然枯竭斷流。于闐國王不知所措，親自去向羅漢僧請教。羅漢僧說這是因為河神龍女的丈夫死了，於是于闐國王在朝中選一貴臣，許配給龍女為夫。大臣請求在河邊修廟一座，隨後跳入河中後，果然水流如舊。又有白馬揹負一面大鼓和一封書信浮出河面。信是龍女寫的，大概意思是說：「多謝國王為我選夫。請將大鼓懸掛在城東南，如果有敵寇來犯，鼓會事先震動。」因為這面鼓來自龍宮，被人稱作「龍鼓」。玄奘到達于闐時，河邊的廟還在，但龍鼓已經失傳，只剩下一面仿造的鼓掛在城牆之處。

《大唐西域記》中還有關於于闐國引進桑種和蠶種的故事，極為傳奇。中國自古以絲綢（Seres）聞名於世，古希臘人把絲叫作 ser，即從「絲」字讀音而來，把中國稱為 seres，意為產絲之地。自漢代張騫通西域後，中國開始經營絲綢之路。

絲綢之路實際上是一條橫貫亞洲的陸路交通幹線，因為在這條路上，絲綢的貿易占了很大比重，因此把它稱為「絲綢之路」。當時西方都把中國的絲綢看作「光輝奪目，人巧幾竭」的珍品。羅馬著名的凱撒大帝曾經穿過一件中國絲袍到劇場看戲，引起全場轟動，絲被看作是絕代豪華。當時西方最富有的貴族也只能買得起一小條絲帶，縫在他們寬袍上最顯眼的地方，一是裝飾，二是炫耀。由於中國絲綢的大量輸入，曾引起羅馬金銀的大量外流，一度引起執政者的恐慌。西元 14 年，羅馬議會專門制定法律，禁止男人穿戴絲綢，想以此來遏止進口中國的絲綢，但卻未能如願。不過，貿易很快朝雙向轉化，中國開始大量購買西方的玻璃和石棉，緩解了西方的經濟危機。

吐魯番出土的胡人絹畫

西域人一開始也像遠在地中海的羅馬人那樣，對蠶的來源產生過各種各樣的誤解，甚至有人認為絲綢是長在樹上的一種奇物。當他們得知，要得到貴如黃金的絲綢，只需栽桑、養蠶即可，便也像羅馬人那樣迫切地想把蠶種與養蠶技術弄到手了。中原皇帝一向有個不成文的規定，那就是誰洩露了養蠶的祕密，誰就得被判極刑，於是歷朝「嚴設關防」絕對嚴禁蠶種外傳。西域人深知這一點，於是想方設法偷運，但都沒有成功。中國的蠶種和養蠶方法到底是什麼時候由中原傳到西域，史籍中無明確記載，只有玄奘所著的《大唐西域記》對此有說明，從而成為珍貴的史料。據說于闐國王很希望自己國內能栽桑養蠶，曾向一個被稱為「東國」的國家去要桑種和蠶種，遭到拒絕。東國國王為了防止蠶種偷運出境，還命令關卡對出境的人嚴密檢查。于闐國王求不到桑種和蠶種，只好另想辦法，他要求與東國通婚；東國國王為了結好鄰邦，答應把公主嫁給他。于闐國王便囑咐派去東國迎娶的一位婦人說：到東國後，密告公主，于闐國沒有蠶桑，請公主設法帶些桑種和蠶種來。公主聽未婚夫的話，果然在離開東國之前，偷偷地把桑種和蠶種藏在帽子裡。出境的時候，通過關卡，只有公主的帽子沒有被檢查，於是蠶種和桑種就被帶出了東國。公主進入于闐國境後，先在麻射地方停下來，等候國王擇吉日迎接進宮。公主就把蠶種和桑種留在麻射。從此于闐國才開始養蠶，後來于闐在麻射修建廟宇，奉祀蠶神。玄奘到達麻射寺時，據說廟中的幾株古桑樹就是

東國公主帶去的種子所栽。

上面所提到的「東國」究竟指哪個國家，《大唐西域記》中沒有說明，這是因為玄奘是一個佛教徒，而並非一位歷史學家，他只是如實記錄了沿途的所見所聞，並沒有詳細去考據。但我們在這裡可以稍微做一下推斷。養蠶方法傳入印度大概在西元五世紀，那麼于闐養蠶也應該開始於西元五世紀。歷史上，于闐與北魏（西元 386 年至 534 年，中國南北朝時期北朝第一個王朝）一向交好，北魏文成帝太安三年（西元 457 年），于闐公主嫁給北魏文成帝為夫人，號仙姬。北魏獻文帝末年，柔然攻襲于闐，于闐向北魏求援，北魏出兵援救。因此與于闐最有可能通婚的是北魏，「東國」應該就是指北魏政權，在養蠶術西傳時間上也完全符合。

有意思的是，在近代的一次考古發現中，證實了玄奘所記載的這個故事。英國探險家斯坦因在中國新疆境內進行考古盜掘時，在和丹丹烏里克遺址中發現了一塊「傳絲公主」畫板（現藏於大英博物館）。在這塊畫板上有一位頭戴王冠的公主，旁邊有一侍女手指公主的帽子，似乎在暗示帽中藏著蠶種的祕密。由於這位中國公主對當地人民有功，人們為了紀念她，就把她畫在了木板上作永久紀念。

一直到六世紀中葉，蠶種和養蠶的方法才傳入西方。六世紀中葉，有兩名印度僧人芮思陀和孟克，曾在賽林達居住多年，懂得養蠶方法。他們來到君士坦丁堡，告訴羅馬皇帝哲斯丁說：「如果把蠶卵帶到羅馬來孵化飼養，羅馬就可以產絲。」哲斯丁聽了十分高興，要他們把蠶種和桑種帶到羅馬來，還答應將來成功以後，給他們重賞。西元 550 年左右，這二個僧人果真把蠶種和桑種帶到君士坦丁堡，羅馬帝國從此開始栽桑養蠶。七世紀時養蠶事業又從波斯介紹到阿拉伯和埃及，八世紀時阿拉伯人又把養蠶方法介紹到西班牙，十二世紀時又傳到義大利，十五世紀時再由義大利傳到法國。

與北道的龜茲一樣，于闐是絲路南道有名的音樂之國，舉國上下，人人能歌善舞。玄奘記錄說：「國尚音樂，人好歌舞。」後世偉人毛澤東也有詩說：「一唱雄雞天下白，萬方樂奏有于闐。」

傳絲公主像

玄奘到達于闐後，受到了舉國上下的歡迎。玄奘考慮當初是潛逃出國，現在東歸，攜帶經書佛像眾多，需要唐太宗批准，於是寫了一封上表，請西域人馬玄智隨絲綢之路商隊帶去長安，而他本人留在于闐，等候回音。七、八個月後，唐使者從長安趕來，手持唐太宗敕令：「聞法師訪道殊域今得歸還。歡喜無量。可即速來。與朕相見。其國僧解梵語及經義者。亦任將來。朕已敕于闐等道使諸國送師。人力鞍乘應不少乏。今敦煌官司於流沙迎接，鄯善於沮沫迎接。」不但對玄奘歸國表示了熱烈的歡迎，還下令沿途均要提供必要協助。玄奘喜出望外，當即辭別于闐王，起程回國。于闐王安排了大量馬匹、役夫，負責為玄奘運送經書、佛像。

　　離開于闐王城西城後，東行三百餘里，到達一個被當地人稱為古戰場的地方。但見大荒澤中數十頃地，寸草不生，土色黑中帶赤，十分詭異。據耆者講，從前東國曾出動百萬大軍西伐，當時的于闐王也率領幾十萬兵馬抵抗。兩軍相遇在這個地方，一場激戰後于闐兵敗，國王被俘虜，將士全部被屠殺，血流成河染紅了土地。東國一般是西域人對中原政權的稱呼，歷史上確實有東國殺于闐王之事。漢桓帝元嘉元年（西元 151 年），漢朝任命的西域長史趙評病死在于闐，由王敬繼任，拘彌王成國與于闐有仇，謊稱趙評是被于闐王建害死的。王敬信以為真，趕到于闐，殺死了于闐王建。但這段史實應與古戰場無關，最有可能的倒是北魏太平真君六年（西元 445 年）的那場戰事。當時吐谷渾（在于闐以東）被北魏太武帝擊敗，吐谷渾王慕利延率眾西逃，攻入于闐國，一舉殺死國王、百姓數萬人，于闐血流成河，元氣大傷。吐谷渾退走後，于闐雖重新復國，但國勢自此而衰。

　　古戰場東行三十多里，到達媲摩城（今新疆策勒北）。這裡有尊檀木佛像，高二丈餘，法相端嚴，甚多靈應。當地人若是患病，便按照自己的疼痛部位，用金箔貼在佛像上，病即痊癒。

　　從媲摩城東入圖倫磧註1，為草木不生的沙磧地帶。行二百餘里，至尼壤城。尼壤城即尼雅古城遺址，在今新疆民豐北一百公里處的沙漠之中。但玄奘到達時，那裡還不是沙漠，而是一大片沼澤地，尼壤城即位於大沼澤之中。大沼澤悶熱潮濕，難以履涉，其中長著茂密的野生蘆草，根本就無路可走。要通過沼澤地，唯一的一條路就是通向尼壤城的路，因此所有來往之人必須經過此城。這裡也是于闐國東部邊境的關口，出了尼壤城，就表示離開了于闐國境。

註1：又稱突倫川，即塔里木盆地邊緣礫石帶，由古代暴洪沖積扇群組成。

向東進入大流沙，即塔克拉瑪干沙漠。這裡的沙漠主要是由流動沙丘組成，黃沙遍地，隨風瀰漫，行人走過之後沒有任何足跡，因此不得不將人畜遺骸堆在一起作為標誌。每當人們經過此處時，經常能聽到唱歌、長嘯或是哀號、哭泣的聲音，聞聲四顧，卻又是空無一人，不知道聲音來自何處。此地無水草，氣候炎熱，熱風捲揚，多熱毒魑魅之病，常常有人在此處喪生。

又行四百餘里，到達睹貨邏國（又稱吐火羅，漢代時稱大夏）故地，這裡荒廢已久，空無人煙。

又行六百餘里，到達且末國（《大唐西域記》中稱折摩馱那國，今新疆且末一帶）故地，城郭巋然，人煙斷絕。

又向東北行千餘里，到達鄯善（《大唐西域記》中稱納縛波故國，今新疆若羌）故地。鄯善即歷史上十分有名的樓蘭。

樓蘭國的遠古歷史，至今尚不十分清楚。樓蘭名稱最早見於《史記·匈奴列傳》，據史書記載，大約在西元前三世紀時（相當於秦朝初年），樓蘭就已建立了國家，緊挨著羅布泊蒲昌海西岸，以經營粗放的農業和畜牧業為主。羅布泊意為「多水匯集之湖」，一望無際，「廣袤三百里，其水亭居，冬夏不增減」。羅布泊水量如此豐盈，甚至讓不少人認為它就是中原黃河的上源，從先秦到清代，這種觀點一直廣為流傳。如今的羅布泊已成為一片乾涸鹽澤，成為亞洲大陸上的「魔鬼三角區」，不少探險者或是埋骨於此，或是神祕失蹤，至今下落不明，著名者如科學家彭加木、探險家余純順。面對荒蕪和蒼涼，誰還能想像得到羅布泊當年煙波浩渺的風光。

漢代以前，樓蘭受當時占據河西的強國大月氏的統治。大約在西元前 177 年至前 176 年間，匈奴冒頓單于向大月氏發動了一場大規模的進攻，打敗了大月氏，迫使其餘眾越過天山，向伊犁河流域遷徙。大月氏反而由此開闢了一片新天地，後來創造了聞名於世的貴霜王朝。原大月氏統治地區為匈奴所占領，匈奴由此確立了在西域的統治地位。據《史記·匈奴列傳》載，漢文帝前元六年（西元前 174 年），匈奴冒頓單于致書漢文帝說：「以天之福……定樓蘭、烏孫、呼揭及其旁二十六國，皆以為匈奴。」樓蘭在擺脫了大月氏統治後，又為匈奴統治。匈奴在西域置僮僕都尉，樓蘭和西域諸國被迫向其交納賦稅，但匈奴「雖能得其馬畜、旃

彭加木（右）

閾，而不能統率與之進退」。

漢朝時的樓蘭國，有時成為匈奴耳目，有時歸附於漢朝，夾於漢和匈奴兩大勢力之間，巧妙地維持著其政治生命。由於樓蘭地處漢與西域諸國交通要衝，漢朝不能越過這一地區打匈奴，匈奴不假借樓蘭的力量也不能威脅漢王朝，漢朝和匈奴對樓蘭都盡力實行懷柔政策。

漢武帝初年，漢朝為了解除北方勁敵匈奴的威脅，派張騫出使西域，藉以聯絡大月氏、大宛、烏孫等西域諸國，共擊匈奴。張騫的出使，雖未達到預期目的，卻加深了漢朝和西域諸國的相互瞭解。此後，漢朝開始經營絲綢之路。絲綢之路被人比喻為「橫繫在歐西大陸上的金腰帶」。在漢代張騫「鑿空西域」以前，這條黃金大道實際上即以民間的方式存在。當初張騫出使大月氏時，曾經發現了當地有不少邛山竹杖和四川細布，經印度運來，便是明證。絲綢之路合法化後，貿易如雨後春筍般蓬勃發展，為中國創造了巨大的財富，位於絲綢之路的西域國家均因此而受益。當年在這條交通線上是「使者相望於道」，交通繁忙，城市經濟繁榮。樓蘭因為獨特的地理位置，成為絲綢之路南北兩線的分岔點，因而成為最大受益者。漢王朝經營絲綢之路、控制西域時，樓蘭的水利、屯田得到大規模開發，樓蘭人一度過著十分安逸的生活。東方的絲綢製品、陶器、漆器、鐵器，中亞的棉布、毛布製品以及銅鏡甚至海貝，波斯、希臘、羅馬的藝術品都在樓蘭出現。這裡長年商旅如織，薈萃著來自世界各地的商人，說著各式各樣的語言，使用著各式各樣的貨幣。單是東西方的貨幣都可以在樓蘭流通這一點，已足以證明樓蘭在絲綢之路上不可替代的位置。除了財富外，樓蘭還以它廣博的胸懷和同時接納了東西方文化的洗禮，成為世界上獨一無二的東西方文化的交界點，造就了舉世無雙的樓蘭文明。然而，樓蘭的利益也引起了匈奴的窺覦。漢、匈奴在西域的爭奪，多次圍繞著樓蘭而展開。

漢昭帝元鳳四年（西元前77年），因樓蘭和龜茲殺漢朝派去的使者，漢朝使者傅介子受詔前去譴責樓蘭。傅介子與部下帶著金幣來到樓蘭，樓蘭王安歸對傅介子一行相當冷淡，並沒有接見。傅介子便假裝要離開樓蘭，前去其他西域國家。到了樓蘭西部邊界，派翻譯去向樓蘭王安歸傳話：「漢使者持黃金錦繡行賜諸國，王不來受，我去之西國矣。」並拿出金幣給翻譯看。翻譯回去向樓蘭王報告。樓蘭王貪圖漢朝財物，便趕來會見使者。傅介子與樓蘭王同坐飲酒，把財物拿出來讓他看。酒喝得差不多了，傅介子故意對樓蘭王說：「我們漢朝皇帝派我來，有祕密要告訴國王。」樓蘭王相信了，站起來跟隨傅介子進入帳中密談。事先埋伏

的兩名壯士從背後用劍刺樓蘭王，劍刃穿出胸前。樓蘭王當場死去。國王的侍從都嚇得逃散。傅介子向樓蘭宣告：「王負漢罪，天子遣我來誅王，當更立前太子質在漢者。漢兵方至，毋敢動，動，滅國矣！」樓蘭上下懼怕漢朝的軍威，沒有引發動亂。

忠於匈奴的樓蘭王安歸被殺後，漢朝立在一直漢朝當質子的樓蘭前國王之弟尉屠耆為王，並仿昔日王昭君下嫁匈奴單于，賜漢宮女給尉屠耆為夫人，更其國名為鄯善。但西域人（包括鄯善人自己）在相當長時間內仍使用「樓蘭」的名稱，「鄯善」只是中原政權對其國家的稱呼。尉屠耆因久居長安，深感自身在鄯善國內勢單力薄，生怕為前王之子勢力謀害，特意上書請求漢朝派將士在鄯善的伊循城（今若羌縣米蘭，著名扞米蘭古城遺址所在地）屯田，作為其後盾，並將國都由羅布泊南遷至扞泥城（今新疆若羌附近）。

魏晉時期，西域地區已分屬六大政權：「于闐」吞併了戎盧、扞彌、渠勒、皮山以及曾為漢軍屯駐中心的輪臺、烏壘，「鄯善」吞併了且末、小宛、精絕，成為絲路南道的兩個大國；「焉耆」吞併了尉犁、危須、山國，「龜茲」吞併了姑墨、溫宿、尉頭，「疏勒」吞併了莎車、竭石、渠沙、捐毒、休循，成為絲路中道三大國；原來遷入天山北麓的車師後國等山北六國被「車師」前部吞併，以「車師」為名，成為西域北部的大國。根據《冊府元龜》記載，太康四年（西元 283 年），鄯善王派兒子元英到中原做人質，西晉還因此封鄯善王為歸義侯。

儘管鄯善尚在，原來的樓蘭國都故地卻逐漸湮沒在黃沙之中。而在這之前，大部分絲綢貿易已經轉向海路。後世在樓蘭古城發掘的漢文紀年文書最晚為東晉咸和五年（西元 330 年，木簡上為「建興十八年」，為前涼政權年號），內容包括朝廷詔令、行政長官西域長史及軍事長官都督的衙署公文、公私信函等。這一年，鄯善王為安歸迦，而中原正值東晉十六國時期，南方東晉成帝在位，北方石勒稱帝建「後趙」。可見直到此時，鄯善王依舊在樓蘭城設有官署。但樓蘭城到底何時湮沒於沙海，到底為什麼消亡，至今仍是難解的謎團。東晉隆安三年（西元 399 年），法顯到印度求法時，路過樓蘭國都故地，記錄此地已經是「上無飛鳥、下無走獸，遍望極目，欲求度處則莫知所擬，唯以死人枯骨為標識耳」。可見譜寫了幾百年輝煌的樓蘭文明早在西元四世紀時消失了，如一陣風一般，消失在浩瀚的黃沙中，沒有留下任何痕跡，如同瑪雅文明的消失一樣，留下了諸多難解之謎。從此，樓蘭只是存在於邊塞詩人的意象之中：「黃沙百戰穿金甲，不破樓蘭終不還」。直到現在，「樓蘭」這兩個字代表的僅僅只是古老與神祕。

而鄯善其時國勢也處於江河日下，據法顯在其《佛國記》中記載：「其地（鄯善）崎嶇薄瘠。俗人衣服粗與漢地同。但以氈褐為異。」法顯形跡飄過鄯善後二十年，鄯善國便發生了戰亂。根據《魏書・西域傳》記載，北魏太延五年（西元 439 年），北魏攻打北涼，北涼主沮渠牧犍投降，北涼就此滅亡，同時也宣告了西晉末年以來的十六國時期結束。但沮渠牧犍之弟沮渠無諱和沮渠安周卻向西逃走。北魏太武帝太平真君三年（西元 442 年），沮渠無諱兄弟攻克鄯善、高昌，據地自立。鄯善國王比龍率眾西奔且末國（時為鄯善國屬國）避亂，比龍世子率四千民眾投降了沮渠安周，隨其遷居高昌。到高昌後，這部分鄯善人被安置在庫姆塔格沙漠北緣的綠洲地帶，鄯善人將這片綠洲命名為「蒲昌」，以示對故土羅布泊蒲昌海的紀念。

樓蘭遺址

這樣，鄯善國的政治中心便由於戰爭被迫移到了且末國一帶。三年後，北魏因為鄯善封閉北魏與西域交通，派將軍萬度歸率輕騎五千自敦煌攻襲鄯善。鄯善國王時為真達，不戰而降。之後，真達本人被遷往內地，直到死去，再也沒有回到西域。北魏太武帝太平真君九年，北魏任命交趾公韓拔為鄯善王，鎮鄯善之地，賦役與內地相同。實際上，鄯善至此已經正式變成了北魏的郡縣。這一事件，標誌著鄯善徹底亡國。這是古代史籍中最後一次與樓蘭國有關的記載，從此，無論是樓蘭國，還是鄯善國，都永久地走進了歷史塵埃。

西元五世紀末，南齊使者江景玄受命出訪西域，當他到達鄯善時，發現這個曾經富庶的綠洲王國已被丁零人占據，鄯善人民散盡，城池為之一空。丁零人是指祖居貝加爾湖附近的敕勒人南遷入中原的一群人。著名的《敕勒歌》：「敕勒川，陰山下。天似穹廬，籠蓋四野。天蒼蒼，野茫茫。風吹草低見牛羊。」就是北齊時敕勒人的鮮卑語牧歌，後被翻譯成漢語。可見此時鄯善人便已融入西域鄰國，羅布族早不復存在。後來中國史籍中偶然有鄯善人移居內地的記載，但這時的鄯善人已非實質意義上的鄯善國人，而是移居西域其他國家的鄯善人後裔。

北魏末期，胡太后派使者宋雲去印度求取真經，當時鄯善被吐谷渾占據，王城中住著吐谷渾的寧西將軍。《宋雲行記》中記載說：「從土谷渾三千五百里至

鄯善城，其城自立王為土谷渾所吞，今城內主是土谷渾第二息寧西將軍，總部落三千以禦西胡。」時間為北魏神龜元年（西元 518 年）。玄奘到來的時候，這個地方已經是一片荒蕪，「國久空曠，城皆荒蕪」，「城廓巍然，人煙斷絕」。

1901 年，二十世紀帷幕初揭之際，瑞典探險家斯文・赫定在沙漠中發現了消失近兩千年的樓蘭古城，即羅布泊西岸的樓蘭國遺址，一時間，舉世震驚。斯文・赫定在樓蘭城內十三個點進行了發掘，獲取大批漢魏和羅馬古錢幣、具有中亞希臘化風格的建築木雕、大量魏晉木簡以及精美絕倫的中原絲織品等物。這些在黃沙下埋葬了近兩千年的物品，保存完好，完美地再現了樓蘭曾為東西方文化薈萃之國的輝煌。自從斯文・赫定發現樓蘭古城後，中外探險者紛遝而至。在之後一個世紀的歲月中，中外科學家、史學家就羅布泊游移之說、古樓蘭文明消失、衛星拍攝的羅布泊大耳朵之謎、羅布人種族之說、神祕的小河墓地等話題進行了廣泛的爭論。直到今天，羅布泊依舊籠罩著神祕的面紗。

斯文・赫定發現的是樓蘭更名為鄯善及遷都前的都城遺址，而與樓蘭相關的還有大名鼎鼎的米蘭古城。十九世紀時，英國人斯坦因曾在此地進行發掘，盜走了塑像、壁畫等大批文物。米蘭古城即為昔日鄯善國的伊循城，這個地方在玄奘到來不久後便被吐蕃占領，將原來的古堡改建成為一座軍事堡壘。之後，吐蕃與唐軍在西域和河西展開了長期的爭奪戰。

瑞典探險家——斯文・赫定像

經過樓蘭故地後，下一站就是陽關。陽關在敦煌的南面，因位於玉門關之南（古人以山南水北為陽）而稱陽關，距離玉門關約七十公里。兩關之間以長城相連，每隔十數里即有烽燧墩臺，頗為雄壯。陽關與玉門關分別扼守絲綢之路的南道和北道。出玉門關，經伊吾、鄯善、龜茲、疏勒北行，即是絲路的天山北道；出陽關，經鄯善、于闐，沿塔克拉瑪干大沙漠南行，越蔥嶺西行，即是絲路的天山南路。自漢代以來，陽關便是西

斯坦因像

部的邊防要塞和交通門戶，也是來往使節和商旅的重要停歇站。這裡的每一磚、每一瓦，都有著血淚斑斑的故事，或是以身許國的英雄氣慨，或是憂國思鄉的悲涼情懷。數百年來，有多少將士曾在這裡戍守征戰，有多少商賈、僧侶、使臣、遊客曾在這裡驗證過關，又有多少文人騷客面對陽關，感慨萬千，寫下了不朽的詩篇。而陽關背後，伯主雄圖，美人韻事，世異時移，都俱成陳跡，寫盡了蒼涼感喟。

　　貞觀十八年秋，玄奘終於進入陽關，再一次踏上唐朝的領土。他西行取經之時，還是個朝氣蓬勃的青年人，如今歸來，已經是四十有餘的中年人。如梭的歲月中，他一日也不曾忘記東方的祖國。只是，當他再一次踏上故土的時候，聽到的並非大唐的晨鐘暮鼓，而是征戰的號角長鳴。

2. 英雄到老皆歸佛

　　貞觀七年（西元 633 年），玄奘到達「西天」那爛陀寺的這一年，長安發生了一場大規模的佛道之爭。這實際上是唐高祖時佛教與道教之爭的延續。儘管唐高祖已明確表示三教中儒教排第一、道教排第二、佛教排第三，但佛、道二教為爭取唐太宗的支持，又開始了新一輪的較量。

　　最早挑起紛爭的是太子中舍辛諝，他是道教徒，設問難二條問紀國寺上座（住持）慧淨，其實就是公然向佛教挑戰。慧淨俗姓房，是當時有名的高僧，唐太宗重臣房玄齡與其結為法友。面對辛諝的挑戰，慧淨專門寫了一篇〈析疑論〉，並將此論送給當時另外一位名僧法琳閱覽。

　　法琳年少即出家為僧，早年隱居在青溪山鬼谷洞（今湖北遠安），鑽研佛經，學業大進。但到三十歲時，他對道教又產生了濃厚的興趣，於是著黃巾道服，與道家名士交往。一年後，還歸佛教，住濟法寺。唐高祖時，太史令傅奕上書，奏廢佛法事十一條。佛教立即應戰，總持寺僧人普應著《破邪論》二卷，居士李師政（曾任扶溝令）著《內德論》和《正邪論》，均是駁斥傅奕之說。但這二人回擊的理論均是廣引佛教經論，法琳認為佛教經論本是傅奕攻擊的目標，即使引用，也不能使其心服口服，於是自著《破邪論》。這篇文章約八千多字，主要是引據孔子和老子推敬佛教等古代傳說，用儒教和道教的學說來駁斥傅奕的觀點。此論出後，著名書法家虞世南專門為《破邪論》寫了一篇序文，風行一時。

　　正是在這篇文章中，法琳據《周書異記》說：「周昭王二十四年（西元前

1029 年）四月初八日，發生水泛、地動、天空出現五色恆星等異象，太史蘇由說有聖人生於西方，故現此瑞。」而以此為佛誕年代。後來有不少人據此認為這是佛教最初傳入漢土的時間。這顯然是佛教為了與道教對抗，互競教興的先後，於是有意將佛教東傳的年代推遠，但引據並不可靠。

為了取得最高統治集團的支持，法琳還於武德五年（西元 622 年）正月上書給當時的皇太子李建成，翌年五月又上書給當時還是秦王的李世民，備論傅奕之妄。

當時還有清虛觀道士李仲卿著〈十異九迷論〉，劉進喜著〈顯正論〉，均是貶斥佛教。法琳則著〈辯正論〉回擊，東宮學士陳子良為之作序。此時，法琳已經意識到道教的決勝因素在於唐朝皇室自稱為道教始祖李耳（即老子）後人，只有否定李耳「皇宗」的地位，才能取得與道教平等的競爭位置，有可能在與道教的較量中取勝。為此，法琳在這篇文章中有不少涉及李氏皇室溯源之處，指出李唐皇室真正的宗源譜系，並非李耳後人。

在中國傳統政治制度中，皇權高高在上，被著意突出，宗教力量根本無法與其抗衡。這是因為中國文化有崇拜世俗權力的傳統，由此演變為崇拜帝王，甚至神話帝王。許多帝王的出生都記載有異象，實際上就是刻意神話的結果。唐朝建立之初，面臨許多問題，極需神權的扶持以抬高皇室，打擊舊貴族勢力。而道教是道道地地的本土宗教，原已具有了地利上的優勢，加上道教始祖李耳姓李，無異能給唐皇室增添無上的榮耀和神聖。法琳不懂得唐皇室尊崇道教李耳自有其複雜的社會和政治目的，他這樣掀皇帝家族的老底，無異於與李氏皇室做對，其實是相當危險之舉。正是這篇〈顯正論〉，後來成為法琳遭難的根源。唐高祖開始尚顧忌唐朝新立，而佛教已成勢力，不敢輕易首肯傅奕的提議，但最終還是在武德九年（西元 626 年）下令抑制佛教。這就是唐初佛道第一次爭執，最終因皇帝介入以佛教的敗陣而告終。

對佛教而言，幸運的是，就在唐高祖下令抑制佛教後不久，李世民發動玄武門之變登上了皇位，是為唐太宗。唐太宗即位後，立即廢止了其父限制佛教發展的詔令，但這不過是他鞏固權力的手段，終其一生，除了臨死前那一段短暫的時間，他其實對佛教沒有任何興趣。

唐太宗即位之初，便召見積極反佛的傅奕，問道：「佛之為教，玄妙可師，卿可獨不悟其理？」（《資治通鑑・卷一百九十二》）意思是說，佛作為宗教，道理玄妙可以師法，為什麼只有你不明悟其道理。傅奕回答說：「佛乃胡中桀黠，誑耀

彼土。中國邪僻之人，取莊、老玄談，飾以妖幻之語，用欺愚俗，無益於民，有害於國，臣非不悟，鄙不學也。」認為佛教不利於百姓，更有害於國家。傅奕生平惡佛。他生病的時候，有一名西域僧人來到長安，自稱擅長咒術，能咒人立死。傅奕十分鄙視，請求唐太宗命此僧人咒自己，結果他沒死，那名西域僧人反倒死了。又有一婆羅門僧人帶著「佛齒」來到唐朝，稱沒有任何東西能夠砸碎佛齒，傅奕立即命他的兒子用羚羊角將「佛齒」擊碎。他是唐初最堅定的反佛代表，稱佛教是「妖胡亂華，舉世皆惑」。唐太宗本人對佛教持完全消極的態度，也很認可傅奕一再強調的佛教消耗國庫之觀點，尤其他意識到不少人用出家作為逃避賦稅的手段，已經成為多年來的積弊，因此在即位後不久就採取手段懲治非法出家逃避賦稅的人，下詔不許私度僧尼，犯者處死。唐太宗還認為僧尼不拜親生父母違反世俗，下令僧尼、道士必須致拜父母，由此開中國皇帝之先河。

不過，在政權尚未穩固的情況下，唐太宗也對佛教表示了有限的友好，於貞觀初期兩次下詔普度僧尼，邀請僧人玄琬為皇太子李成乾及其他皇子授「菩薩戒」，並專門為玄琬造了普光寺。又修建戰地諸寺，專門為戰死疆場的將士做法事，以超度亡靈。又為太武皇帝祈求冥福，在終南山建龍田寺，命法琳為住持。

這種表面的平衡很快就被打破了。先是傅奕再次上書貶低佛教，「請令僧吹螺，不合擊鐘」，後是辛諝出面的挑戰。佛教徒再次予以回擊，佛、道二教之爭再次燃起。紀國寺僧人慧淨予以回擊後，龍田寺僧人法琳又寫了一篇〈齊物論〉，駁斥了辛諝之說。

就在玄奘到達心目中的聖地那爛陀寺的時候，東方唐王朝佛、道雙方正你來我往，爭論日益激烈，引起了朝野之間廣泛的關注。在這樣的狀況下，唐太宗無法再繼續保持沉默，他明確表示：「朕今所好者，惟在堯舜之道、周孔之教，以為如鳥有翼，如魚依水，失之必死，不可暫無耳。」（《貞觀政要·卷六·慎所好》）實際上就是強調儒學，間接表明了「興道抑佛」的政策。他也明確表示要對道教給予優先考慮，而他的侍妾武則天後來奪取了李姓大卜，便刻意地反其道而行之，針鋒相對地採取了「興佛抑道」的政策，大力扶持佛教。

貞觀十一年正月，唐太宗正式下詔，宣稱：「朕之本系，起自柱下。鼎祚克昌，既憑上德之慶；天下大定，亦賴無為之功。」（《唐大詔令集》）公然表示對道教的支持。他其實也不信道教，曾經對身邊的侍臣說：「神仙事本虛無，空有其名。」只不過出於政治的需要，不得不大作表面文章。因為唐朝皇帝竭力尊崇道教始祖李耳是皇帝的祖宗，道士、女冠的位次自然就排在僧尼之前了。但佛教徒卻無意

識到佛、道二教在宗教上的高下之爭已變成了政治問題，成為體現唐朝皇室尊卑等差的因素，還很不服氣，推選法琳上表抗爭，唐太宗當然沒有理睬。僧人智實等人仍不服氣，接連上表攻擊道教，指責道教「常以鬼道化於浮俗」，「實是左道之苗」，宣稱若道士「位在僧尼之上，誠恐真偽同流，有損國化」。唐太宗由此下令，凡不服者予以杖擊。智實仍表示不服，結果受到朝堂杖責，不久即病卒。

事情還沒有就此結束。貞觀十三年，唐太宗所寵信的道士秦世英將法琳當年所寫的〈顯正論〉翻了出來，指出這篇文章明目張膽地攻擊道教始祖李耳，有意訕謗皇帝的祖宗，有罔上之罪。唐太宗得知後大怒，立即下詔沙汰僧尼，並逮捕法琳加以推問。當年十月二十七日，由刑部尚書劉德威、禮部侍郎令狐德芬、侍御史韋悰、司空毛明素等重臣一起推問法琳，法琳猶自堅持己見，不肯屈服。十一月十五日，唐太宗親自審問，法琳更是當面頂撞，指出李唐皇室並非老子後人。唐太宗勃然大怒，於是判法琳死刑。十一月二十日，因法琳曾在文中提到「唸觀音者，臨刃不傷」，唐太宗再次下詔，令法琳在獄中唸觀音七天，到期後再行刑。其實頗有嘲諷的意味。七天後，唐太宗詢問法琳唸觀音唸得感想如何，法琳學了乖，回答得十分機智：「七日以來，未唸觀音，惟唸陛下。」唐太宗聽了很是喜悅，於是赦免法琳死刑，改為流放益州（今四川）。法琳本人已是近七十歲高齡，經歷這場牢獄之災後，身體狀況急轉直下，最終於流放途中患病去世，途中還作〈悼屈原篇〉，以敘己志。

至此，唐初第二次大規模的佛、道之爭依舊以佛教落敗而告終。

隨著時間的流逝，唐朝的經濟、文化蒸蒸日上，唐太宗對佛教的態度開始有所轉變，這應該是他總結之前統治經驗、重新評估佛道政策結果。貞觀十五年五月，唐太宗親臨弘福寺，為太穆皇后（唐太宗生母竇氏）追福，手制願文，自稱菩薩戒弟子，齋供財施，「以丹誠歸依三寶」。他還特意為之前自己崇道抑佛的政策辯護，說：「師等宜悉朕懷。彼道士者，止是師習先宗，故位在前。今李家據國，李老在前；若釋家治化，則釋門居上。」（《集古今佛道論衡》）貴為皇帝，卻要如此鄭重地向弘福寺寺僧解釋自己的宗教政策，可見唐太宗此時對佛教的態度已然發生了重大變化。

這一年，剛好是文成公主入藏的一年，佛教開始在藏地流傳。而天竺戒日王因聽玄奘大講東土繁華，也在這一年屢次派使者入唐。

兩年後，有人彈劾道士秦世英驕淫枉法，唐太宗一向寵信秦世英，卻下令殺了他。這實際上是一個強有力的信號，表示唐太宗的宗教政策由之前崇道抑佛轉

變為佛、道並重。儘管如此，這依然不代表唐太宗就轉變成為佛教徒，於他而言，一切都要服從皇權和統治的利益。

唐太宗之前，最負盛名的皇帝是秦始皇和漢武帝，均是雄才大略、開疆拓土的一代天驕。但這二人晚年生活均趨於神祕，尤其迷信方士，追求長生不老。在某一種程度上來說，方術可視為當時的宗教，迷信方士，也是迷信宗教的表現。秦皇、漢武只是典型的代表人物，在歷史上，偉大人物時常有這類趨勢，這應該就是所謂的「英雄到老皆歸佛」。當然，這裡的「佛」，並非狹義的佛教，而是廣義的宗教。前面一再提過，唐太宗並不信佛，他推崇道教，也只是為了抬高李家的門第，然而，到了晚年，他卻有轉向佛教信仰的傾向，這實在令人費解。其實，這其中有不少的外因。

唐太宗是歷史上有名的英主，也是歷史上唯一一個打天下和治理天下取得雙重成功的帝王，他的雄才大略、文治武功，時人和後世無不稱道有加。然而，家家有本難唸的經，再英武的帝王，也有自己的難處，唐太宗在位期間，久久陷於廢立太子的煩惱。

唐太宗皇后長孫無垢生有三子：長子李承乾，八歲時被立為太子；四子李泰，封魏王；九子李治，封晉王，即後來的唐高宗。太子李承乾長大後，放蕩不羈，經常做些荒唐無恥的事，逐漸失去唐太宗的寵愛。東宮侍從官于志寧、張玄素等經常規諫，但李承乾不但毫不悔改，還派遣親信紇干承基去刺殺于志寧。幸好紇干承基一時良心發現，不忍下手，于志寧才逃過一難。而四子魏王李泰多才多藝，深得唐太宗喜愛，兩人一比照，高低立分。當時風傳唐太宗有廢立之心，為了消除謠言，貞觀十六年九月，唐太宗任命最信任的魏徵為太子太師，輔佐李承乾，以示天下無廢立之心。

然而，魏徵卻在次年正月病危，唐太宗親自率太子李承乾到魏徵家中問候，當面安慰魏徵，許諾要將衡山公主（後改封新城公主）嫁給魏徵子魏叔玉。衡山公主為唐太宗與長孫皇后幼女，為嫡公主，地位尊貴。魏徵病故後，唐太宗十分難過，對身邊的侍臣說：「人以銅為鏡，可以正衣冠；以古為鏡，可以見興替；以人為鏡，可以知得失。魏徵沒，朕亡一鏡矣！」他下令九品以上官員都赴喪，贈給羽葆鼓吹，陪葬昭陵。魏徵的妻子裴氏因魏徵平素儉樸，不接受羽葆鼓吹，只用布車運著靈柩下葬。唐太宗自制碑文，並親自書寫在石頭上，立於魏徵墓前。

魏徵死後得到了為人臣子所享有的最高榮耀，然而這一切表面的榮光很快因為太子謀反一案而煙消雲散了。魏徵死後，太子李承乾見弟弟魏王李泰愈發受寵，

難以自安，恐慌之下，便勾結漢王李元昌（唐太宗庶弟）、侯君集（滅高昌國之人）、趙節（母為唐高祖女長廣公主）、杜荷（杜如晦之子，娶唐太宗女城陽公主，城陽公主後改嫁薛瓘，生子薛紹，娶武則天愛女太平公主）等人，預謀發動宮廷政變，奪取皇位。剛好此時齊州（今山東濟南）都督齊王李祐（唐太宗第七子）起兵作亂，唐太宗派兵部尚書李勣討伐，李祐被俘虜，被帶到京師後賜死於內侍省。李祐造反一事牽連出太子李承乾的親信紇干承基，紇干承基為了求生，主動揭發了太子一夥的陰謀，這次計畫中的政變因而胎死腹中。太子李承乾被廢為庶人，關在右領軍府，李元昌、侯君集等參與者均被處死。太子左庶子張玄素等東宮官因輔佐太子不力都被免為庶人。紇干承基則因告密有功被任為佑川府折衝都尉，賜爵平棘縣公。

雖然李祐和李承乾政變均未能成功，但參與政變之人要麼是親生兒子，要麼是皇親國戚，要麼是朝廷重臣，對唐太宗精神上打擊甚大。一向胸襟廣闊的他，也開始變得多疑起來。魏徵死前曾向唐太宗極力推薦杜正倫和侯君集，說二人均有宰相之材。杜正倫當時任中書侍郎兼左庶子，唐太宗對其寄予厚望，祕密囑咐他說：「如果太子（指李承乾）不可教誨，當立即稟告。」於是杜正倫屢屢規勸李承乾，李承乾不聽，杜正倫便將唐太宗的原話告訴了李承乾。唐太宗知道後大怒，貶杜正倫為谷州（今河南新安）刺史，後再貶為交州（今越南河內）都督。而侯君集更是直接參與了李承乾的謀反計畫。這兩件事合在一起，唐太宗開始懷疑魏徵生前結黨營私。剛好這時有人告發魏徵自錄前後諫詞以示起居郎褚遂良，即魏徵每次上奏章，都留有副本。唐太宗盛怒之下，下令推倒親自為魏徵書寫的墓碑。而魏徵之子魏叔玉本來該娶衡山公主，成為天子嬌婿，也因此而告吹。

只是這位衡山公主後來的婚姻也不幸福。她先是嫁給了輩分比她高出一輩的長孫詮（長孫皇后堂弟），唐高宗即位、武則天當上皇后後，大力打擊長孫一族，長孫詮被貶巂州（今四川），剛到當地，就被奉有密旨的地方官杖死。衡山公主又改嫁韋正矩，韋正矩因尚公主升為奉冕大夫。然而，娶到公主這樣的妻子，生活並不是件容易的事，一家老小都要對公主行禮，韋正矩逐漸厭煩，加上未能如想像中那樣因成為皇親國戚而青雲直上，開始對衡山公主暴虐無禮。不久，衡山公主暴死，死因極為可疑，種種跡象顯示為韋正矩暴力所殺。親妹妹竟然被一個小臣虐待致死，唐高宗脾氣再弱，也無法視而不見，當即雷霆震怒，下旨將韋正矩斬首示眾，流放韋氏家族。連當初為衡山公主作媒的東陽公主（唐太宗與長孫皇后第二女，下嫁高士廉子高履行）也受到牽連，全家被貶到集州（今四川南江）。

李承乾遭廢後，魏王李泰開始謀求太子位，唐太宗也有此意。但李泰為人張揚，不知收斂，引起長孫無忌、褚遂良等重臣的不滿。這些重臣提醒唐太宗說，若要立李泰為太子，就必須先殺掉第九子李治，否則日後必然會引發奪位之爭。而朝臣均主張立李治為太子，唐太宗本人認為李治「懦，恐不能守社稷」，心中一直猶豫不決，煩惱不堪下，竟然有一次抽刀欲自刺。由此可見立太子一事令他灰心沮喪到了何等程度。幸好被長孫無忌等人抱住，奪下了佩刀。最終，唐太宗還是立李治為太子，以長孫無忌為太子太師，房玄齡為太傅，蕭瑀（曾推薦玄奘為莊嚴寺住持）為太保，李世為太子詹事，蕭瑀、李世並同中書門下三品自此始。又以李大亮（為涼州都督時曾阻止玄奘出關）領太子右衛率，于志寧、馬周為太子左庶子，褚遂良為太子賓客，並且定立太子見三師的禮儀。又將廢太子李承乾和魏王李泰徙往外州，以消除隱患。

立李治為太子後，唐太宗仍是躊躇。他對長孫無忌說：「我擔心太子不能守住江山，而吳王李恪英勇果斷，我打算立吳王為太子。」吳王李恪為唐太宗第三子，楊妃（隋朝公主，隋煬帝之女）所生，英俊不凡，文武全才，一直被唐太宗認為「類己」，青眼有加。長孫無忌認為不可頻繁更換太子，堅持反對態度。唐太宗知道長孫無忌的真實心意，他立即反對乃因為李恪非長孫皇后所生。然而，唐太宗到了晚年，當時健在的開國功臣已經不多。長孫無忌兼有開國功臣和皇親國戚的雙重身分，威權日隆，早有左右朝政之勢。像唐太宗這樣雄才大略的皇帝，都無法擺脫當時局勢和環境的控制，在立太子這般大事上，雖沒被後宮所干擾，卻不得不遵從重臣的意見。所謂「形勢比人強」就是這個道理，這也是相當值得深思的歷史現象。

太子李治性格柔弱，唐太宗一直不能放心，隨時隨地都要教誨他。李治吃飯時，唐太宗說：「你知道耕種的艱難，你就常常有飯吃。」李治騎馬時，唐太宗說：「你知道馬的勞逸，不用盡牠的氣力，你就常常能騎牠。」李治乘船時則說：「水能載舟，亦能覆舟，民猶水，君猶舟，不可不慎。」由此可見，他對這個兒子始終沒有太多底氣。

除了因為家事煩惱外，唐太宗晚年還有兩大困擾，即西突厥和高句麗。漢朝帝國最強盛之時，一度控制過東起朝鮮北部、西至塔里木盆地西邊、南到越南北部的大片領土，此後的歷代王朝都夢想能恢復昔日漢帝國的疆域。隋朝統一中國後，隋煬帝頻繁發動對高句麗的戰爭，並著手為經營西域做準備，其實就是出於恢復泱泱大帝國的雄心壯志。唐太宗即位後，有心完成隋煬帝未能完成的開疆拓

土之業，這就是他一心臣服周圍國家的根本動力。東突厥在唐太宗即位後不久即被征服，由此更加助長了他的氣勢，但在後來對西突厥和高句麗的戰爭中，遠不如之前對付東突厥那般順利。西突厥到後面提到《大唐西域記》和唐朝經營西域以及佛教在西域的衰落時再講。這裡先講高句麗，對高句麗之戰是唐太宗一生中為數極少的幾場敗仗之一，可以說是最慘重的一次。

高句麗儀仗圖

當時朝鮮半島上有三個獨立國家，北部為高句麗，南部偏東為新羅，南部偏西為百濟，均與唐朝通好。但三國之間世代結怨，相互攻伐，戰事連綿。武德九年（西元 626 年），唐太宗剛剛登上皇位，立即派國子監助教朱子奢前去朝野半島，勸三國講和，三國因此罷兵，而且均上表謝罪。

昔日隋煬帝曾經三征高句麗失敗，高句麗將隋軍陣亡將士的屍骨築成了一座京觀。京觀又稱「武軍」，是中國古代軍隊作戰的一項慣例，戰勝的一方將戰敗一方陣亡者的屍體堆積在大路兩側，覆土夯實，形成一個個高塚，用以誇耀武功。貞觀五年（西元 631 年），唐太宗派長孫師為使臣，到高句麗毀掉京觀，收隋朝陣亡將士屍骨，埋葬並加以祭奠。這實際上是一個有力的信號，表示遠在長安的唐帝國並未忘記高句麗這塊領土。高句麗王高建武對此十分恐懼，知道唐太宗早晚要討伐高句麗，於是發動舉國之力，修建了一條長達千餘里的長城，東北自扶餘城、西南至大海，總共花了十餘年時間，這就是高句麗長城的來歷。

唐太宗得知高句麗修建長城後，遂起了討伐之心，只是他為人深謀遠慮，未立即發作，而是靜靜地等待時機。當時他關注的重點仍放在北部和西部，等到貞觀十四年唐朝滅掉高昌國之後，高句麗問題就被提上了日程了。唐太宗立即派職方郎中陳大德出使高句麗，暗中打探城邑情況。陳大德回來後告訴唐太宗說：「高句麗聽說高昌國被唐攻滅，非常害怕。」唐太宗說：「高句麗本來就是漢武帝所置的四郡，是我國領土。如果水陸並進，攻取高句麗不難。」可見此時，攻伐高句麗的計畫已經在他胸中醞釀。

到了貞觀十六年，高句麗發生了內訌。當時高句麗權臣泉蓋蘇文（姓泉，名蓋蘇文）殘暴不法，恣意妄為，高句麗王高建武與其他大臣商議，決定殺死泉蓋

蘇文。泉蓋蘇文知道後，將所部兵馬集結起來，佯稱要校閱，並設置酒宴，召集各大臣前來觀看，趁機殺死大臣一百多人，並且入宮將高句麗王高建武殺死，立高建武弟之子高藏為王，由他自己做莫離支 2，專霸國政。高句麗政變後，營州（今遼寧朝陽）都督張儉向唐太宗報告了泉蓋蘇文發動政變的經過。朝中有人請求討伐高句麗，唐太宗認為出兵高句麗，山東（太行山以東）州縣必將成為供應唐軍的基地，而此時「山東凋敝」（意為經濟衰敗），時機尚不成熟，因而沒有同意。不久後，唐太宗正式冊封藏為上柱國、遼東郡王、高句麗王，等同認可了泉蓋蘇文的政變。

不久，朝野半島三國再起風雲。百濟與高句麗聯合，奪取新羅的四十多座城，還刻意阻絕新羅通唐的道路，新羅派人向唐朝求援。唐太宗派司農丞相里玄獎帶信到高句麗，讓高句麗停止進攻新羅，不然唐朝將出兵討伐。貞觀十八年正月，相里玄獎到達平壤，將信交給高句麗，掌權的泉蓋蘇文不肯從命。唐太宗得到回報後大怒，決意討伐高句麗。褚遂良等重臣極力諫止，認為征高句麗不可行。然而，唐太宗有心討伐高句麗已久，他說：「遼東舊中國之有，自魏涉周，置之度外。隋氏出師者四，喪律而還，殺中國良善不可勝數。今彼弒其主，恃險驕盈，朕長夜思之而輟寢。將為中國復子弟之仇，為高麗討君之賊。今九瀛大定，唯此一隅，用將士之餘力，平蕩妖寇耳。……及朕未老，欲自取之，亦不遺後人也。」（《冊府元龜・帝王部・親征二》）加上沙場征戰出身，自馬上打得天下，對戎馬生涯有著非同一般的感情，當年他未能親自參與對東突厥的戰鬥，已是深以為憾，如今，他即將到知天命的年歲，無論如何不會錯過他人生中可能的最後一戰，因此當然聽不進去褚遂良等人意見，開始緊鑼密鼓地調兵遣將，預備親征高句麗。高句麗恐慌之下，曾派使者入貢，唐太宗一意孤行，沒有接受，將使者拘留。

就在唐太宗備戰高句麗之時，玄奘到達了于闐，上表請求歸國。之前唐朝曾與印度戒日王屢次通好，唐太宗早從使者口中得知玄奘揚名五印之事，尤其是玄奘上表中提到：「見不見跡，聞未聞經，窮宇宙之靈奇，盡陰陽之化育。」引發了他強烈的好奇心。他也敏感地意識到了玄奘傳奇的見聞對他念念不忘的經營西域的價值，立即下敕迎接。

貞觀十九年正月，玄奘到達長安，立即趕往洛陽，去拜見正忙於調遣兵馬的唐太宗。此時，唐太宗即將率大軍出發，得知玄奘到來，依舊在百忙之中召見，二人一番長談。唐太宗對玄奘提出的譯經要求反應冷淡，但一談到西域立即十分

2：官名，類似唐朝的吏部尚書兼兵部尚書，掌握國家軍政大權。

熱心，要求玄奘撰寫一本《西域記》。這次會面後，唐太宗即率大軍由洛陽北上定州（今河北定縣），太子李治留在定州鎮守，唐太宗率軍繼續北上，唐對高句麗之戰就此拉開序幕。

四月，唐朝大將張亮率領海軍從東萊（今山東掖縣）渡海而東，襲擊高句麗占據的卑沙城（今遼寧海城）。程名振帶兵趁機行軍至城下，王文度率先攻上城牆。

五月，唐軍攻克卑沙城，俘獲男女八千多人。此時，唐朝另一名將李勣率領大軍進至遼東城下（今遼寧遼陽），高句麗派四萬兵馬援救遼東。唐將李道宗（唐太宗堂弟，封江夏王）、馬文舉奮勇衝殺，殲敵千餘名。唐太宗帶數百名騎兵趕到遼東，慰問獎賞將士，親自指揮唐軍攻城。皇帝親臨前線，唐軍士氣大振，一舉攻克遼東城，俘獲男女四萬人，殲敵一萬多名。唐太宗即以遼東城為遼州。

六月，李勣攻白岩城，右衛大將軍李思摩中箭受傷，唐太宗親自為他吸去膿血，將士深受感動。烏骨城派出一萬多人聲援高句麗白岩城守將，唐朝大將契何力率八百名騎兵迎戰，腰部被敵將高突勃擊傷。唐將薛萬備不顧兄長薛萬鈞、薛萬徹昔日與契何力有隙，單槍匹馬突入敵陣，救出了契何力。契何力情緒更加激動，包紮上傷口又去拚殺，所向披靡，跟從的騎兵們奮勇出擊，於是大敗高句麗兵。高突勃後來被俘虜，唐太宗將他交給契何力處置，契何力認為兩軍交戰、各為其主，將高突勃放走。最終，在唐軍的壓力下，白岩城守將孫代音被迫獻城投降。唐太宗以白岩城為岩州，以孫代音為刺史。

契何力的祖父和父親都是契部（鐵勒十五部之一）可汗。契何力即位為可汗後，與母親內附唐朝，被安置在甘州和涼州一帶，時間在玄奘出關之後，涼州都督依舊為李大亮。當時東突厥已被剷平，吐谷渾的威脅卻日益嚴重。吐谷渾伏允可汗開始尚且畏懼唐朝軍威，派遣使節向唐進貢。使節還沒有返回，吐谷渾便出兵大肆掠奪鄯州（今青海樂都），之後多次進犯唐邊。唐太宗大怒，下詔大舉征討吐谷渾。契何力僅率精騎一千多匹，突襲吐谷渾伏允可汗的牙帳，斬殺吐谷渾幾千人，伏允可汗逃向于闐時被部下殺死。當時參與戰鬥的還有李大亮、薛萬鈞、薛萬徹等人。唐太宗派人前來犒賞時，薛萬鈞、薛萬徹想獨攬大功，因此極力誹

謗契何力。契何力氣憤難當，甚至準備拔刀動武。後來唐太宗瞭解實情後，預備剝奪薛氏兄弟的官職而授予契何力，契何力反而大度為薛氏兄弟求情，說：「因為我而解除薛氏的官職，會使人說陛下是重夷輕漢，這樣一來，誣告的事情會越來越多；有人不知真相，會認為漢族將領都是懦弱且喜誣陷之人，這對國家不利。」唐太宗非常感動，調他在京師任職，還將宗室女臨洮縣主 註3 嫁給他為妻。後來，契何力回涼州看望母親，剛好趕上一場叛亂，被挾持到薛延陀真珠可汗處。真珠可汗要契何力投降，他說：「豈有大唐烈士受辱番庭？天地日月，願知我心！」當即拔刀割掉左耳，以示無叛唐之心。唐太宗聽說後，當即流下了眼淚，立即命兵部侍郎崔敦禮持節到薛延陀告訴真珠可汗，願意以新興公主下嫁真珠可汗，以換回契何力。契何力由此重回唐朝，備受重用。真珠可汗隨即派姪子突利設來唐下聘，獻馬五千匹，牛、橐駝一萬頭、羊十萬口。契何力極言不應與真珠可汗聯姻。於是唐太宗讓真珠可汗親迎公主，在靈州相會，真珠可汗到期不來。唐太宗趁機拒絕了真珠可汗的通婚。

同月，唐軍進圍安市城（今遼寧海城南之營城子）。高句麗派高延壽、高惠真統兵十五萬救援安市。唐太宗設計將高句麗援軍誘至安市城東南八里處，指揮唐軍依山布陣出擊。唐龍門人薛仁貴 註4 穿奇裝異服，大呼陷陣，所向無敵。唐太宗一眼望見薛仁貴，大為傾倒，立即拜為游擊將軍。此戰中，高句麗軍隊大敗，唐軍殲敵二萬餘名，高延壽、高惠真率所部三萬六千多人降唐。高句麗舉國震驚，後黃城、

薛仁貴天蓋山活捉董達（年畫）

註3：唐制，太子女為郡主，諸王女為縣主。

註4：南朝宋政權名將薛安都六世孫，名禮，字仁貴。其子薛訥即為演義小說中薛丁山的原型。

銀城等地軍民皆棄城而逃，數百里內斷絕人煙。

然而，唐太宗的好運就到這裡為止了。與之前節節勝利相比，攻打安市成為一場苦戰。安市人在城牆上遠遠望見唐太宗的旗幟傘蓋，總是一齊擊鼓吶喊，令唐太宗怒火沖天。於是李勣請求攻下城池的當天，將全城男女老幼全部活埋。風聲傳入安市後，安市百姓為了活命，全力支持守城士卒。

之前唐太宗擊敗安市援兵時，曾活埋了三千三百名精於射騎的靺鞨兵，造成另外一座京觀。這件事情十分反常，與唐太宗一貫大度的作風完全迥異。巡邏的唐騎兵曾經抓住了到唐軍軍營打探情報的高句麗間諜高竹離，唐太宗親自為他鬆綁，還問道：「你怎麼這麼瘦呢？」高竹離說：「我只能偷偷走小道，已經有幾天沒吃東西了。」唐太宗命人賜給他食物，還說：「你身為間諜，應當迅速回去覆命。你替我告訴泉蓋蘇文，想要知道我方軍中情形，可以派人直接到我們的營地，不必偷偷摸摸地這麼辛苦。」高竹離光著腳，唐太宗又賜給他草鞋，放他回去。這只是一件小事，可見唐太宗為人胸襟廣闊。但他突然大開殺戒，活埋掉靺鞨兵，很可能是他急於滅掉高句麗，要殺雞儆猴。

有一天，唐太宗聽見了城中雞鳴豬叫，立即對李勣說：「我們圍城的時間不短了，城中炊煙日見稀少，但幾天雞和豬卻叫得厲害，這一定是城主在犒勞士兵，打算半夜出來偷襲。」果然當夜有幾百高句麗士兵從城頭順繩索而下。唐太宗親自趕到城下，指揮唐軍圍攻，殺死幾十人，其餘高句麗兵則逃回城中。之所以要特別提到這場小戰鬥，是因為唐太宗極有可能就是在這一戰中受了箭傷。

當時唐太宗對安市志在必得，命江夏王李道宗率部在城東南角築土山，唐軍晝夜不停，兩個月後，土山逼近城牆，山頂離城只有幾丈，已經可以向下俯瞰城中，破城在即。李道宗派果毅都尉傅伏愛領兵駐守在山頂，隨時觀察軍情。不料傅伏愛擅離職守，更不巧的是土山突然坍塌，壓向城牆，城牆崩塌，高句麗兵趁勢衝出，占領了土山，並挖掘溝塹，重新布置了防禦工事。唐太宗大怒，將傅伏愛斬首示眾，又命唐軍攻城，三天都未能攻下。李道宗光著腳到唐太宗面前請罪，唐太宗說：「你的罪過該當處死，但是朕想到漢武帝殺死大將王恢，倒不如秦穆公二次重用孟明，又念你攻破蓋牟、遼東有功，所以特赦你不死。」

唐軍圍攻安市兩月有餘，未能攻下。此時已經是九月深秋，遼東一帶早寒，草枯水凍，士馬難以久留，而且糧食快要吃完，唐太宗於是下令班師。有意思的是，本來是無功而還，唐太宗還在撤退前命唐軍在安市城下炫耀兵力，城中高句麗人均藏身不出，只有安市城主登上城樓。唐太宗竟然還賜給城主一百匹絹段，

表彰他能夠堅守城池。這顯然就是唐太宗為了保持「天可汗」的形象而有意所為。

這一場大戰，唐軍攻拔高句麗遼東、白岩、卑沙等十城，殺高句麗兵四萬多人，但唐軍陣亡近兩千人，戰馬死十之七八，基本上是得不償失。尤其在回師途中，正趕上天降暴風雪，唐軍衣服單薄，多被凍死。唐太宗也意識到征高句麗其實是場失敗之戰，深為後悔，慨嘆說：「魏徵若在，不使我有是行也！」已經毫無之前的躊躇滿志。傷感與失落中，又想起了昔日魏徵的好處，立即命人乘驛馬晝夜兼程到京城，用豬和羊祭祀魏徵，重新豎起貞觀十七年被他親自下令毀壞的墓碑，並召魏徵妻兒到行在，厚加賞賜。

這裡特別要提到的是，根據高句麗一方的史籍記載，唐太宗之所以被迫退兵，其實是因為受了箭傷。儘管唐史籍中沒有任何關於唐太宗受傷的記載，但從許多蛛絲馬跡的史料中可以推斷，高句麗的記載並非自誇自耀，而是相當可信。

根據《資治通鑑》記載，就在唐軍班師途中，唐太宗突然患上了「癰疽」，而且病情嚴重，到了「御步輦而行」的程度，與出征前的勃勃英姿完全判若兩人。到了定州時，留守在此太子李治「為上吮癰，扶輦步從者數日」。而輔佐皇太子的侍中劉洎曾到內室參見唐太宗，出來後，面容哀戚，對同僚說：「皇上病得如此厲害，實在值得憂慮。」不幾天，唐太宗下詔稱：「劉洎私下與人議論，窺探朕有不幸時，陰謀執掌朝政，自比於伊尹、霍光。還無端猜忌大臣（劉洎當時兼任左庶子、檢校民部尚書，總理吏、禮、戶三部尚書事），想要將他們全部殺掉。理應賜他自盡。」劉洎於是被迫自殺。劉洎是唐太宗出征前親自為太子李治選的輔政重臣，前後還不到半年，就由忠臣變成了奸臣，這其中大有可疑。就唐太宗殺劉洎的理由來看，實在太過牽強，唯一的可能只能是劉洎對他人透露了所謂「癰疽」其實就是箭傷的實情，令唐太宗丟失顏面，由此引來殺身之禍。

無論唐太宗為了尊嚴如何隱瞞，他的健康狀況急轉直下卻是實情，只好詔令朝中軍國大事由太子李治處理。直到一年多後，史書上記載帝國皇帝已經恢復過來，「上疾瘳，三日一視朝」，但實際上並未痊癒。貞觀二十一年正月，名臣高士廉（唐太宗皇后長孫氏之舅）病死，唐太宗想親自去吊唁。長孫無忌聽說後，中道伏臥，拚命勸阻說：「陛下餌金石，於方不得臨喪，奈何不為宗廟蒼生自重。」可見此時皇帝的身體依然很差，且已開始大量服用丹藥。以唐太宗本人練武的體格來看，即使他偶然染恙，也不該拖這麼長時間仍不見好轉，推斷起來，只有受了嚴重的箭傷才會如此，而且這也是導致他最後病逝的決定性因素。

唐太宗最後接受了長孫無忌的勸告，回到皇宮後，南望高士廉府邸，涕淚交

加，簌簌而下。高士廉靈柩出城歸葬，他又登長安故城西北樓，目送痛哭。這其中，既有他對老臣的深情厚誼，也因為他看到了自己未來的命運——人生始終無法克服生老病死，即使貴為皇帝，他也會走上與高士廉同樣的道路。他的一生，波瀾壯闊，多少次在緊急關頭，他都幸運地扼制住了命運的咽喉。而此時此刻，他只感到世事如此無常，人生如此無寄。突然，遠處傳來一陣渾厚沉重的鐘聲，在長安城上空久久迴蕩，那是弘福寺的鐘聲，那裡住著他十分欣賞的僧人玄奘。也許在這一刻，唐太宗開始意識到關注個人生命痛苦的佛教力量，不是勢力上的力量，而是精神上的力量。從古到今，不少人開始信佛，均是在強烈的失落感和無助感之下，為了尋求精神上的解脫，轉而向佛教中尋求慰藉。這從佛教在中國開始快速發展的時間也可以得到驗證——魏晉南北朝正是歷史上著名的大混戰、大動亂時期，烽火始終不息，人們生活在水深火熱之中，孤苦無依，而以關注個人痛苦為根本的佛教自然而然地得到了廣泛的矚目和傳播。

但唐太宗只是暫時的傷感，他一生好強，依然不甘心之前高句麗的失敗，先後於貞觀二十一年三月和貞觀二十二年二月再派大軍攻打高句麗，均是無功而還。按理來說，以他的眼光，應該知道頻繁發動戰爭會消耗國力，引起國內局勢的動蕩，而且勞師遠征，並非是必勝之仗。對比於昔日唐太宗高句麗回師時的惆悵與傷感，愈發能明瞭他的真實心意：其實就是要報當日的一箭之仇。當時后妃中有充容（九嬪之一）徐惠上疏諫道：「以有盡之農功，填無窮之巨浪；圖未獲之他眾，喪已成之我軍，昔秦皇併吞六國，反速危亡之基，晉武奄有三方，翻成覆敗之業；豈非矜功恃大，棄德輕邦，圖利忘危，肆情縱欲之所致乎！是知地廣非常安之術，人勞乃易亂之源也。」（《資治通鑑・卷一百九十八》）意思是：陛下以有限的農業收成，去填充無窮盡的欲望；圖謀那些還未歸附的他國部眾，卻損失已具規模的大唐軍隊。從前秦始皇吞併六國，反而加速動搖其已危亡的基礎，晉武帝統一三國，反而成了覆敗的基業；難道不是自誇有功自恃強大，放棄德行輕視國家，貪圖小利忘記安危，肆情縱欲所造成的嗎？由此可知地域遼闊並非長久安定的謀略，百姓勞苦才是容易動亂的根源。可見當時多次征伐高句麗已經是舉國關注，連後宮嬪妃都忍不住為此事進諫。唐太宗非常讚賞徐惠的話，由此對她寵愛有加，但欣賞歸欣賞，卻並沒有聽從。重臣房玄齡臨死前，請求唐太宗放棄攻打高句麗，他也沒有答應其最後的遺願。正當帝國皇帝下令砍伐巨木造船、準備從海路攻打高句麗時，他自己的病情卻日益沉重。

英雄到老皆歸佛。在家事、國事均不能如意的情況下，唐太宗已漸有信仰

佛教的傾向。貞觀二十二年，唐太宗下詔，稱他的宿疾近日見好，當是「福善所感而致此休征」，要求「京城及天下諸州寺宜各度五人，弘福寺宜度五十人」。當時全國有寺三千七百餘所，每寺五人，加上弘福寺的五十人，共度僧尼一萬八千五百餘人。這是唐朝自立國以來最大的度僧活動。回想起唐太宗昔日私自出家、違者處死的嚴令，回想起他一再指責佛教庸俗無益的話語，不由得不讓人聯想到唐朝先道後佛的政策，到此時儼然有了實質上的轉變。

不久後，出使印度的王玄策攜印度僧人那邏邇娑婆寐來到長安。那邏邇娑婆寐自稱有二百歲，懂得長生不老之術。這對病入膏肓的唐太宗來說，無異於絕處逢生，立即對那邏邇娑婆寐禮敬有加，讓他為自己製作延年之藥。為煉藥所採製的奇藥異石，不可勝數。傳說後來唐太宗病逝，便是服了這種長生之藥。

唐太宗最放心不下的就是太子李治，他為了給兒子留下一個安穩的江山，煞費苦心。當時名將李靖剛剛死去，剩下名望最高的當屬李勣，唐太宗突然無緣無故地將李勣貶為登州刺史，還告訴太子李治說：「李勣才智有餘，但是你對他無恩，恐怕他不能服你。我今天罷黜他，如果他立即就走，說明他值得忠誠可信，等我死了，你可召他為僕射；如果他徘徊顧望，稍微有所猶豫，你可殺了他，以絕後患。」結果李勣受詔後連家都不回，便直接奔疊州（今甘肅）而去，由此逃過一劫。李勣為人精明，一生沒有遭遇挫折，在唐高祖、太宗、高宗三朝均禮遇隆重。唐高宗冊立武則天為后之前，重臣紛紛反對，高宗徵求李勣的意見時，他回答說：「此陛下家事，何必更問外人。」由此可見他飽經事故，善於趨避。只是他的孫子徐敬業（李勣本姓徐）未能繼承祖父的圓滑秉性，於嗣聖元年（西元 684 年）起兵反武則天，兵敗被殺。

貞觀二十三年五月二十六日，唐太宗病逝於翠微宮含風殿，臨終前一天召玄奘入宿宮中，為之講《瑜伽》、《金剛般若》，打聽因果報應之事，並以相見恨晚、「不得廣興佛事」為憾。

當時四方在唐朝為官以及入貢的數百胡人，聽到唐太宗病逝的消息後均慟哭不已。有些胡人還按照他們思念親人的族俗，剪掉頭髮、用刀劃臉、割下耳朵等，不惜流血滿地，以表示對唐太宗的哀悼。酋長阿史那社爾、契何力請殺身殉葬，但未獲批准。

唐太宗臨終前，將太子鄭重託付給長孫無忌、褚遂良，要求二人「盡誠輔佐」，「永保宗社」。太子李治即位為高宗後，長孫無忌以元舅身分輔政，但很快就暴露出了種種弄權的跡象，甚至不惜製造冤案以剷除異己，吳王李恪便是其中的犧

牲品。吳王李恪「名望素高，甚為物情所向」（《舊唐書‧吳王恪傳》），長孫無忌「深所忌嫉」，等高宗一即位，立即利用「房遺愛謀反」事件，誣陷吳王李恪參與謀反，「遂因事誅恪，海內冤之」。

「房遺愛謀反」事件指房遺愛（房玄齡次子）和妻子高陽公主（太宗第十八女）陰謀發動的宮廷政變。高陽公主驕傲專橫，曾與著名僧人辯機（玄奘高徒）私通，事發後，辯機被腰斬而死，高陽公主也受到唐太宗的責罵，並不許再進宮，高陽公主一直心中不平。唐高宗即位以後，高陽公主、房遺愛便聯絡與唐高宗不和的薛萬徹（娶唐高祖第十五女丹陽公主）、柴令武（柴紹子，娶唐太宗第七女巴陵公主），打算發動政變，廢掉唐高宗，擁立荊王李元景（唐高祖第七子）為帝。但是事不機密，計畫洩露，一干人都被逮捕。唐高宗派長孫無忌審理此案，長孫無忌藉此機會將吳王李恪也牽連進來，李元景、李恪、房遺愛、高陽公主、薛萬徹、柴令武、巴陵公主等全部被殺。

吳王李恪臨死前大罵長孫無忌「竊弄威權，構害良善」。緊接著，長孫無忌與褚遂良又誣陷十七歲就追隨太宗征戰並屢建功勛的江夏王李道宗，將其流配象州，李道宗在途中病死。後世史學家多認為，長孫無忌和褚遂良嫉賢妒能，「銜不協之素，致千載之冤」（《舊唐書‧江夏王道宗傳》）。

唐高宗性情本就懦弱，在元舅長孫無忌等顧命大臣的包圍和控挾之下，既然不能總決朝政，便只能移情於後宮。這一現象在歷史上並不罕見，西漢時王氏專權，漢成帝劉驁便寄情聲色，寵愛趙飛燕姊妹。可是不幸的是，後宮也是矛盾重重，勾心鬥角不斷。唐高宗寵愛蕭淑妃，喜歡蕭淑妃所生的兒子素節，還要經常受到王皇后、長孫無忌的干涉。無奈之下，窩囊的唐高宗只得轉而尋求另外的精神寄託。這時候，他想到了性格剛毅的武則天，早在武則天為太宗才人時，二人便已眉目傳情、暗通款曲。結果，之前唐太宗、長孫無忌費盡心機的種種安排，卻因為唐高宗對一個性格女人念念不忘而埋下了大隱患。歷史完全沒有按照唐太宗的願望發展，相反的，演變出了他所始料不及的結果。

關於高句麗，最終在唐高宗總章元年（西元 668 年），李勣率軍攻破平壤，高句麗滅亡。唐朝在平壤置安東都護府，以薛仁貴為檢校安東都護，率兵鎮守。而高句麗王被獻俘於唐太宗墓前，總算報了當年的一箭之仇，給了九泉之下的太宗皇帝最後一點安慰。

3. 長安傳奇

　　玄奘到達唐境時，唐太宗正在洛陽，準備出征高句麗，聽說玄奘將抵，立即命西京（長安）留守房玄齡派官員迎接。玄奘聽到唐太宗即將親征高句麗後，生怕來不及謁見，立即兼程趕路。

　　貞觀十九年（西元 645 年）正月二十四日，玄奘到達長安。當時專門負責迎候的大臣沒想到玄奘來得如此之快，以致無人迎候。然而，長安民眾聽說玄奘自西天取經歸來，自發組織起來，趕來迎候。長安西郊人如潮湧，幾十萬人聚集在那裡，只為一睹法師尊容。由於從西郊到京師朱雀門的道路上擠滿了人群，水洩不通，玄奘無法進城，只能在郊外驛站中休息。斗轉星移，回想起十六年前以逃亡者身分離開長安時的經歷，玄奘如何能不感慨萬千？

　　第二天，玄奘將帶回來的佛舍利一百五十粒、金佛像二尊、銀佛像一尊、檀香佛像四尊、佛教經典共五百二十卷六百五十七部，用二十匹駝馬運送，送往弘福寺安置。儘管佛教在漢地已流傳六百年，但真格地從佛教發源地請來如此多的經書佛像，還是史上頭一遭。圍觀者沿途夾道數十里地，人聲鼎沸，熱鬧非凡。據說就在這個時候，天空中太陽的四周突然出現了彩色雲朵，陽光灑在佛像上，射出紅白相間的輪光，眾人無不咋舌稱讚。

　　玄奘回國造成了大轟動，成為唐朝舉國上下共聞的盛事，長安商市因此停業五天。如此隆重的歡迎儀式，可以說是千古罕見。然而，令人們更感興趣的還是玄奘本人的傳奇。從這個時候開始，「唐僧」一詞開始流傳，唐僧就是玄奘，玄奘就是唐僧，從此成為唐朝僧人的代表人物。

　　貞觀十九年二月初八，玄奘終於在洛陽見到了唐太宗。唐太宗親自出迎，賜坐暢談。這兩位年紀相仿的偉大人物，終於開始了第一次會面。二人言語甚歡，甚至忘記了時間，長談了十二、三個小時，經人提醒，唐太宗才戀戀不捨結束了談話。隨後，玄奘請求皇帝支持翻譯佛經。此時正值出征之機，唐太宗懷著開拓疆域的大志，正是意氣最為風發之時，對佛經毫無興趣，他更感興趣的是玄奘的西域見聞，這對他的西域霸業大有神益。

　　唐太宗經營西域是與西突厥爭鬥的需要。就在玄奘與西突厥肆葉護可汗會面後不久，肆葉護可汗帶兵攻打鐵勒薛延陀部，結果大敗而歸。肆葉護性情兇狠，喜猜忌，又易聽信讒言，部下多不自安，生怕被猜忌。當時部落中有乙利小可汗，功勞很大，肆葉護可汗嫉妒其威望，竟然說乙利小可汗不是突厥族，將其殺死，並滅其宗族。當年統葉護可汗被殺時，肆葉護可汗逃亡到康居，西突厥推舉莫賀

設為可汗，是莫賀設堅持不就，迎回肆葉護為可汗。而肆葉護可汗竟然猜忌莫賀設的兒子泥孰，打算殺死他，泥孰被迫逃往焉耆。肆葉護可汗的失德終於到了眾叛親離的地步，設卑達官與弩失畢兩部聯合起來，一齊進攻肆葉護可汗，肆葉護可汗大敗，逃往康居，不久死在康居。西突厥國人將泥孰從焉耆迎回，立他為咄陸可汗。在唐太宗還是秦王時，咄陸可汗的父親莫賀設曾與他結盟為兄弟。因此咄陸可汗親近唐朝，立即派使者請求內附唐朝。唐太宗因此冊立咄陸可汗為奚利咄陸可汗。但不久後，咄陸可汗病死，他的弟弟同娥設繼立，為沙鉢羅利失可汗（簡稱利失可汗）。這位利失可汗繼位後，曾經獻馬給唐太宗，請求通婚，但唐太宗沒有同意。利失可汗隨即弄了一番大動作的改革，將整個西突厥分成十部，每部設首長一人，各賜箭一把，稱十部為十箭。又分為左、右廂，左廂號稱五咄陸，設置五大「啜」，居住在碎葉以東，右廂號稱五弩失畢，設置五大「俟斤」，居住在碎葉以西，合稱十姓。如此一來，必然有部下開始坐大。不久，大臣統吐屯與欲谷設率部襲擊利失可汗，利失可汗大敗，正打算逃往焉耆時，統吐屯意外被人殺死，利失可汗趁機擊敗欲谷設，奪回了領土。欲谷設逃到西部後，被立為乙毗咄陸可汗。這樣，就出現了兩可汗並立的局面。兩可汗為了爭奪大可汗的位置，互相征戰不已。後來見雙方都不能輕易取勝，只是徒然消耗各自實力，於是決定實行東西分治，伊列水（今伊犁河）以西屬乙毗咄陸可汗，以東屬利失可汗。西突厥從此又分東西，為了區分，原居金山以東的「東突厥」有時又被史家稱為「北突厥」或「突厥」。

在這一連串的西突厥內訌中，唐太宗均未介入，此時，唐朝在西部的勢力範圍推進到了伊吾，即玄奘所到達的第一個西域國家。玄奘西行到達伊吾時，它還是一個獨立小國，離開後沒幾天就成為了唐朝的領土，被設為伊州。貞觀十三年西突厥局勢起了變化，由此對西域產生重大影響。乙毗咄陸可汗打敗了利失可汗，利失可汗被迫逃亡，不久死去。利失可汗之弟薄布特勒被立為新可汗，號沙鉢羅葉護可汗，建王庭於睢合水北面，是為南庭。南庭統轄高昌、龜茲、鄯善、且末等國。乙毗咄陸可汗建王庭於鏃曷山以西，稱為北庭，統轄厥越失、拔悉彌、駁馬等國。高昌自此倒向西突厥的懷抱，經常出兵掠奪焉耆等國，引發了唐太宗的不滿，隨即派大軍滅掉高昌，並改高昌為西州。不久後，唐太宗不顧魏徵等大臣的勸阻，在交河城（今新疆吐魯番西北）設置安西都護府，其經營西域的意圖已昭然若現。

在西域頗有勢力的沙鉢羅葉護可汗一直相當親近唐朝，唐太宗曾命左領軍將

軍張大師往授璽書，冊立沙缽羅葉護可汗，並賜給鼓纛，以示籠絡。然而，沙缽羅葉護可汗與乙毗咄陸可汗很快大打出手，唐太宗特意派人勸阻，要求雙方停兵休戰，和睦相處。相比於昔日隋朝慣用的挑撥離間手法，唐太宗的胸襟實在要廣闊得多。但兩可汗均沒有罷兵之意，乙毗咄陸可汗占了上風，殺死沙缽羅葉護可汗，並將西域收入自己麾下。一時間，乙毗咄陸可汗風頭無二，他自己也十分得意，自恃強大，不但扣留唐朝使者，還發兵進攻伊州。唐太宗命安西都護郭孝恪率軍抵抗，打敗了乙毗咄陸可汗的進攻。

乙毗咄陸可汗隨即攻破米國（位於今烏茲別克共和國撒馬爾罕南），奪取了大量人口與財富，且盡數獨占。部將泥熟啜貪婪，垂涎戰利品，便悄悄取走一部分，結果被乙毗咄陸可汗發現後處死。這一下，反激起了更大的怨恨。泥熟啜部屬發生兵變，攻打乙毗咄陸可汗，乙毗咄陸可汗其他部屬亦作鳥獸散，不肯為他拚命。西突厥國人隨即派使節去唐朝，請求唐太宗廢黜乙毗咄陸，另立西突厥可汗。於是，唐太宗冊立前莫賀咄侯屈利俟毗可汗之子為乙毗射匱可汗。乙毗咄陸可汗不甘失敗，召集舊部，結果部下都說：「即使我們一千個人都戰死，只剩下一個人，也絕不會跟從你。」乙毗咄陸這才明白自己已經是眾叛親離，於是單獨逃亡。

此後，由於唐太宗一心備戰高句麗，暫時放鬆了對西域的經營。而玄奘剛好在這個時候歸唐，令唐太宗喜出望外，他立即意識到玄奘沿途所見所聞對他未來經營西域的價值，於是，第一次在洛陽見面時，他便催促玄奘盡快將西域的山川地形風貌寫出來，而對玄奘所提譯經一事婉言謝絕。後來經玄奘多次請求，唐太宗才勉強表示同意。

有意思的是，在這次談話中，唐太宗認定玄奘有宰輔之才，力勸他還俗任官，但玄奘未表同意。由此可見，初次見面時，唐太宗便已深深為玄奘的氣質和談吐所吸引，在玄奘拒絕還俗後頗為失望，感慨說：「出家乃大丈夫之事，非將相所能為。」帝國皇帝成為玄奘歸國後最有力的知音，並非因為他信仰佛教，而是完全被玄奘的個人魅力所吸引。

這次見面後，唐太宗北上出征高句麗。當時蕭瑀為洛陽宮留守，玄奘與故人相見，分外高興，於是在洛陽停留了一段時間。隨後從洛陽回到長安，

玄奘法師譯經圖（明初木刻）

立即投入了中國佛教史上規模空前的譯經工作。由於玄奘取經的傳奇在唐朝上下激起了強烈反響，時人無不爭相趕來一睹玄奘風采，如此一來，人事交往就成為譯經的嚴重障礙。玄奘上書唐太宗，請求到環境更為幽靜的嵩山少林寺譯經，但唐太宗沒有同意，將他為母親修建的弘福寺選為譯場，並派士兵嚴加把守，不得隨意出入。在優越的條件下，玄奘組織了非常專業完備的譯場，由譯主、證義、證文、書手、筆受、綴文、參譯、刊定、潤文、梵唄等十個環節組成，彼此分工協作，各司其職。協助他的有名僧道宣、神泰、慧立、辯機、玄應等二十餘人，分任各職。

由於唐太宗出征前鄭重囑咐玄奘將親睹親聞，修成一傳，以示未聞。玄奘不敢怠慢，便從十二名助手中選了才華最為出眾的辯機，由他本人口授西域見聞，由辯機筆錄。當時的辯機僅有二十六歲。

玄奘是出於求法之目的前往印度，但與他本人初衷完全不同的是，時人以及後世最感興趣的還是他的探險旅行。貞觀二十年，玄奘歸國一年後，《大唐西域記》被送到了唐太宗面前。全書共十二卷，十餘萬字，以行程為經、地理為緯，真實地記述了玄奘十六年間親身經歷的西域、印度等一百一十個國家和傳聞中二十八國的見聞。卷首附有祕書著作佐郎敬播之序文與尚書左僕射燕國公張說之序。此書文筆嚴謹，內容豐富，備述包括各國的疆域、氣候、山川、風土、人情、語言、宗教、佛寺、傳說、產業、政治等，因此在佛教史學及古代西域、印度、中亞、南亞的史地、文化上，乃至於中西交通史料上，均有珍貴價值，是一部寶貴的歷史文獻。自該書問世後，影響極大，一直受到中外學者的重視，被譯成多種文字，至今仍是研究中亞、南亞和中西交通史重要的文獻。

玄奘法師譯經和部分著作

值得一提的是同樣功不可沒的辯機。《大唐西域記》一問世便使一些同類著作相形見絀，如隋代吏部侍郎裴矩所撰《西域圖記》、唐初多次出使西域的王玄策所撰《中印度國行記》、唐高宗時史官奉詔撰成的《西域圖志》等，這些作品後來都沒有流傳下來，唯獨《大唐西域記》廣為流傳，備受珍重。這其中固然是因為《大唐西域記》內容翔實，但也與它的文采優美有很大關係，這就是辯機的功勞。辯機深為玄奘所倚重，擔任了大量譯

經工作，但他一直暗中與唐太宗愛女高陽公主有姦情，由此招來殺身之禍。本來他與高陽公主私通一事甚為隱祕，外人也不知道。但高陽公主贈送了不少貴重的財物給辯機，其中有一個皇室使用的豪華玉枕，剛好被小偷從弘福寺辯機房中偷走，小偷又剛好被抓住，牽連出辯機。如此珍稀之玉枕，絕非常人之物，由此引起了審訊官員的注意。辯機在嚴刑面前，供出了與高陽公主的姦情。此時，高陽公主的公公房玄齡剛剛死去不久，唐太宗正處於感情和身體的雙重傷痛中，已經完全沒有之前的氣度和寬容，聞聽後勃然大怒，立刻下詔：不許高陽公主再進宮；以知情不報的罪名處死公主貼身奴婢十餘人；而辯機則被判處最殘忍的腰斬極刑。腰斬，就是把犯人赤身裸體放在大木板上，用重斧將犯人從腰部砍成兩段。腰斬後，犯人往往一時還死不了，斷成兩截的身子在血泊中掙扎，十分痛苦，當年秦相李斯即受此刑死去。貞觀二十二年底，辯機被腰斬於長安西市場。辯機一案並沒有影響到唐太宗與玄奘的關係，足見唐太宗對玄奘欣賞程度之深，他曾不顧皇帝之尊，多次勸說玄奘還俗做官。

《大唐西域記》雖成，唐太宗卻因為意外在高句麗遭到了失敗，受了箭傷，健康狀況急轉直下，再也沒有足夠的精力來應付他念念不忘的西域問題。剛好此時西突厥乙毗射匱可汗向唐朝請求通婚，唐太宗深感這是個大好機會，於是立即同意，但要求西突厥割龜茲、于闐、疏勒、朱俱波、蔥嶺五國作為聘禮。實際上是他希圖以一個唐朝公主，來換取對塔里木盆地諸國的統治權。對乙毗射匱可汗來說，他當然不會同意，通婚由此告吹。唐太宗非常惱怒，可他的身體狀況不允許他立即對西突厥兵戎相見，於是隱忍未發。但可以想像，他從來就沒有放棄經營西域的宏圖，每當他翻閱玄奘呈上來的《大唐西域記》時，看到書中所描繪的各國政治、歷史、地理、物產、民族、風尚等，心潮是何等澎湃。

到貞觀二十一年十二月，唐太宗身體稍微好轉，便立即以龜茲侵掠鄰國為由，命阿史那賀魯、契何力、郭孝恪等率大軍進攻龜茲，正式對西突厥開戰。阿史那賀魯為達頭可汗（在玄奘出生那一年侵略隋朝的西突厥可汗）四世孫，原為乙毗咄陸可汗部下，後被乙毗射匱可汗追殺，逃入唐境，為唐太宗收留，利用他招撫西突厥各部落，與乙毗射匱可汗對抗。貞觀二十二年九月，阿史那賀魯破西突厥處月、處密二部。十月，阿史那賀魯率軍從焉耆西面進攻龜茲北部邊境，焉耆王薛婆阿那支棄城，逃向龜茲方向，結果被阿史那賀魯追殺，改立先那准為焉耆王。在唐軍聲勢的壓力下，龜茲守將紛紛棄城逃跑。龜茲國王訶利布失畢帶領五萬軍隊抵抗，但被唐軍擊敗。十二月，阿史那賀魯攻克龜茲國王據守的王城延城，由

唐將郭孝恪駐守。閏十二月，阿史那賀魯攻克龜茲國王據守的拔換城，俘虜了訶利布失畢。不久後西突厥援軍趕到，大舉進攻延城，唐軍守將郭孝恪陣亡，唐軍仍奮力拒敵。阿史那賀魯很快趕到，擊退了西突厥軍，並殺死了一萬一千多名投降的軍民，作為對郭孝恪之死的報復。阿史那賀魯隨即立龜茲王弟葉護為王，勒石記功而歸。

這樣，經過唐軍血戰，唐朝在西域的勢力較之前局面有了明顯擴展，將原設於西州交河城（高昌國故地）的安西都護府移到龜茲國王城延城，並在龜茲、焉耆、于闐、疏勒四城修築城堡，建置軍鎮，由安西都護兼統，簡稱「安西四鎮」。唐太宗並未滿足，他還有更大的雄心。只是到了此時，他本人已走到了生命的盡頭，還來不及對西域事務做出最後安排，便病逝了。

唐高宗即位後，無意開拓，只在守城，立即改變了唐太宗的西域政策，將被唐軍俘虜至長安的龜茲等國國王都送回西域，罷安西四鎮，將安西都護府遷回西州，並任命滯留在長安的高昌王麴智盛（麴文泰之子）之弟麴智湛為安西都護兼西州刺史，這樣，麴智湛就成為了唐朝在西域的最高軍事、行政長官。而此時阿史那賀魯在唐朝的扶植下羽翼已成，見繼位的唐高宗文弱，遠不及唐太宗英武，立即起了異心，舉起了反唐的大旗，同時擊敗乙毗射匱可汗，自稱為沙缽羅可汗，數次騷擾掠奪西域，唐朝在西域的勢力受到了極大打擊，甚至面臨著完全退出西域的危險。唐軍力戰多年，終於逐個擊破西突厥的聯盟或附屬各部，使其形成孤立之勢。

顯慶元年，唐高宗以程知節（即程咬金）為行軍大總管，率兵西征，大敗西突厥於鷹娑川（今巴音布魯克草原）。顯慶二年，唐將蘇定方統軍出征，兵分南北兩路，合擊阿史那賀魯。經過激烈的戰鬥，西突厥軍大敗。此時，天氣驟變，開始飄降鵝毛大雪，片刻，雪深達二尺。唐軍士氣高昂，踏雪追擊。阿史那賀魯慌亂中跳入伊犁河，逃往石國（今塔什干）。後被當地人擒獲，送交唐軍。西突厥自此滅亡。阿史那賀魯被擒後，回憶起昔日唐太宗的收留與扶助，說：「過去太宗皇帝待我很好，我卻背叛了他。我願意在太宗昭陵受死，以死來謝先帝。」唐高宗由此深為感動，赦免了阿史那賀魯，留他在長安居住。

平定西域及西突厥後，唐朝重新恢復了著名的「安西四鎮」，安西都護府又遷回龜茲城；並設安西、北庭兩個著名的都護府，以天山為界，分別向西統轄西突厥故地及西域各部、各城邦。至此，整個西域地區均被囊括入唐朝版圖。昔日唐太宗的雄圖霸業，最終在被他認為懦弱得不能守社稷的兒子手中實現。

然而，勝利的果實並沒有保持得太久。安史之亂後，唐朝實力急轉直下，加上吐蕃興起，唐朝最後放棄了西域，防線退至河西一帶。此舉對日後整個西域及中原的局勢產生了極為深遠的影響。對佛教而言，唐朝退出西域後，直接導致了伊斯蘭教在武力支持下大舉東侵，佛教在這一地區急劇衰落。回想起昔日中原僧人紛紛到西域求法的盛況，對比於目前中原的佛教盛況，不由得不令人感慨萬分。

　　其實早在玄奘西行求法時，佛教也只在中印度和南印度興盛，而在印度其他地區，外道占明顯優勢。到後來大食國（阿拉伯哈里發國）向東進兵，伊斯蘭教進入印度，佛教在印度已經不占主導地位。而唐朝的佛教卻發展極快，印度僧人那提遊對唐朝佛教的昌盛感慨不已，說道：「脂那東國，盛轉大乘，佛法崇盛，瞻洲稱最。」顯然，此時佛教的中心已然東移到中國。而玄奘功不可沒。他一生致力譯經，所譯經論內容廣泛，包括大小二乘、五科經典，甚至諸家宗派學說。因其譯本準確可靠，而他所依據的原印度梵本散佚很多，故他的譯本被視為「第二梵本」、「准梵本」，因而才有了唐朝佛教的鼎盛時期，後代的海外高僧入唐求法的新局面。

　　西域的話題到此結束了。對玄奘而言，《大唐西域記》不過是奉唐太宗敕命而作，他的重點仍放在譯經上。聰明的玄奘知道，弘揚佛法，必須要取得帝王的支持，因此他請求唐太宗為他所翻譯的《瑜伽師地論》（玄奘冒險西行最主要的原因就是求取《瑜伽師地論》）作序。唐太宗答應了玄奘之請，作〈大唐三藏聖教序〉，親筆書寫，總共七百八十一字。序成之日，唐太宗坐慶福殿，百官侍衛兩旁，請玄奘就坐，命弘文館學士上官儀（才女上官婉兒祖父）向百官宣讀御制序文，文辭華美。其中更是對玄奘極盡褒揚之能事，說他「松風水月，未足比其清華；仙露明珠，詎能方其朗潤。故以智通無累，神測未形，超六塵而迥出，只千古而無對」。以唐太宗之地位身分，絕無阿諛玄奘之必要，他不吝讚美之詞，只能說明他確實欣賞玄奘的氣質與學識，並引以為傲。

　　不少人由此認為唐太宗早在這時開始信仰佛教，崇道貶佛之心有所改變。其實就是在這一年，他還親下手詔，斥責蕭瑀太過信佛：「朕以無明於元首，期陶德於股肱。思欲去偽歸真，除澆反樸。至於佛教，非意所遵。雖有國之常經，固弊俗之虛術。何則？求其道者，未驗福於將來；修其教者，翻受辜於既往。至若梁武窮心於釋氏，簡文銳意於法門，傾帑藏以給僧祇，殫人力以供塔廟。及乎三淮沸浪，五嶺騰煙，假餘息於熊蹯，引殘魂於雀鷇。子孫覆亡而不暇，社稷俄頃而為墟。」（《舊唐書·蕭瑀傳》）言詞十分激烈。這足以說明，唐太宗並不支持佛教，

西安大慈恩寺

但他支持玄奘，這其中有難以名狀的私人感情——也許是玄奘那傳奇的經歷吸引了他，也許是玄奘孜孜求法的決心感動了他。無論如何，唐太宗之優待玄奘，絕非尋常。

在取得了唐太宗的支援後，玄奘夜以繼日地加快了譯經工作。自貞觀二十二年開始，他譯經的主要場所便由弘福寺遷居到大慈恩寺。大慈恩寺原名無漏寺，太子李治為紀念生母長孫皇后改建了這所寺廟，命名為大慈恩寺。這是當時長安城裡最宏偉、最壯麗的寺院，重樓複殿、雲閣禪房十三個院落，房舍一千八百九十七間，位於當時長安外城朱雀街東第三街，第十五坊（進昌坊），寺南臨黃渠寺（今西安市南四公里）。建成之日，度僧三百，請五十高僧入住。另建翻經院，請玄奘移居翻譯，並任大慈恩寺住持。玄奘移居之日，唐太宗及皇太子、后妃等齊聚安福門樓，親執香爐送行，觀禮者多達數萬人。由於玄奘在這裡創建了法相唯識宗，因而大慈恩寺又被尊為唯識宗的祖庭。後來唐高宗即位，玄奘奏請在慈恩寺內建大雁塔，安置西域帶回的經像及舍利。唐朝中葉以後，流行「雁塔題名」的習俗：凡新科進士及第，先要一起在曲江、杏園遊宴，然後登臨大雁塔，題名塔壁留念。大詩人白居易二十七歲中進士，春風得意，雁塔題名時就曾留下了「雁塔題名在城南，二十人中最少年」的詩句。

歲月如梭，轉眼間，玄奘已經有很長一段時間沒有見到唐太宗了。

昔日唐太宗號稱「神采英毅」，群臣進見時，均為他氣魄所震懾，往往手足失措。唐太宗知道後，每當群臣上朝時，便刻意和顏悅色，以免群臣因膽怯而不敢進諫。由此可見當年唐太宗是如何的英氣逼人。然而，再偉大的英雄，終究會年老，尤其是唐太宗兵敗高句麗後，重病在身，已經完全沒有了昔日的風采。此時，老態龍鍾的唐太宗躺在龍榻上，與當年馳騁疆場的颯爽英姿判若兩人。令他痛苦的不僅有身體上的傷痛，還有那些不堪的往事，正一一浮上他的心頭，歷歷在目。他當年與兄弟相爭，反目成仇，最後親手射殺親兄長李建成，逼迫父親退位為太上皇，由此登上了皇位。而他的家事從來就沒有平靜過：長子李承乾和七

大唐・玄奘・眞經

子李祐先後作亂，圖謀帝位；他不放心太子李治，想立三子李恪，卻受到長孫無忌等重臣的多方阻撓，始終不能如願；他最愛的女兒高陽公主與玄奘高徒辯機私通，醜聞傳遍長安。國事也不能令他如意：雖然取得了文治武功的卓越成就，最後卻兵敗高句麗，連本人也中了一箭，失了面子不說，還令他幾年來輾轉病榻，無法痊癒，從此，他再也不能躍馬揚鞭、展示他出神入化的箭術；尤令他遺憾的是，一箭之仇尚未報，他卻已感覺到自己的身體或許支持不了多久了。

他實在不能釋懷，也實在不能放心，並非僅僅因為太子李治文弱，還有那個「唐三世女主天下」的傳聞。他曾看過一本《祕記》，上面記載說：「唐三世以後，女主武王代有天下。」大驚失色下，便祕召精通天文曆算和陰陽之學的道士李淳風問詢。李淳風回答說：「這件事的徵兆已然形成。而且這個人也已經出生，就在陛下的宮內，三十年後，將擁有天下，並將唐氏子孫誅殺殆盡。」他當時問：「如果把疑似此人的人都殺掉，會怎麼樣呢？」李淳風答道：「這是天意，根本沒有躲避的方法。況且有王命者不會被殺掉，恐怕只會枉殺無辜。況且根據天上的星象顯示，這件事已成定局，此人就在宮內，已經是陛下的眷屬。再過三十年，此人就年老了，老了就會仁慈了，雖改換朝代，但對於陛下的子孫，她可能不會過分傷害。現在如果殺掉此人，就會結下仇恨，那麼她必定會重新轉生出世，年輕時就會心狠手毒。如果這樣，她殺戮陛下的子孫，必定會一個不剩。」當時他認為李淳風說得有理，沒有再追究此事，但他心中其實並未真正放下。朝中有個武官名叫李君羨，軍功極高，封武連郡公，累任左武衛將軍，宿衛玄武門。有一次，他召集武官在內廷喝酒，行酒令時讓眾人各報自己的小名，李君羨說自己的小名叫「五娘子」。他當場愕然，又因為李君羨封邑及屬縣中有「武」字，遂此懷疑李君羨就是那個將要代唐的女主，不久便藉故將其處死。儘管李君羨已經被殺，他心中還是隱隱約約有種不祥的預感，可到底是什麼，他又說不上來。

正因為唐太宗久久陷於無盡的煩惱之中，也由此對生死更加畏懼。這裡多談幾句佛教和道教的教義，道教追求長生不老，實際上，從秦始皇到漢武帝，無論怎樣修煉，怎樣服藥，怎樣折騰，都沒有哪個皇帝真正長生不老。因而道教的長生不老不可避免地要引起人們的困惑。而佛教則在人的生死問題顯得高明一籌，它用「輪迴」一說解決了死亡的問題——生死不過是一種「輪迴」，人死如燈滅，只是肉體在世界死亡，唯靈魂不滅。唐太宗未必就信道教的那一套，但他不甘心死亡的命運，一度讓道士為他煉長生不老金丹，又招來終南山道人孫思邈為他看病，顯然說明他渴望延續生命，不願意就此死去。只是，這一切都沒能阻止死亡

的降臨。

貞觀二十三年四月，正值夏季，長安天氣炎熱。一向不信佛的唐太宗突然邀請玄奘一齊到長安南五十里的翠微宮避暑同住，談玄論道，問及佛教中有關因果報應等問題。即使是一代天驕，也有他無法克服的魔障。英雄一世的唐太宗突然問及輪迴和因果報應，顯然心中有太多不安。尤其是他當年殺兄除弟，有悖常理，內心難免憂慮。玄奘詳細講解後，唐太宗深以為然，由此感嘆說：「我和大師相逢太晚了，沒有能力興扶佛事了。」實際上，這話並不是他才剛剛認識玄奘，而是說他對佛教的興趣才剛剛開始，這可以看作是臨終時的一種皈依，正應了中國那句老話：「英雄到老皆歸佛。」十分可惜的是，儘管唐太宗有心興佛，但一切都來不及了，他的生命畢竟走到了盡頭。

為了給予唐太宗心靈撫慰，玄奘留在翠微宮，加快翻譯《心經》。唐太宗去世前兩天，《心經》翻譯完成，他由此成為這部經的第一個讀者。也許在他那如驚濤駭浪般不能平靜的心中，玄奘提供了他最後的安慰。

玄奘最後譯經處——玉華寺肅成院遺址

玄奘依舊從事他的譯經工作，並取得了繼位者唐高宗的支持。唐高宗曾應玄奘之請，撰〈慈恩寺碑〉。碑成之日，玄奘率僧眾列隊三十里，用印度佛教儀仗迎接御碑。皇后武則天在產第三子李顯（後來的唐中宗）難產，唐高宗特意請玄奘為皇后唸經，後來又怕李顯夭折，請玄奘為其剃髮受戒。唐高宗後來還下令為玄奘等高僧塑像。如果從佛教信仰上來說，唐高宗其實比其父王更能成為玄奘的知己。唐太宗一生崇尚文治，認為佛法無益於天下，貶斥佛教之語時見於他與大臣的談話中，唯獨對玄奘另眼相看，禮敬有加，這其中既有玄奘本人人格魅力的因素，也是帝王的一種姿態：一是玄奘在國內外佛教界的巨大影響力，二是皇帝確實對玄奘的傳奇經歷很感興趣。

顯慶三年（西元 658 年），玄奘由大慈恩寺移居西明寺，因常為瑣事所擾，

遂遷居坊州玉華寺，專心譯經。顯慶五年，開始翻譯《大般若經》。此經梵本計二十萬頌，卷帙浩繁，門下弟子每請刪節，玄奘頗為謹嚴，不刪一字。至龍朔三年（西元663年），終於譯完這部多達六百多卷的巨著。這部經書花費了玄奘巨大的心血，此後，他積勞成疾，深感身心日衰。麟德元年（西元664年）正月，玄奘明顯感覺身體不適，於是停止了譯經工作。

從歸國到圓寂的有生之年，玄奘孜孜不倦，共翻譯佛經七十五部，一千三百三十五卷，比早期著名高僧鳩摩羅什、真諦、不空三人翻譯的總和還多出六百餘卷。不僅數量眾多，在品質上也超越前古。鳩摩羅什等人雖然精通梵文，但對漢語卻掌握較差，翻譯時，經常是「手執胡本（梵本），口宣秦言（即漢語，西域人稱漢語為秦語、漢人為秦人）」，再由一旁的助手筆錄。鳩摩羅什全是走意譯方式，譯文經過筆錄的助手潤色後，「雖得大意，殊隔文體」，辭不達意或錯譯的情況屢見不鮮。而精通漢文的中國僧人如法顯等，對梵文則不夠精通，譯出的經文也是「終隔圓通」。玄奘兼通漢梵語，水準也極高。他在印度求學時，《制惡見論》、《會宗論》等令他飲譽天竺的名篇均是以梵文寫成，因此他翻譯時，基本上已達出口成章，下筆即是。他還突破了鳩摩羅什以來的意譯局限，以直譯配合意譯。這樣，既不違原意，又方便中土讀者閱讀，「印度」一詞的翻譯即是明證。正因為譯經成就斐然，玄奘成為中國佛教史上最重要的譯經大師，被稱為「自大教東流，翻譯之盛未有如法師者」。至於他的佛教修為，前面已在講慧能開創中國禪宗的時候提過，不再贅述。

麟德元年二月初五，晚上四更剛過，關中北部坊州的南城門突然開啟，一匹駿馬在黑夜中穿城而出，呼嘯而去。騎士由北向南，穿宜君，繞同官（今陝西銅川），下華原（今陝西耀縣），直奔長安。三個時辰後，騎士到達長安開遠門，交驗腰牌和文書後，立即向東直奔皇城。馬蹄聲響徹長安大街，給聞聲驚醒的人們帶來一絲不安。

不久後，玄奘二月初五夜半圓寂於坊州玉華寺的消息傳入唐高宗耳中。唐高宗大為悲痛，哭泣說：「朕失國寶矣！」性格一向剛毅堅忍的皇后武則天也不禁露出了哀傷之情。武則天曾經為唐太宗才人**註**5，在唐太宗死後被迫到感業寺出家，但她卻憑著深沉的心機和非凡的手段當上了唐高宗的皇后，從此崛起於政治舞臺。特別值得一提的是，武則天後來稱帝後，大肆興起佛教，廣建寺廟，排擠道教。終唐一朝，把佛教作為「國教」的皇帝只有武則天一人。

註5：級別甚低的嬪妃，是後宮中三夫人、九嬪以下二十七世婦中品級最低的一類。

玄奘圓寂的消息傳遍了大街小巷。寒風嗚咽，天日無光，整個長安城籠罩在一片悲涼的氣氛中。唐高宗宣布罷朝數日，前後五次下詔書，經營玄奘喪事，並下令一切喪葬費用全部由國家供給。

　　玄奘的靈柩運回京師後，斂以金棺銀椁，先停放在慈恩寺翻經堂，每日前來吊唁哭泣者多達上千人。

　　四月十四日，玄奘的葬禮在長安舉行。葬禮結束後，他將被安葬到長安城外的丈河邊。送葬這天，長安僧尼和士庶送來了素蓋、幡幢、帳輿、金棺、銀槃、婆羅樹等，達五百餘座之多，分布在城內主要大街要道上。同時以繪采三千疋，結成輦、輿以載柩。方圓五百里之內，四面八方的人流，都匯向長安城東丈河旁的白鹿原，人數達一百餘萬。而當時長安城內的總人口僅約百萬，幾乎是傾城而出。這是人們發自內心深處對法師的尊敬和哀悼。

　　只見送葬的隊伍中，素蓋白幢，如白雲浮動，淒婉的哀樂響徹雲霄，令人神動。在玄奘白鹿原的下葬之處，方圓四十里之內，擠滿了僧、俗兩眾，水洩不通。當天晚上，自發在墓邊為法師守靈的人，多達三萬餘人。這種萬人空巷的送葬，在長安歷史上還從來沒有過。這是對玄奘偉大一生的最佳肯定。

玄奘法師頂骨舍利

大事記

隋文帝開皇二十年（西元 600 年）

玄奘出生；隋文帝廢長子楊勇太子位，改立次子楊廣為太子；西突厥步迦可汗（即達頭可汗）引兵犯邊。

隋煬帝大業八年（西元 612 年）

玄奘剃度於洛陽淨土寺。

唐高祖武德元年（西元 618 年）

隋朝滅亡，唐朝立國。

唐高祖武德九年（西元 626 年）

唐高祖下令抑制佛教；唐太宗藉由玄武門之變登上皇位。

唐太宗貞觀三年（西元 629 年）

玄奘離開長安西行；唐太宗決定討伐東突厥。

唐太宗貞觀四年（西元 630 年）

玄奘於年初到達高昌國；東突厥滅亡；玄奘進入北印度境內。

唐太宗貞觀七年（西元 633 年）

玄奘到達「西天」那爛陀寺。

唐太宗貞觀十二年（西元 638 年）

玄奘離開那爛陀寺，開始漫遊印度。

唐太宗貞觀十四年（西元 640 年）

高昌滅亡。

唐太宗貞觀十六年（西元 642 年）

曲女城大會。

唐太宗貞觀十七年（西元 643 年）

玄奘動身回國。

唐太宗貞觀十九年（西元 645 年）

玄奘回到長安；唐太宗征高句麗失敗。

唐太宗貞觀二十年（西元 646 年）

《大唐西域記》完成。

唐太宗貞觀二十二年（西元 648 年）

玄奘由弘福寺遷居到大慈恩寺。

唐太宗貞觀二十三年（西元 649 年）

唐太宗病逝。

唐高宗顯慶三年（西元 658 年）

玄奘由大慈恩寺移居西明寺，又移居玉華寺。

唐高宗麟德元年（西元 664 年）

玄奘圓寂於玉華寺。

關於《大唐・玄奘・真經》

　　《大唐・玄奘・真經》是唐朝名僧玄奘的傳記，是筆者第一本歷史人物傳記書。非常感謝央視《探索・發現》欄目和中國民主法制出版社對我的信任，給了我這樣一個寶貴的機會。於我而言，也是重大的挑戰。

　　這本《大唐・玄奘・真經》，可能會與以往的人物傳記不大類同，沒有僅僅局限於主人公本身的事蹟。古希臘哲人亞里斯多德曾經說過：「人是政治的動物。」這實際上是強調人的社會性：人無法孤立地生活，必須生存社會中。歷史人物也是如此，始終無法脫離大的歷史背景。即使是佛教這樣對中國歷史和文化影響重大的宗教，首先也只是時代下社會和政治生活的一部分。因此，我在本書中對大歷史背景的敘述明顯較傳統傳記為多，人物傳記誠然是人的傳記，但更應該是時代的傳記。當玄奘事蹟植入大時代的背景後，他一心求法的決心、勇於冒險的精神、百折不撓的意志才顯得更加可貴。

　　除了玄奘生平外，我還對唐初廣為矚目的儒、釋、道之爭的前因後果作了詳細的敘述。而唐太宗一生不信佛，甚至極度厭惡佛教，後來卻成為玄奘一生中最重要的知音，到底是玄奘人格的魅力使然，還是佛教精神的力量，或者是唐太宗自身的原因，這其中的種種演變也大有可玩味之處，本書也進行了一些探討。

　　玄奘對中國佛教史的貢獻不再多提。對於普通讀者來說，玄奘的傳奇不在於他在佛教史上的偉大，而在於他西行旅程的歷險，以及沿途的風土人情。正因為如此，取材於玄奘探險旅程的《西遊記》才能歷數百年而不衰。因為篇幅所限，我沒有花太多筆墨在這一部分。有興趣的讀者，可以參讀玄奘原著的《大唐西域記》。《大唐西域記》本身的史學價值無法估量，探險家斯坦因便是依靠《大唐西域記》中的敘述，將考察挖掘過的數百個沙漠廢墟核對出城鎮名稱。西元 1861年，歐洲學者勘查湮沒已久的印度那爛陀寺時，也是根據《大唐西域記》的記載來發掘。倘若讀者感到閱讀古文不便，可參考季羨林等人注譯的《大唐西域記》，有精校本、注釋本、今譯本、英譯本四種。在此，特別向贈送《大唐西域記今譯》（陝西人民出版社，1985年版）給我的張玉霞老師表示最誠摯的謝意。

這裡要說明的是，雖然講述的是歷史人物，有許多史料可資參考，但不少地方仍然有作者自己的理解和推斷，「文章千古事，得失寸心知」。另外，我對自己長期以來特別關注的西域古國如樓蘭、于闐多花了一點筆墨，或許稍微有點跑題，但我關注它們的歷史和文明已久，也想藉此機會拿出來與讀者一起分享。

最後還要強調一句，本書字裡行間中著重展現的是玄奘精神。玄奘最偉大之處便在於他的精神，即使放在今天的時代，依舊是我們頭頂的一盞明燈。閱讀人物傳記往往會有特別的體驗，若真用心去想像、去感受、去思考，會發現英雄的生命能在我們自己的生命中延展，這便是精神的力量。無論滄海桑田，無論時代變幻，玄奘精神永遠不會消亡。

吳 蔚

西元 2008 年一月，書於北京

關於《大唐・玄奘・眞經》

大唐西遊記 解說詞

《探索‧發現》欄目組／編著

第一集 歷史・神話

人/物/採/訪

王邦維
北京大學東方學研究院院長

卡瑪・希爾
印度巴納拉斯大學漢學博士

段玉明
四川大學道教與宗教文化研究所博士

胡小偉
中國社會科學院研究員

湛如
北京大學東語系博士

西元 664 年，中國農曆的四月十四日，唐朝僧人玄奘的葬禮在都城長安舉行。送葬隊伍從城南皇家寺院大慈恩寺出發，中途經過都城最主要的街道。

據當時參加葬禮的人描述：這一天，街道兩側布滿了素蓋、幡幢、帳輿、金棺、婆羅樹，淒婉的笳聲傳來，使長安城顯得肅穆悲涼。超過百萬的送葬人群站在街邊，目送著身裹草席的高僧遺體最後一次從這裡經過。

為一個和尚舉辦這種規格的葬禮，在中國歷史上前無古人、後無來者。

這是一個古老的故事：一位生活在中國唐朝的和尚，騎著一匹白龍馬，帶著三個長相奇怪的徒弟，到西天佛國求取真經。這個叫《西遊記》的故事在中國家喻戶曉，甚至從東方流傳到全世界。

不知從什麼時候開始，有人尋找起這些奇怪人物的出處。唐僧西天取經的故事真的發生過嗎？如果這些故事確實存在，為什麼唐僧的徒弟們非妖即怪？如果歷史當中本來沒有這些人物，那他們又到底來自哪裡？

人們傳說，這位名叫玄奘的僧人就是後來《西遊記》當中的唐僧。

他曾經歷時十七年，經過了一百零八個國家，到達現在的印度一帶。當他回到唐朝都城長安的時候，他帶回來了約七百部經書。

編按：為兼顧閱讀性，採訪文字和解說詞略有調整刪去贅詞。

採訪 段玉明：當時他向朝廷（我們說打報告）要求出去的時候，當時朝廷是沒批准的。於是他是私下出去的。

採訪 王邦維：到了安息之後，他曾經想找一個嚮導，但這個嚮導剛走出去就退回來了。

採訪 段玉明：有材料記載說，他路上也收了徒弟。

採訪 王邦維：到了後來，這個故事的發展就是說他有四個弟子，《西遊記》的四個弟子是在晚唐或者宋初、五代時代出現的。

採訪 段玉明：但這些徒弟實際上都沒跟他走到頭。根據《大唐西遊記求法高僧傳》，和他自己寫的《大唐西域記》來看，實際是他一個人走完這個路程的。

　　問題的可疑之處在於，在正統的歷史記載當中，介紹玄奘時說他是孤身一人到印度取經的，並沒有提到任何弟子。

安西榆林窟

水月觀音圖

楊柳青年畫《西遊記》

神話小說《西遊記》出自小說家吳承恩之手，這位小說家生活在西元十五世紀，那時候正是中國的明朝，距離玄奘逝世已經整整八百年了。在這八百年間留下的壁畫、書籍當中，我們是否能夠清晰地找到唐僧弟子們演變的脈絡呢？

在敦煌莫高窟以東大約一百公里，有一個叫做榆林窟的佛教石窟。開鑿時間約當中國的西夏時期，也就是西元 1038 年到 1227 年之間。

洞窟中有兩幅以唐僧西天取經為題材的壁畫，一幅是第二窟西壁的《水月觀音圖》，另一幅是第三窟西壁的《普賢經變圖》。

這兩幅圖中，玄奘都帶著猴子和一匹馬。

值得注意的是，在前一幅壁畫當中，玄奘頭部周圍沒有光環，到了第三窟《普賢經變圖》時，玄奘頭部周圍出現了光環，身後的馬背上馱了蓮花臺，蓮花臺上有一個散發祥光的包裹。

 胡小偉：從這兩個比較上來看，前面一個應該是在途中有了難的時候觀音顯像來救的。後面一個是把經書取到了發的光，光環應該是表現這樣的過程。因為這個光環在佛教裡是有說法的，所以有很多中國的名山大川，比如峨眉山有個捨身岩，自稱在那會看見自己背後的光環，成佛似的，那個是修成正果的一個符號。

166

距離製作榆林窟二、三十年後，福建省泉州開元寺出現了以唐僧西天取經為主題的浮雕，浮雕群中有玄奘、猴行者和東海火龍太子的雕像。

時間相隔如此近，地理位置相隔如此遠，出現了同一主題的繪畫，這說明西元十二到十三世紀，唐僧西天取經的故事已經在中國民間廣泛流傳。

玄奘已經不是像他自己口述的那樣一個人走完全程，而是有了兩個陪同的隨從。

這兩個隨從一個是為他探路和降妖的猴行者，另一個則是唐僧的交通工具白龍馬。

顯然《西遊記》中的主角孫悟空就是由壁畫和浮雕中的猴行者演變而來。

讓現代人不解的是，猴行者怎麼有了名字，又是如何從一個隨從變成了故事的主角，聲名超過了玄奘？1990 年，有人提出，孫悟空不是一隻猴子，而是另外一位唐朝的和尚，名叫車奉朝，悟空是他的法號。

普賢經變圖

泉州開元寺鎮國塔壁的猴行者

泉州開元寺鎮國塔

採訪 王邦維：在中唐時代，軍隊裡面有一個軍官叫車奉朝，他後來出家了。就在現在的新疆西部或者喀什米爾這一帶出家了，他的法名叫悟空。

採訪 胡小偉：從年代來看，他（車奉朝）是比玄奘略晚。第二個，他後來傳的也是密宗的一些東西。

《繪圖增像西遊記》繡像

採訪 段玉明：我們研究《西遊記》的學者，有人可能就以為名字是悟空嗎？他（車奉朝）也到西天取經嗎？所以，是不是有人就覺得之間有關係，就把他認作是孫悟空的原型。

　　西元 745 年，就在玄奘從印度取經回國的一百年後，當時的唐朝皇帝唐玄宗派遣四十幾位朝臣出使西域，車奉朝是其中的一位朝臣。

　　當唐朝政府的使團完成任務，準備回國時，車奉朝卻突然生病了，無法隨行歸國，只好留在了西域。車奉朝病癒後，在西域出

泉州開元寺佛龕浮雕

家當了和尚，法號悟空。從那時開始，他遊歷印度，直到四十年後才回到長安。悟空法師是史料記載中，唐代西行的最後一人。

這種說法聽起來似乎非常有道理，但是從一開始，學術界就有人反對這種說法。日本研究《西遊記》的一位專家認為，在唐代，具有悟空法號的僧人不止一人，把車奉朝和孫悟空聯繫在一起未免有些牽強。

如果車奉朝不是唐僧的大弟子孫悟空的原型，那麼孫悟空這個人物在歷史當中是否真實的存在呢？

有關孫悟空的出處，另外有些學者提出，玄奘在取經過程當中並非沒有收過徒弟，而孫悟空就是他的第一個弟子。

這種說法的依據來自玄奘的個人傳記《大唐三藏法師傳》。

採訪 湛如：三藏法師傳由他的直系門人
慧立他們一起寫的，這個傳記是中
國第一部記載玄奘法師的傳記，在
資料記述的手法上，包括對於玄奘
平時見聞的表述上應該是作了全方
位的綜合。

採訪 王邦維：這部傳記就記載了玄奘法
師整個一生的經歷，所以前五卷基
本上是玄奘法師的取經經歷，後面
五卷是他回國的經歷。

採訪 湛如：這樣來看，這部傳記基本上
是可信的。當然，裡面會有一些個
人的情感以及個人的一些所做選
擇，在傾向上有一些程度不同。

在這本書裡，有一個情節提到玄奘
在現在的敦煌附近曾經收過一個胡人弟
子，名字叫做石槃陀。

石槃陀是玄奘在西行路上所收的
第一個弟子，而且身分是嚮導，曾經幫
助玄奘度過了難關，但是後來卻突發歹
意，想向自己的師父下毒手。這些描述
似乎都和《西遊記》當中的孫悟空符
合。

更為重要的是，石槃陀是一個西域
人，在當時，西域人被稱作胡人，他當
了和尚，就是胡僧，胡僧與「猢猻」音
近。「唐僧取經，胡僧幫忙」在流傳過
程當中很可能成了「唐僧取經，猢猻幫
忙」。但是，如果這段收徒弟的經歷確
實存在，為什麼在玄奘本人口述的遊記

《大唐西遊記》解說詞

《大唐西域記》當中，並沒有提到這個重要的情節呢？

採訪 湛如：玄奘法師在西行過程當中，包括他的歸國途中記載的國家達一百多個，這是非常多的數字，一百多個國家裡面有的地方記載得非常詳細，比如說高昌、于闐等等這些西域國家記載得非常詳盡，但是像石槃陀這樣的故事是玄奘法師還沒有離開唐朝的邊關之前，換句話說，還沒有達到西域。因此，《大唐西域記》在這段沒有很好的記載，沒有記錄。

孫悟空是胡僧石槃陀的這個觀點提出來後，立刻有學者表示贊同。

採訪 胡小偉：根據記錄玄奘取經過程的《大唐西域記》裡面曾經記載，他（玄奘）出了玉門關以後，曾經得到一個人的幫助。這個人叫石槃陀，說是甘肅人，所以有的人言之鑿鑿認為孫悟空是甘肅人。

學者們紛紛和孫悟空攀老鄉，六十年前，一個叫胡適的人卻反其道而行之。

胡適認為，孫悟空是一個外國人。

印度古代敘事詩〈羅摩衍那〉中有一個神通廣大、智勇雙全的神猴，叫「哈奴曼」。直到今天，哈奴曼還是印度教當中非常重要的神。印度人甚至為他建造神廟，供人們膜拜。

胡適像

採訪 卡瑪·希爾：印度人將猴神視為一位非常重要的神。據說牠可以排除各種艱難險阻。當人們遇到困難的時候，他們會向猴神祈禱。你幾乎可以在印度北方的所有城市中找到猴神廟。所以猴神在印度受人們喜愛的程度不亞於喇嘛。

《羅摩衍那》壁畫的神猴哈奴曼

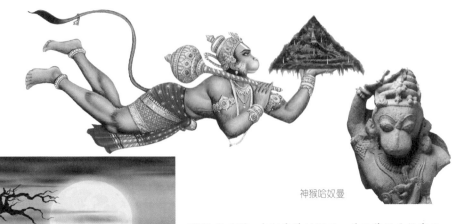

神猴哈奴曼

採訪 段玉明：在印度神話裡面，神猴傳說是很廣的。所以，這個也隨著佛經翻譯傳過來，在中國佛教裡面。

採訪 王邦維：這個形象，認為他（神猴）神通廣大，而且他幫助一個被流放王子最後重新獲得了王位（也是和魔軍作戰）。這個故事、這種情節，大家認為和《西遊記》裡面的一些相似，所以認為孫悟空的形象可能是受到這個形象的啟發而形成的。

手拿金箍棒的孫悟空在唐僧取經的路上擔當著探路先鋒的角色，在所有的弟子當中，他的法術最高超，會七十二變，一個觔斗能翻到十萬八千里。一路上降妖除魔，威風凜凜。這樣看來，說孫悟空是一個神，似乎更加可信。

但是，也許正是因為這個人物太重要，中國人不願意接受自己最喜愛的神話英雄孫悟空竟是外國神靈這一事實，孫悟空是外國人的這個說法並沒有流傳開。

那麼，孫悟空又是在什麼時候代替唐僧，成為取經故事中的主角呢？

玄奘取經的故事在宋代廣為流傳，宋代的說

書人有這樣一個不成文的規矩：正
式講故事前，為了等晚來的聽眾，
又不至於冷落早到的聽眾，說書先
生先不講故事的主體，而是先講一
段書中次要人物的故事。孫悟空的
故事也許就是在那個時候被說書先
生用來等場子用的。

敦煌壁畫中的白馬

　　後來，說書先生發現，比起唐
僧的故事，正式開場之前猴子的故
事似乎更受人們的喜愛。於是，孫
悟空在故事當中的分量慢慢增加，後來成為了取經故事的主角。

　　那個和猴行者同時出現的白馬則沒有孫悟空這麼幸運，牠沒有得到足夠的重
視，牠是四個隨從裡唯一沒有名字的角色。

　　馬是古人長途旅行的重要工具，牠就像沙和尚用的扁擔一樣沒必要提升到隨
從的位置，為什麼《西遊記》要把馬描寫成隨從呢？

　　西元七世紀，當玄奘踏上西去的絲綢之路時，一匹又瘦又小的棗紅馬成為他
的交通工具。但就是這匹識途的老馬為玄奘領路，找到了救命的泉水，成功地走
出了戈壁沙漠。

　　不過老馬再神奇，畢竟還是一匹馬。於是，古人又為唐僧坐騎的身分加上了
一個光環。

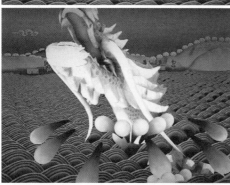

在小說中，玄奘的坐騎不是普通的一匹馬，而是由龍化身而來。

龍在古代中國是帝王的象徵，龍怎麼會化身為一匹馬，成為一個僧人長途旅行的坐騎呢？

玄奘在《大唐西域記》中記載了很多關於龍的故事。

印度河上游的烏仗那國有一個阿波邏龍泉。裡面住著一條龍，這條龍原本是個巫師，他精通咒語，可以控制惡龍，使得當地風調雨順，老百姓生活富足。他的要求則是每年每家送一斗糧給他。可是，後來豐收了，有人卻不再給他送糧，他非常生氣，發誓要變成惡龍，懲罰百姓。

巫師死後果然變成惡龍，給當地人民帶來了災難。佛祖知道後，對他講法，感化了惡龍。惡龍對佛祖說：「我吃的東西都是依賴別人田裡的莊稼，否則我就餓死了。請你允許我每十二年發一次災，做一下儲備。」佛祖同意，於是這個地方每十二年遭一次水災。

有一種說法認為，《西遊記》中的白龍馬繼承了這種西域龍的性格。

採訪 王邦維：在佛教傳入中國以前，中國的龍是比較單調而且比較簡單，沒有這麼多複雜的故事賦予到它身上去。但是，佛教傳入中國以後，這個佛教裡面和印度關於龍的傳說很多。

採訪 湛如：《大唐西域記》出版之後，唐朝很多志怪小說還有一些民間文學出現了很多跟龍王有關的描述，這些描述在形式上以及內容上都豐富多彩。

採訪 王邦維：他把龍賦與龍王的形象，還有龍和龍之間要發生戰爭，或者龍和龍之間有時友好相待，或者龍又為老百姓帶來什麼好處，或者牠發怒之後又傷害人，牠比原來繼承下的龍的概念豐富多了。

安西榆林窟毗沙門天像

採訪 湛如：按照《西遊記》裡的記載，為了懲
　　　罰龍王所犯下的錯誤，於是讓他變成白龍
　　　馬，供唐僧西天取經。這是故事大概的來
　　　歷。

　　說完孫悟空和白龍馬，按說應該討論玄
奘的二徒弟豬八戒了，但是如果將時間回溯
到南宋，那時候流傳的唐僧取經故事中已經
有了沙和尚的形象，而豬八戒還要等到元代
才會出現。

　　在完成於玄奘圓寂二十四年後的《法師
傳》中，不論是孫悟空還是豬八戒，都找不
到說法統一的原型，這兩個形象更像是後人
藉由想像憑空創造的。

第
一
集
　
歷
史
・
神
話

177

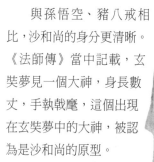

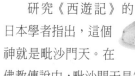

胡俑塑像

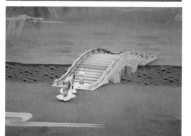

與孫悟空、豬八戒相比，沙和尚的身分更清晰。《法師傳》當中記載，玄奘夢見一個大神，身長數丈，手執戟麾，這個出現在玄奘夢中的大神，被認為是沙和尚的原型。

研究《西遊記》的日本學者指出，這個神就是毗沙門天。在佛教傳說中，毗沙門天是守護北方的善神，而祂的化身就是深沙神。

南宋時期流傳的《取經詩話》提到了深沙神和玄奘的初次見面：「待到唐僧師徒要過河的時候，深沙神當時哮吼，教和尚莫驚。只見紅塵隱隱，白雪紛紛，良久，一時三五道火裂，深沙滾滾，雷聲喊喊，

遙望一道金橋，兩邊銀線，竟是深沙神，身長三丈，將兩手托定；師行七人，便從金橋上過了。深沙神合掌相送。」

此時，《法師傳》裡的大神已經悄悄發生了質變，不僅有了名字，也與我們熟悉的沙和尚更接近了。

除了玄奘夢見的一個大神，沙和尚的來歷與真實的玄奘取經經歷還有著什麼樣的聯繫呢？

深訪 王邦維：沙僧這個形象讓我們感到很不像中原和尚，像一個西域的、或具中亞體貌特徵的和尚。中國和印度隔著一座喜馬拉雅山，直接的邊境，這是非常難走的，今天也很難走，但是可以通過喀什米爾高原，先到中亞這一帶我們說的西域，然後順那個絲綢之路到中國來。

歡喜天

摩利支天

《大唐西遊記》解說詞

從形象上推斷，沙和尚似乎與《法師傳》當中記載的胡僧石槃陀更為接近。

這種說法似乎也可以證明，沙和尚這個形象較猴和豬更接近史實。

豬八戒這個人物形象最早出現在中國元朝的《西遊記》版本中，為什麼在元朝，豬八戒加入到取經隊伍，成了唐僧的弟子呢？

要說清豬八戒的形象來源，先要從藏傳佛教東傳的歷史講起。

西元 1269 年，元朝建立前兩年，忽必烈封西藏僧人八思巴喇嘛為帝師，授與「大寶法王」稱號。從此藏傳佛教開始影響中原文化。

在藏傳佛教的雕像中，有一種雕像是以往中原佛教沒有的，就是「歡喜天」。歡喜天有象首人身的夫婦合體像和象首、豬首二神的擁抱像。此外，對摩利支天菩薩的信仰在藏傳佛教當中也很盛行，人們常常在日出時口誦他的名字迎接新的一天。而這個摩利支天菩薩的塑像有三個頭，左側的那個頭是一個豬的形象。

在元代，由於藏傳佛教的影響，豬具有了佛性，大概正因為如此，豬才加入到了《西遊記》這個佛教故事中，成為唐僧的弟子。

也正是因為豬在藏傳佛教當中是歡喜佛的化身，豬八戒才成了一個喜愛美女的佛門弟子。

　　那麼，出現較晚的豬八戒又為什麼會由唐僧的三弟子演化為唐僧的二弟子呢？

段玉明：到後來演化的時候，孫悟空的地位越占越大，在中間起的作用也越來越大。然後他們給豬八戒這個形象，他的篇幅也越來越多，反而沙和尚逐漸退下來變成只挑擔，只會跟隨大師兄，叫幹什麼幹什麼的一個形象。

　　所有關於唐僧弟子們來歷的說法都是想像和猜測。

　　因為，《西遊記》只不過是一部誕生於西元十五世紀的神話小說，而在神話誕生以前，唐僧取經的傳說已經在說書人和老百姓當中流傳了幾百年。

　　歷史只有一種真相：那就是西元七世紀，一位叫玄奘的僧人曾經遠行印度，求取佛法。而歷史永遠比傳說和神話更為精采。

　　玄奘到底是一個什麼樣的人？在唐王朝建立之初，他為什麼要遠離家鄉，踏上西行的道路？在他取經的路途上，又發生了哪些驚心動魄的傳奇故事？

人／物／採／訪

李立安
西北大學佛教研究所所長

宗性
成都市佛教協會會長

龍顯昭
四川省史學會副理事長

王邦維
北京大學東方學研究院院長

湛如
北京大學東語系博士

在明代小說《西遊記》裡，作者用了四個章節講述唐僧的身世。

這是一個集愛情、暴力、復仇和仕途為一體的通俗故事。小說中唐僧的父親高中新科狀元，並娶官宦之女為妻，奉皇上的命令到外地做官。

在赴官途中，唐僧的父親被劫匪害死，官位和妻子都被霸占。此時，唐僧的母親已經懷孕，忍辱順從了劫匪。

《西遊記》

她生下唐僧後，不敢自己養育，拋到水中。幼小的唐僧被一位老和尚救起，並在寺院中長大。

唐僧長大後，在老和尚的指引下見到了自己的母親。

得知身世後，唐僧在皇帝面前陳述了家族的冤情，當年害死唐僧父親的歹徒被處死。之後，唐僧為報皇恩，立誓去西天尋求佛法，保證大唐基業永存。

《西遊記》當中的這段故事是否真的發生過呢？

西元 610 年，隋朝末代皇帝楊廣在洛陽端門街召開了一個月的狂歡戲會。他讓天下所有的戲曲、戲劇都來到這個廣場參加演出，相當於一場文藝大會演。據文獻記載，當時戲場中光樂器伴奏就有一萬八千人。

此時，離端門街不遠的洛陽城淨土寺，僧人們依然過著晨鐘暮鼓的安靜生活。

這一年，一個叫陳褘的十歲男孩被哥哥帶進了這座寺院，此時兄弟倆父母雙亡，已經成為兩個孤兒。這個男孩就是後來

的玄奘，從那一天開始，他的生命與寺院結下了
不解之緣。

　　在玄奘的弟子們為其撰寫的傳記當中，有這
樣一段預言般的描述。說的是早在玄奘小時候，
他的母親作過一個夢，夢見玄奘騎著一匹白馬，
往西去求取佛法。

　　這樣的記述出現在一本傳記當中顯然不太恰
當。後來的學者認為，這是因為在撰寫傳記的時
候，玄奘已經取經回國，成為功德無量的大法師，
弟子們這樣描述玄奘，顯然有神化師父的嫌疑。

　　西元 600 年，玄奘出生在河南洛陽附近的一
個小村莊。當時，洛陽佛教十分興盛。這個當時
隋王朝的東都，有著佛教傳入中國後的第一座寺
廟——白馬寺。時間約是在兩漢交替之際，也就
是西元一世紀。

《大唐西遊記》解說詞

採訪 李立安：佛教界有一個記載，就說東漢明帝，在永平年間的時候有一天突然作了一個夢，夢到有金人在空中飛翔，在界域的空中飛翔，所以第二天就問大臣：「有誰能給朕解釋一下奇夢到底是怎麼回事？」那麼有人就告訴他：「這是西方的一個佛，您所夢到的這個金人應該就是西方的佛。」明帝於是就派了一幫人馬到西方去求取佛經了。在那中亞一帶遇到兩位印度的僧人，一個叫竺法蘭、一個叫攝摩騰，於是把他們請回來，用白馬馱著他們的經簡直抵洛陽城，朝廷為了安置這些經簡、安置這些僧人，建設了一座寺廟叫「白馬寺」，所以這座白馬寺被認為是中國最早的寺廟。而白馬馱經到中原到洛陽也被認為中國最早有佛教的開始。

洛陽白馬寺石雕

　　神話小說《西遊記》卻把這個夢安在了唐朝皇帝唐太宗身上，在夢裡，太宗皇帝同樣夢見了白馬馱著佛經，於是決定派人出使西天，去尋求真經。這樣，皇帝便開始在國內尋找合適的人選。從小在寺院中長大的唐僧被皇帝挑中，接受了西天取經的任務。

　　但是在真實的歷史當中，玄奘出國之前並沒有和唐朝的皇帝發生任何直接的關係。

　　在陳褘出生十年前，一個統一中國的政權——隋王朝出現了。隋朝的皇帝比以往的帝王更加崇奉佛教，洛陽在作為隋朝東都的同時，還被確立為最重要的佛教中心之一。

隋王朝狂歡的歌舞還沒完全落幕，中國封建歷史上第六次改朝換代的時刻來臨了。

西元 618 年，一支農民起義軍攻陷了洛陽，剛剛還熱鬧非凡、一片繁榮的洛陽陷入混亂之中，寺院被毀，僧人紛紛逃亡。

陳禕和他的哥哥來到長安一帶避難。但此時新王朝剛成立，長安百廢待興，寺院空空蕩蕩，陳禕建議到佛事繁盛的益州去。

益州就是今天的成都。

成都地處中國西南部，由於四面環山，交通不便，形成了相對封閉的自然和人文環境。所以即使在改朝換代的大動盪時期，成都也幾乎沒有受到戰爭的破壞。

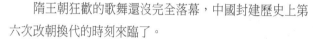

採訪 宗性：成都豐寧，說明成都當時的社會用今天的話講，是「社會治安社會秩序相對穩定」，也叫「大後方比較安定」，高僧來到成都自然帶來了佛教興隆的氣象，所以玄奘法師在這樣的背景下來到了成都。

四川廣元皇澤寺

武后步輦圖

在通往益州的路上，兄弟倆在廣元縣的普澤寺停留。普澤寺後來改名為皇澤寺，因為中國歷史上唯一一位女皇帝武則天的童年在廣元縣度過，而她降生的年代，是陳禕兄弟倆經過這裡的六年之後。

這彷彿是一個預兆，預示著陳禕這一生將在帝王間周旋。

陳禕真正認識武則天是四十多年以後，那時她正貴為皇后，她請已經成為高僧的陳禕為她剛剛出生的皇子唸佛祈福。

來到四川四年之後，陳禕和他的哥哥名望大增，被當地人讚嘆為：「昔聞荀氏八龍，今見陳門雙翼。」

採訪 龍顯昭：荀淑他的八個兒子在經學方面都各有專長，他的幾個孩子後來都在經學方面造詣頗深，各通一經，在全國很有名，所以到處立這八個孩子為「荀氏八龍」。

蜀人用荀氏八子來比陳褘家兩兄弟的才能，表達了對陳褘和他的哥哥在佛學上的認可。

不久，陳褘在成都大慈寺受「具足戒」。「戒」是佛教徒應當遵守的戒條、戒律。舉行儀式，接受師父授予的戒條，叫「受戒」。受「具足戒」表明已經成為真正的僧人，在中國，這個儀式意味著受戒人從此往後要遵守多達二百五十條的戒律。

採訪 宗性：這裡面就包括一些要學習、要懺悔，要學習一些禮儀，學習出家人基本的規範等等。這些學好了，首先夠這個資格了，才給你受戒；如果你在期間學習不過關，不合格，還要辭退你的。所以這個儀式是非常莊重，也非常神聖的。

當陳褘獲得這一資格時年僅二十一歲。不過，他已經在寺院中生活了七年，是一名老資格的出家人。

隋朝末年，由於無力供養帝國當中數量眾多的僧人，隋朝皇帝開始控制僧人的數量。

剃度受戒（高昌壁畫）

《大唐西遊記》解說詞

剃度（敦煌壁畫）

佛教徒在隋唐享受免除一切世俗義務的福利，比如賦稅、徭役和兵役。史書記載：「佛教徒上不朝天子，下不讓諸侯；寸絹不輸官府，斗米不進公倉。」

如此優越的待遇，使越來越多的人進入寺院，帝國當中的農民數量日漸減少。出家人數量的增多也使佛教徒魚龍混雜。為了防止人們逃避義務而出家，隋唐把「度僧」制度化，嚴禁擅自進入佛門，俗人要成為僧人必須由朝廷審核資格，通過審核才能剃度。

透過這種方法，隋唐政府有效地控制了不為國家經濟做出直接貢獻之僧人的數量。

採訪 王邦維：在隋文帝統治的時期度僧有二十三萬，而隋煬帝時代只有六千多，數量相差比較大，相差大的原因我想其一是隋煬帝時代控制得更嚴一些。

西元612年，隋朝的最後一位皇帝隋煬帝下詔書允許洛陽剃度二十七名僧人。

皇帝決定用全國統一考試的方式來選擇這二十七個僧人，參加考試的人由各座寺院推薦。對於渴望出家的年輕人來說，這顯然是一個難得的機會。那一年，十二歲的陳禕從數百名競爭者中脫穎而出，成為二十七名僧人中年齡最小的一位。

按佛門規定，幼年出家的人稱為「沙彌」，七歲以上的孩子就可以出家做沙彌了。但是十二歲以下的小沙彌只能做些驅趕烏鴉鳥雀之類的雜活，這個年齡階段的僧人又被稱為「驅烏沙彌」。

採訪 湛如：度僧的規定有個嚴格的要求，未滿十八歲的青年人進入佛教的是非常困難的，年齡成為他十二歲進入佛教的一大障礙。僧尼的剃度往往是官度，一般時候沒有太多機會能夠成為出家人。只有在朝廷重大節日、節慶的時候或者是值得紀念的時候，中央政府會給各個州縣一些僧尼的名額，然後按照一定的程序去剃度出家人。玄奘這種十二歲進入佛教界，在當時比較困難。

十二歲的陳禕還是一個不許進入考場的「驅烏沙彌」，他的剃度顯然是個意外。

西元 612 年，隋煬帝號令度僧，十二歲的陳禕正跟隨哥哥在淨土寺學習佛法。因年齡太小，陳禕未被列入寺院推薦的名單當中。

但是，在舉行考試的那一天，這個小沙彌卻早早地站在了公衙門外，尋求機會跟主考官說話。

當時主持度僧的官員名叫鄭善果，門口站著的小沙彌引起了他的注意。陳禕的一句話打動了這位主考官。這句話就是：「意欲遠紹如來，近光遺法。」這位十二歲兒童的意思是，我出家的目的是接續釋迦牟尼佛的志向，弘揚光大佛法。

因為這句話，主考官破格錄取了這個小沙彌。從這一年開始，他不再是那個名叫陳禕的少年，而擁有了一個法號——玄奘。

為什麼十二歲的孩子能夠說出這樣的話呢？

教子圖

湛如：他的祖父陳康是個飽學之士，包括他父親陳惠同樣是受過各種良好學術和知識訓練的。

玄奘的父親陳惠是一位飽讀詩書的文人，但卻從來沒有參加過科舉考試，由於品行口碑良好，被舉孝廉，即由當地百姓推舉去做官。

這種官員任命法是中國實行科舉考試制度之前普遍使用的方法。科舉考試是參與全國統一考試獲得官位，而舉孝廉則是政府在當地進行調查，任命那些深受當地人愛戴的人為官。

西元 604 年，陳禕母親去世。第二年，他的父親由於對隋朝政府不滿，就推託身體有病而辭掉江陵縣令的官職，從此一直在家閒居，教育孩子。

小時候的陳禕從他父親那裡得到的，顯然是他一生受用不盡的學識。在十歲之前，已經完成了玄學和經史論著的學習。

湛如：幼小的玄奘正因為他在這樣的家庭環境裡面耳濡目染，接受了很多佛教以外的知識包括一些學問，同時整個傳統的知識結構非常嚴謹。

尤其令人注意的是，陳禕從很小的時候就表現出與年齡並不相符的特質。

八歲那年，父親給他講《孝經》，說曾子聽孔子講課，孔子問曾子問題

時，曾子立刻站起身來，畢恭畢敬地回答老師的問題。

說到這裡時，陳禕突然整理衣襟站起身來。父親問他為什麼這麼做，他說：「曾子聽到師父的教誨而避席，我今天聽到慈父的教誨，又怎能安心坐在這裡呢？」

玩拼 湛如：他的家庭背景以及家學淵源是良好的，為他以後成為佛教思想史上這般里程碑式的巔峰人物，發揮了不可替代的作用。

正式成為一名僧人以後，玄奘果然不負眾望，他求知欲很強，常常廢寢忘食。剛剃度後沒多久，他就能憑藉超人的記憶力和理解力當眾復述老師所講的《攝大乘論》，令在場僧人們大為驚異。

然而，隋王朝的突然滅亡，打破了他平靜的學習、修行生涯，玄奘建議哥哥到長安繼續學習。

玄奘國內遊學路線圖

從長安,他們輾轉到了成都。卓越的學識使兄弟倆在成都站穩了腳跟,贏得了聲譽。

但是不久,玄奘卻提出離開成都,到南方學習。他勸哥哥一同前往,但被哥哥拒絕了。

玄奘四歲的時候,母親就去世了;十歲的時候,父親去世,唯一的姊姊也遠嫁他鄉。也就是在那一年,玄奘來到了哥哥當僧人的寺院。從那時開始,玄奘一直跟隨哥哥生活,由哥哥撫養長大。

但是現在,玄奘決定離開哥哥,獨自上路。是什麼原因讓他放棄在成都剛剛獲得的名望以及十多年兄弟間的情誼呢?

> **採訪** 湛如:當時成都佛教的學術界,由於義學思想理論有很大的分歧,玄奘的內心深處越來越困惑。他希望能離開成都繼續北上或者是到其他的地方來探尋佛法的真意,包括他後來到印度都有一個連續性。

西元 622 年,二十二歲的玄奘約了幾名商人,沿長江東下,踏上了國內佛學遊歷的生涯。

這位年輕的僧人恐怕沒有想到,這次遊歷會成為多年後國外遊學的一次預演,但正是在這次遊歷之後,他堅定了西行求法的信念。

到底是什麼促使玄奘下定決心踏上前往西方遙遠世界的漫漫旅程呢?

在《西遊記》裡,決定唐僧踏上取經之路的關鍵角色,是佛教的女菩薩——觀音。觀音是佛教中地位最高的女性。在神話故事裡,她帶著來自天庭的命令,要在凡間尋找一位意志堅定的僧人,前往西天佛國求取真經。觀音找到的這個人就是

唐僧。但是,在真實的唐僧取經故事裡,出發的原因卻更為複雜。

從西元 623 年到 626 年,玄奘一直在國內遊歷。他到過荊州、相州和趙州。但是,隨著遊歷的時間越長,他心裡的疑惑卻越濃。

西元 618 年,自稱老子後代的李姓家族開始掌控中國的命運,他們經過幾年的征戰之後,建立了一個新興的王朝——唐。都城定為長安,即今天的陝西省西安市。

老子像

但是在唐朝剛剛建立的時候,大部分地方還沒有從戰爭當中復蘇過來,饑荒、戰亂給老百姓的生活帶來毀滅性的災難。

做為一名僧人,玄奘希望用柔和的方式解決大眾的苦難,而在現有的中原佛經譯著當中,玄奘卻找不到合適的理論。

那時候,佛經的翻譯還遠遠沒有完成。

佛教傳入中國的初始階段,充滿著神話色彩,被當成一種神仙道術或者說是巫術,並沒有被人所真正理解。為了使人們接受佛教,瞭解它的教義,就有了最初佛學經典的翻譯。相傳,最早將佛經翻譯為漢字大概是在西元一世紀中葉,擔任翻譯者的是西域僧人。

唐高祖李淵像

梵文經書

採訪 湛如：現在看來從整個佛教歷史的演變過程中我們發現，佛教從印度開始產生，經過中亞、經過絲綢之路，甚至有的很多佛經不一定直接從梵語，是從西域等很多其他語言轉譯。比如說早期來漢地的僧人，像三國時期、兩晉時期的很多僧人不是印度人，他們是從安息、從大月氏，從西域其他一些國家轉來到中國的。

這樣，在玄奘生活的唐朝初年，由於翻譯的人不一樣，同一部佛教經書可能出現不相符合，甚至自相矛盾的地方。

在神話小說《西遊記》當中，唐僧出發的理由也是真經，是要經過艱難的長途跋涉，歷經九九八十一難之後才能得到的佛經原文。當歷盡磨難，終於到達西天時，他和他的徒弟們得到了一捆捆的經書。但是，當他們翻開佛經的時候，卻驚訝地發現，這些佛經居然都是假的，是無字書。

西元 626 年，當唐王朝第二位皇帝唐太宗登上皇位的時候，玄奘來到了唐朝都城長安。當他到達時，戰亂已經結束，長安開始顯露出復蘇的景象。雲遊的僧人們陸續回到了唐王朝都城的寺院中。在這裡，玄奘又拜了老師繼續學習。二十六歲的玄奘，經過淨土寺的初學、成都的深造、南北遊歷的磨練以及長安的多方詢採，已經學有所成，在長安城獲得了一定的知名度。

但是，玄奘心中的疑惑卻絲毫沒有得到解答。他決定到佛教起源地印度去尋求真經。

玄奘決定遠遊印度的另外一個重要原因是：在長安

的寺院當中，他碰到了一位來自印度的僧人。這位僧人告訴玄奘，在印度，有一所叫做那爛陀的佛教大學，那裡雲集著世界上最有學識的僧人，是真正的佛教聖地。

這個地方就是《西遊記》當中西天雷音寺的原型。

西元 629 年，玄奘已經多次向朝廷提出西行求法的申請，但是，這些申請卻如同石沉大海。本來準備一起出行的同伴們紛紛放棄了遠遊的打算。但是，二十九歲的玄奘卻做出了一個驚人的決定。

正是這個決定，讓玄奘開始了一趟傳奇的冒險。

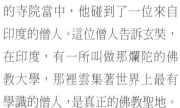

第三集 亂雲・潛渡

人/物/採/訪

王邦維
北京大學東方學研究院院長

宗性
成都市佛教協會會長

黃運喜
臺灣玄奘大學宗教學系副教授

孟憲實
中國人民大學歷史系副教授

湛如
北京大學東語系博士

李立安
西北大學佛教研究所所長

《大唐西域記》書影

　　根據玄奘的旅程見聞《大唐西域記》的記載，我們可以勾勒出玄奘西行到達印度的大致路線：從大唐邊境城市涼州過玉門關後，沿著塔里木盆地的北緣，也就是天山山脈的山腳一路向西。這個路線大致是古代絲綢之路的北線。

　　這是一條凶險的道路，千百年來，這條道路上沙海茫茫、盜賊橫行，死人的白骨鋪滿了連接兩個文明古國之間的道路。

　　《西遊記》中，唐僧在出發時，更像是一位政府派遣的使者。在朝廷大殿上，唐僧與當時的皇帝唐太宗結拜為兄弟。唐朝官兵在唐僧出發的道路上列隊，皇上親自為唐僧遞上送行的酒杯，唐僧騎上駿馬，獨自向著日落的方向出發而去。

　　真實的歷史又是什麼樣呢？

　　西元 626 年，一份申請被遞到了當時的皇帝唐太宗手裡，請求追隨前朝僧人西行的足跡，到西方去求取佛法，惠度眾生。申請上有著眾多僧人的簽名。但是，為首的是長安大覺寺一位年僅二十六歲的僧人，這個人就是玄奘。

　　玄奘十歲進入唐朝東部的寺院，二十歲開始，就在中國到處遊學。他廣

敦煌壁畫

拜名師，年紀輕輕便已精通佛學三藏，
即經藏、律藏和論藏。

在佛教界，精通經藏的稱為「經
師」，精通律藏的稱為「律師」，精通
論藏的稱為「論師」；最高的則是「三
藏法師」，是遍通經、律、論三藏者的
學者。玄奘獲得「三藏法師」的稱號那
一年，年僅二十四歲，在當時確實令佛
教界刮目相看。

唐代以前，佛教在中國還沒有形成
宗派，各地寺院的高僧都是因為學習某
一部經書成績顯著而聞名。

玄奘的求學經歷和大部分僧人不
同，他沒有固定跟隨一位師父，學習某
一部經書，而是遍求名師，涉獵各部經
論。他從中國的東部到西部，從北方到
南方，求知若渴。但是在廣泛接觸了這

麼多的經書和名師之後，玄奘發現在不同的地方，對同樣的佛教理論往往存在著完全不同的解釋。他認為也許是佛經的翻譯出了問題。

玄奘並不是唯一一個提出這種看法的人。幾乎在玄奘生活的同一時代，一位叫張說的人指出，佛陀誕生於西域，其宗教東傳，梵文譯音往往被誤解。

最早為中國人帶來佛經的是一位名叫鳩摩羅什的外國僧人。這個人有著印度貴族血統，卻出生在今天的中國西部新疆一帶，當時那裡有一個叫做龜茲的小國家。

採訪 黃運喜：鳩摩羅什的父親是龜茲國大臣，因為很有才華，所以當時的國王的妹妹，就是鳩摩羅什的母親看上了他。他們後來結婚生了鳩摩羅什。鳩摩羅什其實在年輕的時候就跟著母親到印度去，因為他的母親後來也出家，在印度學得小乘和大乘佛法，再回到龜茲國。

鳩摩羅什像

西元 383 年，一位受中國北方
皇帝任命的將軍攻破了龜茲國，鳩摩
羅什成為這位將軍的俘虜被帶到中
原。在中原的涼州，他當了十七年的
囚徒，在牢獄中，這個人開始學習漢
語並思考翻譯佛經的方法。被釋放以
後，鳩摩羅什來到長安，此後，他一
直在長安生活和工作到西元 413 年。

湛如：他來到漢地之後，在長安
停留了十幾年。翻譯的經典應該
說在東晉時期特別是得到了姚興
的支持，這使他的翻譯事業空前
龐大。其時在他的門下系統從事
佛經翻譯的人多達三千人。

龜茲樂隊

但是少年玄奘對於所能閱讀到
的中文佛經並不滿意，在他遊歷中國
的青少年時期，就有了去印度尋求原
始經文的想法。所以早在國內遊學期
間，他便開始學習梵文。

梵文是古代印度的官方語言，也
是佛教的經典語言。從西元前 1000
年開始，印度半島上的人開始使用這
種語言，它是印度－亞利安語的早期
形式。從那時侯起，這種語言的語法

梵文經書

梵文經書

和發音被當作一種宗教禮儀而絲毫不差地保存下來。唐僧取經時，佛教經書全部用梵文寫成，在佛學界，梵文也是僧人們溝通的通用語言。

在長安期間，玄奘結識了一位印度高僧。他沒想到，去印度求法的夢想因為認識這個人而有了可行性。

這位高僧是從印度來到長安的波頗密多羅。他告訴玄奘，印度的那爛陀寺有位名叫戒賢的高僧，此人通曉全部經論，學識淵博，他講的《瑜伽師地論》應能夠解決玄奘的疑惑。而波頗密多羅本人正是戒賢法師的弟子。

《瑜伽師地論》到底是一部怎樣的佛經？為何能解答玄奘這位高僧的疑惑？

《瑜伽師地論》是未來佛彌勒菩薩所說的佛法。瑜伽是古代印度語的發音，意指結合。佛經認為，藉由在寧靜中修養，凡人能夠達到跟宇宙生命完全的相通，這種天人合一的精神境界，是修行的最高目標。

也就是說，這部佛經傳授的是透過自我修行達到解脫的佛法。

玄奘在國內遊學期間，正是唐朝剛剛建立的時候，帝國的大部分地方還沒有從戰爭當中復甦過來，饑荒、戰亂給老百姓的生活帶來毀滅性的災難。玄奘希望，這部佛經能夠為唐朝百姓的痛苦找到解脫的辦法。於是，玄奘集結了部分僧人向當時政府申請出國留學。

但是在這時，唐朝的第二位皇帝唐太宗卻更鍾愛道教，並且把自己當作是老子的後代。西元七世紀上半葉的某個時期內，在中原一帶甚至流傳著一種對佛教的誹謗言論，認為佛教的教義與孝道和忠君禮儀相違背，使數十萬僧尼過著獨身的生活，帝國失去了許多兒童。

因此，唐太宗並沒有理會僧人一次次的請求。

西元 629 年，當初願意和玄奘結伴而行的僧人紛紛退縮了，但是玄奘卻絲毫沒有退卻。他發誓，一定要到西方找到問題的答案，不到西方取回佛經，絕不回國。玄奘十二歲的理想「遠紹如來，近光遺法」，此時化為具體行動。

就在這一年，玄奘得到了一個意外的機會。他開始實行自己籌備已久的計畫，遠赴印度求取佛法。

這年秋季，北方遭受了嚴重霜害，為了減輕災區的壓力，當時執政的唐太宗允許百姓四出尋找食物。

玄奘終於獲得機會離開長安，踏上西行的旅途。

西元 629 年，二十九歲的唐朝僧人混在一堆逃難災民當中偷偷離開了家鄉。直到那一年，這位僧人還沒有見過唐朝的皇帝，更不用說與皇帝結拜兄弟，被皇帝派遣出國這樣的榮耀了。更富戲劇性的是，不久以後，玄奘的身分就轉變為一名偷渡者。

玄奘剛剛到達今天甘肅的武威一帶，就無法繼續向前了。武威是唐朝西部邊境城市——涼州城。

採訪 王邦維：從西邊來的商人、出使的使節，要到西邊去做生意的商人或是求法的僧人，一律都要經過涼州。涼州在中國古代中西交通上，是一個很重要的城市。

突厥泥塑像

西元前 138 年，由於長期受西域遊牧民族匈奴的騷擾，漢武帝派遣一位名叫張騫的使者去西域尋找同盟者，準備東西夾擊，除掉心腹大患匈奴。歷史上把張騫的這次出使，稱為「鑿空」。

張騫並沒有完成尋找同盟者的任務，但是他所帶回來的西域地理資訊卻如同軍事情報，幫助漢朝政府徹底把匈奴從西域的草原上趕了出去。

不久以後，中原的漢王朝第一次在今天的新疆境內設立了管理機構。

自從張騫通西域後，無數軍人、商旅、使臣、官吏和僧侶沿著張騫的足跡東來西往；絡繹不絕的商旅駝隊駄載絲綢貨物，穿越高山大漠，由中國遠到波斯、羅馬。

這條最古老的陸路通道，連接世界的東方和西方，溝通亞、歐兩大洲，被後人稱為「絲綢之路」。

唐王朝的掌權，是絲綢之路開通以來最重要的事件。

採訪 王邦維：中國古代歷史上有兩個朝代在國際上地位較高，一個是漢代，一個是唐代。漢代當然有張騫通西域，唐代國家綜合實力是最強的，而且當時唐朝政府政策也非常開放，所以東西方交流十分頻繁，在唐朝長安洛陽的外國人非常多，也有很多人到外國去。

但是，在玄奘踏上旅程之初，絲綢之路已被一個馬背上的民族突厥人占領。他們趁隋唐改朝換代之際，奪得了絲綢之路的控制權。唐王朝因此被迫斷絕了和西域各國的外交關係。

騎兵戰陣俑（唐）

西元 629 年，也就是玄奘到達邊境這一年的秋季。大唐和西域的邊界處在戰前的平靜之中，因為再過幾個月，唐太宗李世民就要對東突厥發動征戰。

將要爆發的戰爭是不是阻止僧人繼續西行的全部理由呢？

採訪 湛如：東突厥是遊牧民族，當時的統治範圍在內蒙古一帶。這個民族對於當時的唐王朝來說，它一直從唐初開始就非常注意而且希望納入自己的帝國版圖。

自從唐王朝建立以來，草原帝國東突厥就成為威脅邊疆安全的最大敵人。就在玄奘離開長安的一年前，唐太宗剛剛登上皇位不滿二十天，東突厥的統治者頡利可汗率領十多萬人馬，一直攻打到離長安只有四十里的渭水邊。頡利以為唐太宗剛即位，未必敢抵抗，他先派出使者進長安城見唐太宗，揚言突厥兵一百萬，馬上開到。

唐太宗沒有理會頡利的威脅，先把使者扣押起來，接著，又親自帶了房玄齡等六名大臣，騎馬到渭水邊的便橋，指名要頡利出來隔河對話。

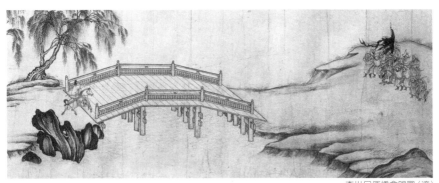

李世民便橋會盟圖（遼）

頡利聽說使者被扣，已是有點吃驚，再看到太宗親自上陣，後面唐軍旌旗招展，軍容整齊，不禁害怕起來。他帶著突厥將領在渭水對岸，下馬拜見太宗。

據史書記載，當時唐太宗隔著渭水對頡利說：「我們兩家早已訂立盟約，幾年來也沒有少給你們金帛，為什麼要背信棄義，帶兵進犯？」

頡利被責備得無話可說，表示願意講和。過了兩天，雙方在便橋上訂立盟約。接著，頡利就退兵了。

這以後，唐太宗加緊軍事訓練，每天召集幾百名將士在殿前練習弓箭，等待時機除掉頡利。

過了涼州，玄奘就算真正踏上西去求法的道路。但是他到了涼州卻並不急於離開，一住就住了一個月，此時，已到了秋末冬初的季節。對於玄奘來說，在涼州稍作休整是不錯的選擇。幾年的遊學使這位年輕法師累積了一定的知名度。在他到達後不久，玄奘就收到了講經的邀請。

採訪 宗性：那個時候的唐朝佛教氣息還是很濃，信的人很多，到一個地方他先不急著走，他就講經，講經吸引很多人聽。

一個月的講經給玄奘帶來了豐富的布施。而且，隨著西行商隊的前進，絲路沿線的西域國家都開始談論這位年輕法師，玄奘開始享有國際性的聲譽。

但是，麻煩隨之而來。

一天，當時的涼州都督李大亮突然將玄奘請去問話。這個地方官先是客氣地請玄奘放棄取經計畫，就此掉頭。

李大亮之所以讓玄奘回長安是有當時法令為依據的。唐朝初年禁止人民自由旅行，若要出國旅行須持「公文」，相當於今天我們使用的護照；唐朝稱「過所」。要是沒有這個公文過關者，就被定位為「私度關」，也就是偷渡。依照唐朝律令，私自度關的人，判處一年牢獄，偷渡成功的人，罪加一等。

對於設立如此嚴格的法律，朝廷的解釋是，為了控制國人和異邦人的私下接觸。

唐王朝為什麼要制定這麼嚴格的出關手續呢？

武官俑

採訪 黃運喜：唐朝事實上有基於保護人民安全和財產安全的意味存在，所以嚴格禁止出關。

採訪 湛如：唐初，對邊境的出關手續管理得極嚴格。在玄奘那時有個較直接的原因，就是對東突厥的戰爭一觸即發。藉由這種人員的控制，可把間諜或情報交流的人員降到最低程度。間諜在戰爭整個過程中所扮演的角色是非常關鍵的，特別是在唐太宗的時候。西元 630 年，唐太宗派信賴的將領李靖率領三千騎兵，這三千騎兵在利用間諜的基礎上獲得對突厥戰爭的重要勝利，把唐朝多年來的心病，亦是他心目中的宿敵之一，給打敗了。

後來，在唐朝對東突厥的戰爭中，間諜成為唐太宗制勝的法寶。

戰爭一觸即發，唐朝政府嚴格控管出境所需要之官方證明「過所」的發放。

李大亮根據唐朝法令，不讓玄奘過關。顯然玄奘沒有「過所」，也就是沒有朝廷派發的護照。唐朝皇帝在霜災時允許百姓四出逃難，顯然並不包括跨越唐朝疆域。

李靖像

甲騎具裝戰鬥圖（唐）

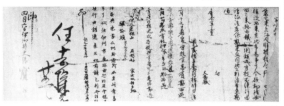

唐代過所

　　未獲得政府批准出關的「過所」，才是玄奘在
涼州一再停留的真實原因。

　　在《西遊記》中，屢次提到唐僧出示過關文牒
的情節。幾乎每到一個國家，唐僧都要向當地國王
出示唐朝皇帝簽發的過關文牒，而國王會在這本小
冊子蓋上刻有國名的印章。

　　這些對通關文牒的描述其實是後代人們的想
像。

　　在唐朝，用作護照的「過所」又是什麼樣子呢？

　　採訪　孟憲實：過所是唐代的一種制度，唐代實行的是
　　　　戶籍管理制度，人口不可以隨便遷移的，但又不
　　　　可能死死控制人口不遷移，合理的流動是允許
　　　　的。所以從這個地方到那個地方遷移走路的人、
　　　　通行的人持有國家頒行的證件，叫做「過所」。

第三集　亂雲・潛渡

211

出土於古代墓葬當中的「過所」，除了出入國的印章之外，還記錄著本人姓名及隨身物品等，比如駱駝兩頭、銀錢四兩等詳細資訊。「過所」就是古代絲路上商人出入境的官方護照。

採訪 李立安：玄奘下決心要西行取經之後，集結了幾位志同道合的同伴，首先想到的問題就是向朝廷寫一份報告申請許可，希望能夠獲得允准出境通關的這樣一個過所。

採訪 王邦維：但是都被朝廷和政府否定了，沒有答應或同意，他最後採取自己悄悄走的辦法。

在與涼州都督李大亮的談話過後，玄奘的身分就不再是一個普通的僧人，而是偷渡者。此時，玄奘西行計畫面臨著夭折的危險。

《大唐西遊記》解說詞

除了偷渡，玄奘沒有其他任何辦法
可以繼續西行。

　　一位涼州城裡的高僧成了玄奘的幫
手，這個人叫做慧威法師。慧威法師是河
西一帶有名的高僧，他很支援玄奘西行，
於是派了兩名弟子協助玄奘法師偷逃涼
州，下一站就是瓜州。

　　那些天裡，玄奘在兩個僧人的護送
下，晝伏夜出，趁著夜色一路向西。

　　後人所寫的神話故事《西遊記》沒
有展現這一精采段落，倒是從其徒弟撰
寫的《大慈恩寺大唐三藏法師傳》讀到
了其中的驚險。

　　越往邊境走，偷渡的難度越大。到
了瓜州，法師打聽西行線路，得到的答
覆令人失望。

　　從瓜州往北五十多里有一條河。這條河下廣上狹，河深水急，漩渦多，深不

可渡，著名的西部邊關玉門關就在這裡。這是通往西域的咽喉之地。由於新疆的和闐玉在當年的邊關貿易中非常有名，這個連通西域和中原的必經關口被命名為玉門關，是唐朝政府重兵把守的地方。

如果沒有「過所」，要想出玉門關，幾乎不可能。即使僥倖過了玉門關，後面還有五座烽火臺，此刻又是戰時，駐守官兵看守嚴密，他們對偷渡者常常亂箭射死。

正當玄奘法師在瓜州一籌莫展的時候，涼州抓捕玄奘的官牒到了。這封官牒送到瓜州州吏李昌的手中時，李昌正在自己府中接待一位來自長安

的法師，他當時尚不知
這位法師就叫玄奘。

　　李昌對於眼前這位
僧人的身分起了疑心。

　　這位地方官顯然是
個虔誠的佛教徒，但是
做為唐朝邊境城市瓜州
的最高行政長官，抓捕
偷渡出關的唐人畢竟是
他的職責。

玉門關烽火臺

　　而對於玄奘來說，除了信任州吏再無別的辦法了。法師承認自己就是被通緝
的僧人。

　　李昌當著玄奘法師的面撕毀了抓捕的官牒。但是李昌的幫助僅限於此。

　　此時，護送玄奘來到瓜州的兩個僧人已先後離開，玄奘的馬在前面的路途中
勞累至死。玄奘現在最需要找到一匹馬和一位認識路的嚮導。

　　在玉門關外，就是連接印度和唐王朝的西域，但是後有追兵、前有險途，玄
奘到底能否偷渡成功呢？

第三集　亂雲‧潛渡

第四集 大漠・古道

人/物/採/訪

孟憲實
中國人民大學歷史系副教授

黃運喜
臺灣玄奘大學宗教學系副教授

王邦維
北京大學東方學研究院院長

湛如
北京大學東語系博士

　　西元 629 年冬天，當玄奘在唐朝邊境瓜州停留的時候，他的狀況非常糟糕。

　　朝廷的追捕令在瓜州城中到處張貼，追兵似乎隨時可能出發，他們要把私自出關的玄奘帶到唐朝皇帝面前問罪。

　　而他的前方，卻是唐王朝重兵把守的邊關，出不了這關卡，西行的計畫就要以失敗告終。沒有得到邊關通行證，玄奘只能偷逃出關，但是怎樣才能躲過日夜看守的官兵呢？

　　玄奘決定要尋找熟悉地形的當地嚮導。在這一帶，唯一稱職的嚮導是胡人。

採訪 孟憲實：他們實際上是絲綢之路最重要的商人，學者們對此均有研究，他們有自己的商隊，以及自己的商業網絡，在中國境內也有，這個網路堪稱是國際性的網路。不能說他們控制絲綢貿易，但是可以說他們在相當大程度上主導了絲綢之路的貿易。

216

但是，這些遊牧民族的人卻一度被當作野蠻的代名詞。實際上，這些人也是絲綢之路上盜匪的主要來源。

玄奘法師在瓜州講經時，有一位名叫石槃陀的胡人來請法師為他受五戒。這個人自願擔當玄奘的嚮導。

這個叫做石槃陀的胡人後來被一些學者認為是《西遊記》當中孫悟空形象的原型。這種說法的主要依據為，孫悟空是唐僧的第一個弟子，而且在西行路途上擔當的角色之一就是探路的嚮導——這一點和石槃陀當時的身分非常吻合。

更為巧合的是，自從玄奘為石槃陀剃度以後，這個胡人就成了胡僧，胡僧與孫悟空的俗稱「猢猻」在發音上非常接近，會不會名稱職的嚮導。他為法師帶來了是在流傳過程中，發生了如此音變呢？

在玄奘偷渡出關的時候，石槃陀顯然是名稱職的嚮導。他為法師帶來了一個胡人老頭，老頭騎一匹又瘦又小的棗紅色老馬。

玄奘離開長安之前，曾經找人算命，占卜旅途的吉凶。算命先生當時告訴玄奘，在他的旅行當中會得到一匹棗紅馬，這匹馬將會幫上大忙。

夜晚，玄奘牽著這匹不起眼的瘦馬，在胡人嚮導石槃陀的帶領下開始偷渡。

到這個時候為止，石槃陀還是一名稱職的嚮導。

他們繞過重兵日夜把守的玉門關，到了一處水流湍急的地方，準備偷渡過河。

石槃陀砍倒大樹作為渡河的橋，讓玄奘順利過河。

彩塑胡俑（唐）

但是，過河之後的晚上，石槃陀卻突然表現異常。他等法師躺下之後，拔刀起身慢慢走向玄奘。

採訪 黃運喜：那個時候玄奘在打坐，他知道石磐陀接近他，拿著刀子可能有不軌。

石槃陀並沒有把刀砍向玄奘，他走了十幾步後停了下來，轉回自己睡覺的地方。

關於這次未遂的謀殺有這樣一種猜測，那就是胡人石槃陀很有可能從一開始就心術不正，他看上的是玄奘這獨自旅行者身上所帶的財物。半夜起了殺機就是要圖財害命。

那麼，石槃陀最後為什麼沒有下手呢？

採訪 黃運喜：我想石槃陀大概心裡也是在掙扎，又想幫助他的師父，另外一方面想到家裡，因為唐代法律很嚴格，如果你帶著私官罪名很重。

第二天，石槃陀告訴玄奘，前方的道路太危險了，中途唯僅烽火臺下有水，只能夜裡偷偷去取水，但如果被守衛發現，會被亂箭射死。接著，石槃陀訴說自己家裡上有老、下有小，不能跟著玄奘

冒這麼大的風險。

　　胡人石槃陀的這些理由顯然只
是拙劣的藉口，因為做為當地人，
對於路途的艱險，他應該從一開始
就比玄奘本人要清楚得多。因此，
他想要退出的理由要麼是貪生怕死，
要麼就是圖財害命的目的已被識破。

　　石槃陀的這一舉動倒是和孫悟
空有幾分相像。在整個唐僧取經的
故事當中，孫悟空曾多次離開唐僧
的取經隊伍，違背西行的諾言，回
到自己的花果山當中去享受生活。

　　只不過，因為成了取經故事的
主角，這個三心二意的猢猻每次都
能回心轉意，重返取經隊伍。

而對於當年的玄奘來說，胡人石槃陀的離開卻是一去不復返。從這一刻開始，玄奘只剩下孤身一人，而他的前方卻是茫茫戈壁，以及五座由唐朝官兵把守的烽火臺。

玄奘眼前的這片大戈壁在古代稱為「莫賀延磧」，也叫「流沙河」或是「大流沙」。

玄奘並不是唯一走過這條路的人。西元五世紀，一位名叫法顯的高僧，曾經以六十五歲高齡走過這片荒漠。荒蕪的戈壁顯然給這位取經先驅者留下了恐怖的印象。

採訪 王邦維：法顯講沙漠裡有熱風、有餓鬼，餓鬼實際上可能是一種幻覺。

採訪 黃運喜：走這段路最難熬的是心裡的掙扎，尤其對不可測的大環境，事實上人要有極強的意志力，否則很可能會被環境擊倒而倒下。

法顯和他的同伴在沙河中走了整整十七天，西渡流沙一千五百餘里，才到達鄯善。

與一百多年前的前輩法顯不同的是，玄奘不僅要一個人面對眼前的死亡之海，而且要躲避守衛烽火臺的唐朝官兵。

莫賀延磧

在中國古代，地處邊疆荒漠的烽火臺不僅擔當著守衛和瞭望的職能，同時還為旅行者提供食宿。因此，烽火臺也是沙漠旅行者的必經之地。而此時，所有烽火臺的守軍老早接到了朝廷發出的追捕令，要捉拿私自出關的唐僧玄奘。

在離第一烽火臺不遠的地方取水之時，守城的官兵發現了玄奘，弓箭立刻向玄奘飛來。

玄奘舉手大喊，說自己是來自長安的僧人，請求弓箭手不要傷害他。弓箭手把玄奘捆綁起來，帶到守衛烽火臺的最高長官校尉王祥那裡。

守衛邊關的王祥此時很有可能已經從追捕令中看到過玄奘的畫像，他一眼就認出了眼前這個朝廷通緝的僧人。而唐朝的律令對防守邊關的責任也作了明確的規定。

採訪 湛如：唐代對於內奸和外奸有嚴格的規定，對內奸的發現、外奸的進入未及時處理或是沒有制止和發現的話，往往對守衛的士兵要處一年半的徒刑；對負責的直接官員要判一年的徒刑。同時唐律疏議還特別規定，對知情不報者或是窩藏者，要採取更加嚴格的重罪方式來處理。

令人驚訝的是，王祥並沒有按照追捕令的指示，把玄奘遣送回京城。這又是為什麼呢？

在《法師傳》裡，記載了這樣一個細節。面對守衛烽火臺的官兵，玄奘再次表達了自己的誓願，即使被拘留、被判刑，也絕不會向東移一步而違背他的誓言！

也許是王祥被玄奘的執著所感動，於是違命送玄奘出關。

「私放」玄奘的王祥，可是犯了「故縱」罪，罰罪自然要比判處有期徒刑一年更嚴重。

然而對於玄奘來說，真正的考驗才剛剛開始。這個考驗來自他眼前的這片大戈壁——莫賀延磧。

根據《法師傳》記載，一千三百年前「莫賀延磧，長八百餘里，古曰沙河，上無飛鳥，下無走獸，復無水草」。

玄奘踏上死亡之海的道路時，冬天到了。

在東邊的陰山一帶，唐朝大將李靖正在和突厥人大戰，而莫賀延磧一片死寂。

自從在守衛官兵的幫助下過了第一個烽火臺以後，玄奘為躲避官兵的追捕，放棄了沿著烽火臺的指示繼續前進，進入了茫茫的戈壁深處。這樣，玄奘便失去了補充水源的機會。守候第一烽的官兵曾告訴玄奘，從第四個烽火臺往西百餘里有野馬泉，可以補

充飲用水。

　　問題在於沙海茫茫，玄奘怎麼能夠找到一眼小小的泉水呢？

　　《大唐西域記》記載，只有商隊留下的馬糞和死去旅行者的白骨可作為前進的路標。

　　在尋找野馬泉時，玄奘迷路了。

　　在沙漠當中迷路顯然是一件非常可怕的事情。然而就在這個時候，更致命的意外發生了。

　　玄奘在一次取水袋準備喝水時，把水袋打翻，所有的水頃刻間流失在沙漠中。

　　返回第一烽只有一百里，往前走還有七百里。明智的決定該是回去重新裝滿水再往西去，但是玄奘想到了曾經發的誓願，不到印度，絕不往東走一步。

　　玄奘是如何克服這些困難，獨自一人在無水的情況下走出戈壁的呢？玄奘本人也許和他的弟子提起過其中的細節。他的弟子在《法師傳》裡寫道：玄奘五天四夜沒有喝一滴水，口乾舌燥，生命垂危，再也不能前進；於是坐在沙漠中，默唸觀音，即使又困又乏，仍然堅持唸經。

　　在生命奄奄一息的時候，這位虔誠的佛教徒唯一能夠做的事情，就是坐在地

上唸佛，而他求助的佛是觀音菩薩。

　　觀音是佛教中唯一一個受到尊崇的女性形象。在中亞流行的佛經裡，觀音被畫成了有十一個頭、十一雙手的人物，她的所有手上都長著眼睛。

　　在絲綢之路的壁畫中，人們不止一次發現了千手觀音的形象。她們是旅行者的守護神。

　　所有踏上旅程的人都知道，在古老的絲綢之路上，有來自大自然的危險、強盜的劫掠和缺糧斷水的困難，這種時候，似乎只有救苦救難的觀音能夠幫助他們。

　　在神話小說《西遊記》裡，觀音菩薩的這種幫助無所不能。她能夠幫助唐僧和其弟子們打敗所有妖魔鬼怪，讓取經的旅途變得有驚無險。

　　但是對於玄奘來說，觀音只是他保持生命信念的精神支柱，真正幫助他走出困境的是那匹棗紅瘦馬。顯然，這是一匹具有豐富旅行經驗的識途老馬，牠把玄奘帶到了一口泉水旁邊。

　　玄奘馬上就要離開沙漠，進入綠洲。歷史記載當中的西域三十六國就在前方。這些遠離中原的王國又將以何種態度迎接玄奘的到來呢？

　　《法師傳》中記載，玄奘來到今日哈密境內時，高昌王派人來邀請，對此玄奘本想推辭，但高昌國國王卻不答應，於是玄奘只好來到高昌。

千手觀音像

這段記載證明，高昌國原本不在玄奘的旅行計畫當中。他本來打算沿著天山山脈北邊一路向西，到達中亞一帶草原帝國西突厥的王庭，請得統葉護可汗的保護，到達印度北部邊境。

高昌國遺址在今天的吐魯番，位於火焰山下。在《西遊記》中，火焰山是孫悟空大鬧天宮的時候，踢翻了太上老君的煉丹爐，有幾塊帶火的磚掉到地上，形成了火焰山。

唐僧師徒過火焰山時，發生了孫悟空向鐵扇公主三借芭蕉扇的故事。而鐵扇公主的丈夫牛魔王，是孫悟空的結拜兄弟。

在真實的取經故事當中，火焰山下並沒有鐵扇公主和牛魔王，但是結拜兄弟的事情卻真實存在。

在火焰山下，玄奘與高昌王麴文泰結拜為兄弟。此時，他的身分不再是一個偷渡出境的唐朝和尚，而是高昌王的御弟。為什麼一個內陸小國的國王對玄奘如此感興趣呢？

高昌故城遺址

在漫長的歷史時期內，西域小國一直生存在強大的中原政權和草原帝國的夾縫裡。哪一方的勢力強大，他們就更親近於哪一方。

高昌的主要居民來自東方的漢族。在高昌建立過王國的所有國王，除了沮渠氏外，其他的國王都是漢族人。

採訪　孟憲實：漢人哪來的呢？其一就是高昌郡（漢魏）時候留下來的人，再其一是北梁滅亡時候的殘餘勢力把敦煌老百姓一個不留全部帶到了吐魯番，有好幾萬人，所以高昌這個地方的人民，主要來自河西走廊，特別是來自敦煌的人。這樣的話，

高昌壁畫

在西域這個地方就形成了以漢人為文明主體的漢人政權，就叫高昌王國。

從西元 555 年開始，高昌一直臣服於西邊的遊牧民族突厥。

突厥分裂為東西兩個部分的那一年，在中原，隋王朝統一了中國，一直屈從突厥的高昌，立刻出使隋朝。在西元 609 年到 612 年間，高昌王麴伯雅曾兩次入隋，而他的兒子麴文泰隨父親第一次入隋後，就留在了洛陽和長安一帶生活。

當玄奘來到高昌國的時候，統治這個綠洲小國的正是從中原回來的麴文泰。

麴文泰見到玄奘時曾說：「我曾經與先王遊歷中原，從東、西京，一直到燕、

高昌壁畫

玄奘講經壇

代、汾、晉，都曾經去過。」身為佛教徒的麴文泰，一定在此期間瞭解了中原的佛教文化。這是不是他能夠對來自中原的玄奘給予禮遇的原因呢？

玄奘來到西域的時候，唐王朝政權剛剛建立，就發兵攻打東突厥。而西突厥的勢力在中亞一帶正如日中天，高昌國國王麴文泰似乎一時看不清形勢，不知究竟應該投靠哪一邊。

這位國王需要有人來為他指點迷津，此時他聽說從唐朝來了一位高僧，名叫玄奘，即將到達伊吾。他早早派使臣到達伊吾等待，要求一定要把玄奘請到高昌國來。

採訪 孟憲實：麴文泰特別熱情，教你非來不可，他（玄奘）不得不改變自己的行程計畫，就跟著高昌使者一起去吐魯番，就是高昌。史書記載國王很崇信佛教，同時當然也是尊儒的，國王背後就是一幅孔子的畫像。

一路坎坷艱辛的玄奘，在高昌受到了熱情的接待。

麴文泰聽說玄奘晚上將會趕到城中，於是便與妻子一起讀著經書等待，希望與唐僧相見的願望非常強烈。

高昌王與玄奘結拜為兄弟，他希望眼前這位博學的僧人能夠從此留在自己的身邊。麴文泰的態度十分堅定，「弟子仰慕法師的才華，一定要把您留在我的王廷裡，『雖蔥山可轉，此意無移』。」對於這樣真誠的挽留，玄奘感到非常棘手。高昌王的熱情讓玄奘的西行路途再一次受阻。

高昌王想用盛情挽留，阻擋玄奘西行的腳步。玄奘卻開始以絕食抗爭。

三天過去了，玄奘不吃不喝。

玄奘的絕食顯然是無奈之舉，他希望能藉此讓麴文泰明白他西行的決心。

到了第四天，玄奘身體已經非常虛弱。這樣下去，他必將面臨生命危險。

麴文泰只好表示放玄奘走。

玄奘的前輩法顯到了西域繁華的城市高昌之後，不得不停頓下來，因為他們沒有繼續西行的路費了，不得不在這裡化緣籌集銀兩。

籌集到的銀兩只維持到下一站

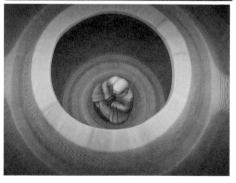

焉耆國。可是沒想到「焉耆國人不修禮義，遇客甚薄」，籌不到錢，法顯團隊中的三個人返向高昌，再次化緣。可是這三個人回去後再也沒有消息。因為資金不足，三位僧人的西行計畫失敗了。

與法顯苦苦的化緣相比，玄奘從麴文泰那裡得到了資助，且規模相當可觀。

他的弟子詳細記錄了玄奘從麴文泰那裡得到的資助。其中包括：四個專門供玄奘使喚的沙彌；袈裟三十件。因為西部天氣寒冷，又造面衣、手衣、靴等各幾十件；黃金一百兩、銀錢三萬，綾及絹等五百疋，足夠法師往返二十年所用的物資；馬三十匹，隨從二十五人。

採訪 黃運喜：最重要的是到西域各國的國書，國書上就是跟各國國王套交情，說那是他弟弟，請各國國王能加以關照，也送了一些禮物過去。

採訪 孟憲實：特別是寫給突厥可汗的信，玄奘在他自己的傳記中也有披露，「願可汗憐弟如憐儂」。

出了高昌以後，玄奘的西行不再是孤身一人。帶著高昌王提供的豐厚物資，以及給西域各國國王書寫的信件，玄奘似乎可以一路無憂地走向印度。

但是不久之後，在翻越凌山的時候，一場大雪崩卻讓玄奘和他的同伴們再一次經受了嚴峻的考驗。死亡再一次向這位長途旅行的僧人逼近。

第五集 菩提·佛影

黃運喜
臺灣玄奘大學宗教學系副教授

王邦維
北京大學東方學研究院院長

湛如
北京大學東語系博士

潘特
印度那爛陀大學校長

西元 630 年二月，玄奘辭行高昌王，繼續西行。此時，玄奘第一次擁有了自己的取經團隊，隊伍的人數達到了三十人。

後來有人認為，這四個高昌弟子就是《西遊記》中唐僧取經團隊的原型。但是除了人數相同，這兩個團隊並無其他可比之處。實際上，高昌的這幾個弟子在玄奘遊記中並沒有留下名字，這個團隊只不過是個臨時的組合。

很快地，一場毀滅性的災難降臨了。

帕米爾高原這道天然的屏障擺在了他們面前。千百年來，無數勇敢的人踏上旅途，翻越這道絲綢之路上最難以踰越的天險。在玄奘的遊記當中，它的名字叫做凌山。

帕米爾高原

玄奘的取經隊伍來到凌山腳下的時候，正是大雪封山的冬季，他們不得不在山下等待春天的來臨。

但是春天並沒有減少他們翻越大雪山的危險。根據玄奘的描述，在進入雪山之後不久，他的取經隊伍當中大多數人開始犯一種奇怪的頭痛病。

這種玄奘難以理解的病痛其實是高山症。

高山症帶來的痛苦還沒過去，一場更大的災難隨後降臨。在這場災難當中，玄奘的取經隊伍死傷過半，也就是說，三十個人中最後只剩下不到十個倖存者。

這到底是一場怎樣的災難呢？

王邦維：玄奘法師講有惡龍，大聲講話可能帶來大風雪。實際上，我推測是一種雪崩現象。

翻越凌山讓玄奘付出了慘重的代價。七天過後，當中亞大草原出現在他們面前，所有倖存者都感慨不已。

統治這片草原的是個強悍的帝國：西突厥。它與內蒙古一帶的東突厥本是一個帝國，在中原隋王朝統一的那一年，突厥分裂為東、西兩帝國。玄奘到達這裡的時候，東突厥被唐朝軍隊打敗，已歸降了大唐。而它的兄弟部落西突厥，卻依然稱霸中亞。玄奘想要順利前往印度，必須取得西突厥首領統葉護可汗的幫助。

對於玄奘來說，這位國王非常關鍵。

在此後的旅程中，他將經過的所有國家都臣服於這個草原帝國的首領。因此，玄奘能否順利到達印度，取決於這位國王。在《西遊記》當中，唐僧和他的徒弟們不止一次地碰到沿途國王的幫助。國王們替取經團隊提供蓋上印章的通行證。但是這些國王卻經常身處危難，受到妖怪陷害，需要靠唐僧的徒弟們救助才能脫離險情，於是，唐僧取經隊伍成了一路打抱不平的俠義之師。

但是，在碰到西突厥的國王時，玄奘的取經團隊顯然並不是那麼威風。

從歷史的發展來看，麴文泰結交的西突厥權貴並沒有幫他挽回亡國的命運，倒像是為玄奘的順利西行所做的準備。

在碎葉城的郊外，一群正在打獵的騎士呼嘯而來，這就是西突厥可汗和他的騎兵隊伍。聽說是可汗，玄奘連忙獻上高昌王的書信和禮品。

不知道是可汗念及跟高昌國王的交情，還是那些禮物的作用，可汗答應幫助玄奘。他派遣了一隊突厥騎兵負責護送僧人。

這樣，玄奘此後的旅途就變得順利起來。

西元 630 年春天，玄奘已經離開長安整整一年，他到達今天的阿富汗境內，當時，這裡屬於北印度範圍。

印度與中國的交往在玄奘到達的很久以前就開始了。

在中國最古老的神話故事裡，月亮是一座宮殿，裡面住著一隻兔子。同樣，印度的月亮當中也住著一隻兔子，這個故事記錄在印度的佛經故事當中，年代大概是西元前幾百年。專家認為，這可能是印度的佛經故事傳到了中國。

但是，玄奘的到來，卻把「印度」這個名字第一次引介給中國。

採訪 湛如：在他之前關於印度的稱呼有十幾種，較常見的是天竺、賢豆、身毒等等這些稱呼。玄奘在印度留學時間很長，他對印度文化的體會也比較深刻，他回來之後在《大唐西域記》裡面覺得應該用「今從正音，宜云印度」，而且印度在唐代的語言裡面叫唐言月，是月亮的月。

從那時起，印度作為中國人對這個南亞國家的稱呼一直沿用至今。

在玄奘到達印度的西元七世紀，一位叫做戒日王的

偉大國王在這一帶勢力最強
大。他在西元 606 年開始了
對北印度的征服，歷經六年
征戰，於西元 612 年完成了
北印度的統一，被稱為古印
度重要的統一者。

　　在印度佛教史上，戒日
王同樣建立了不凡的功勛。

　　但是，這位後來使印度
佛教大放光芒的帝王，起初
卻是位婆羅門教教徒。他在
自己統治範圍內鼓勵一切宗
教的發展，是玄奘使戒日王
成為一名虔誠的佛教徒。

　　當玄奘結束了他的長途
旅行，剛剛到達印度的時候，
戒日王尚在四處征戰，實現

婆羅門石刻

他的統一計畫。此時戒日王統治的區域，只有印度中部的恆河流域。

就在橫渡這條大河的過程當中，玄奘再一次遭受了生命的威脅。

一群虔誠的婆羅門教徒圍住了玄奘坐的船。他們信奉魔鬼女神，並且相信，只有每年秋天都為女神獻上一個體形健美的男子作為祭品，女神才能保護他們的安全。

這一次，他們看上了玄奘。

當玄奘被捆綁在森林當中由樹枝和泥土搭建的祭壇上時，那些異教徒們開始磨刀。殘忍的祭祀儀式馬上開始。

玄奘閉上眼睛，開始默唸佛經。

突然，森林中飛沙走石，河中怒水滔滔。婆羅門教徒們嚇得大驚失色，他們以為這是玄奘施展的法術，連忙跪地求饒。

這段遇險經歷後來在《西遊記》當中得到了體現，唐僧肉具有可使人長生不老的神奇功效，唐僧因此一再被各路妖怪看中，要抓他，吃他的肉。唐僧的徒弟們也因此變得忙忙碌碌，要與各種妖怪打鬥，保護師父的長生不老肉。

白骨精，就是其中最有名的一個女妖怪。

逃脫了恆河歷險之後，玄奘來到印度中部一座著名的寺院：那爛陀寺。這裡就是玄奘取經之路的真正目的地。

在《西遊記》當中，唐僧取經的目的地是個叫做「西天」的地方。這是一

個雲端之上的夢幻城市，雲集著各路法術高明的神仙，一路指引玄奘西行的觀音菩薩也住在這裡。而統治西天的是一位叫做「如來」的佛祖。

據說，小說家在虛構《西遊記》當中的西天雷音寺時，最重要的參考就是玄奘對印度那爛陀寺的描述。

這是印度最大的寺院，早在西元前，這裡就創建了佛教大學。現代歷史學家認為，這是世界上最早的一所大學。

那爛陀寺分八個僧院，每個僧院相當於現代大學的一個學院。西元七世紀，在這裡學習的僧人有一萬多人，他們學習的課程包括佛學當中的

各種門派和經論，除此之外，僧人們還要學習梵文、醫學、數學、邏輯學等各種學科。

那爛陀寺裡有一個人是學問最高的，只有他一人通達一切內外經論。在大唐時，從印度來的波頗僧人向玄奘推薦的就是此人，他是戒賢法師。玄奘來到這裡的時候，戒賢法師是那爛陀寺的主持，年齡據說已經有一百多歲了。

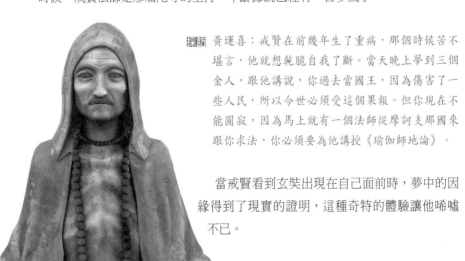

採訪 黃運喜：戒賢在前幾年生了重病，那個時候苦不堪言，他就想乾脆自我了斷。當天晚上夢到三個金人，跟他講說，你過去當國王，因為傷害了一些人民，所以今世必須受這個果報。但你現在不能圓寂，因為馬上就有一個法師從摩訶支那國來跟你求法，你必須要為他講授《瑜伽師地論》。

當戒賢看到玄奘出現在自己面前時，夢中的因緣得到了現實的證明，這種奇特的體驗讓他唏噓不已。

240

這段故事後來被玄奘的弟子詳細記錄在《大慈恩寺三藏法師傳》中，作為對佛教神奇力量的有力證明。今天，我們很難想像它的真實性。

但是在根據玄奘取經故事改編的神話小說《西遊記》當中，一切不可能都變成了可能。西天的佛國在神話當中如夢如幻，生活在其中的神仙們不僅能夠預知未來，還能夠藉助簡單的寶物穿越時空，看見人類的一切活動。唐僧和他的徒弟們的取經路途，當然一直在他們的監控之下。

玄奘對那爛陀寺建築的描述幾乎可與神話當中的西天媲美。在《大唐西域記》中，他這樣記載，那爛陀寺的景致如同人間天堂。亭臺像天上的星座一樣整齊排列，樓閣像大山一樣相對而望，看上去高高的寺院就像聳立在雲霧中……

一千多年以後，玄奘的這些記述使這個深埋地下的佛教遺址重見天日。

1861 年，英國考古學家亞歷山大・康寧漢在離印度巴特納東南九十公里的地方發現了一片佛教遺址。

那爛陀寺遺址

這處遺址規模宏大，可以想見當時繁榮時的氣派。據初步推測大約是西元七世紀的建築，這正是玄奘來到印度的年代。

在十九世紀中葉，統治印度的是從古老的婆羅門教發展而來的印度教，所有關於佛教曾經在印度存在過的證明都已經深埋地下。雖然佛教在東南亞廣為流行，但是人們並不知道，佛教的誕生地其實是在印度。

那爛陀三號塔復原圖

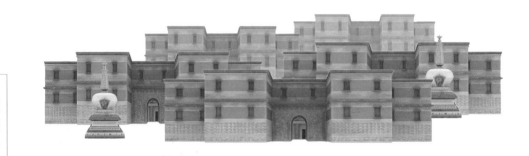

採訪 潘特：主要的挖掘工作是由亞歷山大‧康寧漢進行的，他正是根據玄奘法師的記載來挖掘。

那爛陀寺的衰落昭示了印度佛教的命運。儘管在長達八百年的歲月當中，這個佛教思想的精神家園曾經高僧雲集，佛教的衰落依然不可避免。

西元 1197 年和 1203 年的兩次戰火，使整個寺院湮沒在歷史當中。這標誌著佛教在印度的最後終結。佛國的光輝在普照了一千多年之後，最終黯淡下來。

玄奘在印度的學習生涯長達十四年，在這十四年裡，他大部分的時間留在那爛陀寺學習各種知識。那爛陀寺的主持戒賢法師親自為玄奘講述《瑜伽師地論》。

在玄奘留學印度期間，他沒有停下自己的腳步，希望藉由親身遊歷來追尋佛教的本質。

在遊歷南部印度的時候，一個關於羅剎女的傳說吸引了玄奘的注意。他聽說，在海洋中的小島上，有個全部由女妖統治的王國，這些會魔法的女人靠劫掠商船，劫持商船上的男人為生。

那爛陀寺遺址

印度壁畫

這段記述變成了《西遊記》裡女兒國的傳奇故事，只是，女兒國裡的女王似乎更加溫柔賢良，她除了讓唐僧師徒們喝女兒河水變成大肚子外，就是試圖用溫情留住相貌堂堂的唐僧。

西元 642 年，也就是玄奘回國前一年，他已經尋訪了整個印度半島二十多個國家，遍訪名師，返回那爛陀寺。

這一年，學習小乘佛教的烏荼國僧人在戒日王面前炫耀，諷刺大乘佛教。戒日王寫信給那爛陀寺的戒賢，讓他派僧人前來應戰。戒賢對這件事相當重視，打算派出包括玄奘在內的四名高僧赴戒日王的都城曲女城。

就在這個時候，鳩摩羅國國王也向玄奘發出了邀請。在當時的印度五部中，這個國王勢力僅次於戒日王。

戒賢左右為難，因為這兩個國王誰都不好惹。如果答應鳩摩羅王，耽誤了曲女城的辯論，他在戒日王那裡沒法交代。

正在猶豫時，鳩摩羅王看那爛陀寺遲遲不作回應

婆羅門雕塑

非常生氣，最後竟以「踏碎那爛陀寺」相威脅。戒賢只好派玄奘前往應對。

玄奘剛到鳩摩羅國不久，戒日王的使者來到鳩摩羅王的王宮。

鳩摩羅王正和玄奘聊得高興，不想馬上放走玄奘，於是對使者說：「我的腦袋可以不要，但是玄奘法師不能馬上走。」

根據《法師傳》的記載，戒日王聽到使者的回話後，大怒，說：「鳩摩羅王膽敢輕視我，怎麼為一個僧人說出這樣無禮的話呢？」

戒日王以武力相威脅，迫使鳩摩羅王就範。這樣，鳩摩羅王只好把玄奘送到戒日王的王城外面，戒日王率領龐大軍隊親自出門迎接。

在戒日王舉辦的曲女城大會上，玄奘在印度的名聲達到了最高點。

採訪 湛如：玄奘在這次辯論會上是以論主的身分出現的，當時戒日王邀請了十八國國王以及婆羅門外道三千多人，還有其他異教徒二千多人，那爛陀寺的僧人三千人全部參加了這次會議。

這次會議在整個過程中是非常精采紛呈的，但它最值得關注的焦點就是玄奘。

做為這次大會的論主，玄奘寫下論題，請那爛陀寺的僧人明賢法師讀給大家聽，還手抄了一份，懸掛在會場門外。按照古代印度辯論的規矩，如果有人挑出一個字的錯誤來，玄奘就要被砍頭。

十八天過去了，沒有一個人敢出來與玄奘辯論。玄奘法師同時獲得佛教兩個派別的最高榮譽。

一頭裝飾華麗的大象來到玄奘面前，戒日王邀請玄奘坐上大象在城市中巡行，以此來歌頌玄奘的功德。但是玄奘一再拒絕，最後，戒日王只好讓人捧著玄奘的袈裟，一路歌頌他的成就。

自從這次大會後，玄奘在印度聲名遠播，無人能及。

在《西遊記》中，當唐僧和他的徒弟們到達西天之後，佛祖如來為他們每個人加功晉爵，唐僧本人更是從此成佛，擁有了不同

於凡人的法術。因此，唐僧師徒們回國是駕著祥雲飛回去的。

西元 643 年初，戒日王又邀請玄奘參觀了在缽羅耶伽舉行的第六次佛教無遮大會。會後第二天，玄奘向戒日王告別，啟程東歸。

戒日王對於僧人的家鄉感到十分好奇，不久後，他派遣使者訪問大唐王朝。

貞觀十七年，戒日王的使者來到唐朝都城長安。此時，唐王朝在太宗李世民的統治之下，國力達到了罕見的鼎盛，歷史上稱為「貞觀之治」。

玄奘的願望是「遠紹如來，近光遺法」，現在理想只實現了一半，從印度取回了真實無誤的佛經，另一半就是要在中土弘揚佛法。

所以曲女城辯論會結束後，玄奘婉然謝絕所有的挽留，準備回國。

在印度的經驗告訴他，要想弘揚佛法，必須得到君王的支持。

他曾說過「正法隆替，隨君上所抑揚」，意思是佛法是否發展和遏制，是由著君王的態度而決定的。

但是，唐朝皇帝會原諒這個當年違背唐朝律令，私自出關的僧人嗎？

《西遊記》當中，唐僧師徒們在回歸大唐的路上，曾經被一陣妖風襲擊，跌落雲頭。這就是九九八十一難中的最後一難。

在真實的取經故事當中，玄奘回國的旅途會否一帆風順呢？

人/物/探/訪

潘特
印度那爛陀大學校長

卡瑪・希爾
印度巴納拉斯大學漢學博士

王邦維
北京大學東方學研究院院長

湛如
北京大學東語系博士

孟憲實
中國人民大學歷史系副教授

黃運喜
臺灣玄奘大學宗教學系副教授

李立安
西北大學佛教研究所所長

梵文經書

西元 643 年，玄奘辭別戒日王準備回國。此時，海上絲綢之路已重新開通，戒日王曾經打算派使節從海路護送玄奘回國，但玄奘謝絕了戒日王的這個提議，理由是他曾答應高昌王，回國時一定要到高昌講法。

玄奘一方面為了遵守諾言，另一方面他不知道唐太宗對他違法出逃的態度如何。繞遠道選擇回國線路，他可以一邊在高昌講法，一邊觀察唐太宗的態度。

這位僧人唯一擔心的是，唐朝皇帝是否會原諒他當年私自出關的行為。

　　但是，還沒有來得及離開印度國土，玄奘就遭受了一次意外。

　　印度河是玄奘回國的必經之路，玄奘帶著經書和佛像，坐上了橫渡印度河的船隻。意外就在這個時候發生了。

　　一陣狂風覆滅了玄奘乘坐的小船，所有的經書都落入水中。

　　這次落水事件讓他丟失了一部分經書，以至於在後來的路途當中，玄奘一直在沿途尋找缺失的幾部，用手抄寫下來。

　　這段經歷後來演化成《西遊記》中唐僧師徒的最後一個劫難。當唐僧師徒們乘著祥雲的時候，觀音掐指一算，九九八十一難還差一難，於是取經隊伍被一陣狂風颳落雲頭。前面正好是他們曾經渡過的通天河，河對面是豬八戒的老家高老莊，在被神龜馱載過河時，唐僧師徒和經書一起被掀落河中。

　　幸運的是，所有的經書都被撈上岸，除了粗心的豬八戒弄破一頁經書之外，並沒有別的損失。

《西遊記》並無詳細描述唐僧師徒們歸國的路途，在晾經臺上曬乾了經書之後，唐僧師徒們又開始騰雲駕霧。一個寫意的場景交代了他們進入國門的經歷：在雲端之上，唐僧師徒們聽到了大唐的鐘聲。

而歷史事實上，玄奘經過西域回國的時候，聽到的並非大唐的鐘聲，而是隆隆的戰鼓。戰爭正在西域蔓延，主宰這場戰爭的正是大唐的太宗皇帝。

除了思念東土以外，玄奘歸心似箭的另外一個理由是，他要去與高昌國的國王，自己的結拜兄弟麴文泰會面。因此，玄奘決定沿著絲路北線，經過高昌國回長安。按照他與麴文泰的約定，玄奘將在高昌國停留三年。

在《西遊記》當中，與唐僧結拜的故事被移植到了大唐皇帝的身上，就在唐僧師徒們聽到大唐鐘聲之後，唐朝的皇帝唐太宗打開宮門，盛情迎接功成名就的唐僧師徒。神話故事就這樣結束在一片歡樂祥和之中。

但是，西元 643 年，當玄奘走在東歸的路途上時，卻遭受了巨大的精神打擊。

玄奘一直在盤算去高昌國的路途，一直陪伴在他身邊的兩個高昌弟子更是歸心似箭。但是不久以後，他們得知，高昌皇帝麴文泰已經不在人世。

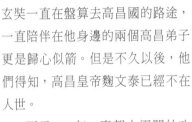

西元 640 年，唐朝大軍開始攻打高昌國國都。大軍兵臨城下的時候，高昌國的王宮裡，國王麴文泰嚇得病死在床上。他的兒子歸降唐朝，高昌城就這樣成了唐王朝所屬的西州都督府所在地。

然而，在玄奘的記述當中，並沒有對麴文泰的死發表任何看法。

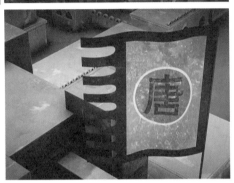

探訪 王邦維：麴文泰身為高昌國王，當時高昌是作為唐朝中央政府的對敵而被消滅掉的。麴文泰就是唐太宗的敵人，玄奘回到長安以後，他跟唐太宗當然要弄好關係，他要翻譯經典，要宣傳佛教的理論，那麼只有得到唐太宗的支援，才能做這些事。所以他很小心地避免直接再提到麴文泰的名字。

玄奘給唐朝皇帝的書信言詞非常謙恭，他委婉表達了十六年前自己違禁出國的理由，講述了從長安到印度五萬里的艱苦路途，說明自己現在身在于闐，身上帶有數量可觀的經卷和佛像，而運載用的大象已經溺水死亡，無法搬運。請求唐太宗的原諒和幫助。

信送出去七個月，唐太宗的回信才到，但言詞熱情，歡迎玄奘回國：「可即速來，與朕相見。」

李世民為何如此爽快地原諒了玄奘呢？難道大唐的皇帝是虔誠的佛教徒嗎？

唐朝開國元君李淵和他的兒子李世民，顯然都與佛教有過頗深的緣分。

在李淵當上皇帝的頭幾年裡，他的兒子李世民為自己家族的江山四處征戰。在一次平定洛陽的戰爭中，嵩山少林寺的僧兵成為了李世民手下的主力軍。在一九八〇年代，這個故事被演繹成電影《少林寺》。

而少林寺正是禪宗的發源地之一。

少林寺

達摩像

唐太宗李世民像

玉皇大帝（壁畫）

　　按理說，這些淵源足以令李氏王朝對佛教推崇備至。但實際情況是，李氏王朝同樣也推崇道教，在唐初的宗教政策中，儒為第二，佛為末位，道為第一。

　　正是出於這一原因，李世民和他的父親自稱是道教創始人老子的後代，希望藉此提高自己家族的地位。

　　所以在這個時候，統治天下的唐朝皇帝，無論對道教還是佛教，都顯得格外重視。

　　在《西遊記》當中，唐僧師徒們在取經路途上同樣遇到過道觀，但是，裡面生活的道士卻很少是善良之輩，他們多被妖魔附體，為害百姓。所以，碰到道士，往往就是孫悟空大展身手的好機會。

西元 645 年，唐太宗在洛陽行宮接見甫取經回國的玄奘法師。這是唐朝皇帝和玄奘的第一次見面。

初次見面，唐太宗對玄奘深有好感。這不僅因為玄奘長相莊嚴、氣質典雅，更為重要的是，皇帝發現，玄奘法師記憶力十分驚人，對沿途經過的各國情況敘述清楚而有條理。

唐太宗的問話透露出這位皇帝真正的意圖。

西元 630 年，玄奘剛剛到達印度，東突厥被唐朝軍隊打敗，突厥王從此向唐朝稱臣，從那時開始，突厥的騎兵加入了唐朝軍隊。玄奘回到長安的時候，這支征戰隊伍正在不斷地向西擴張。

此時，唐朝再也不是他出發時那個剛剛建立的中原王朝，邊疆已經平定，疆域推進到現在的新疆一帶。

但是，唐太宗有著更大的野心。他的下一個目標是中亞霸主西突厥。玄奘所掌握的地理情況，對於唐太宗來說，無疑是最實用的軍事情報。

巴米揚大佛：是世界上最高的立佛，距今已有一千五百多年，歷史上曾經歷三次劫難。西元2001年3月12日，大佛還是遭到了塔利班政權的嚴重損毀，爆炸聲持續了三、四天。中國晉代高僧法顯和唐代玄奘都曾瞻仰過宏偉莊嚴的巴米揚大佛。

大慈恩寺

採訪 王邦維：玄奘法師當時是唯一經過這個地區進行了廣泛的遊歷以後，對這個地區最瞭解的一個人。所以唐太宗想進一步地鞏固西邊的邊境或要發動對西突厥的攻擊的話，必須要瞭解這一帶的情況，所以他就要向玄奘法師打聽。

皇帝催促玄奘以最快的速度把西域見聞寫下來。

一年之後，一本由玄奘口述、由他的弟子辯機執筆的《大唐西域記》送到唐太宗面前。

《大唐西域記》記述了玄奘親身經歷的一百一十個國家和傳聞中的二十八國情況。內容包括國名、地理形勢、幅員廣狹、國王、宮室、農業、物產、兵刑、風俗、宗教信仰以及佛教聖跡等幾十個方面的內容。

採訪 黃運喜：在伊斯蘭教興起之前，關於中亞草原民族的記載，這是唯一的。如果缺少這一段的話，一方面考古沒有辦法進行，第二方面是我們會對伊斯蘭教之前，尤其是對 六、七世紀的中亞一無所知。

採訪 王邦維：這部書可以說是部奇書。它在一千三百年前詳細記載了整個中亞地區和南亞地區一百多個國家的詳細情況，這是史無前例的，許多記載都是世界第一。

大唐三藏聖教序碑

自從看到《大唐西域記》以後，唐太宗對於玄奘的能力更是讚揚有加，皇帝邀請玄奘還俗，委以官職，但是玄奘法師對官職毫無興趣。

《西遊記》當中的唐僧師徒們似乎並沒有這麼清心寡欲。當他們來到佛祖如來面前，當佛祖為他們每個人封了官職時，沒有一個人謙虛地推托，反而有人討價還價。這個人就是豬八戒，他在開始的時候嫌棄自己的官不夠大，直到如來說，他的這個官職可以享用人們供奉的食物，是份美差，豬八戒才高興起來。

對於當年的玄奘來說，取經歸來並不代表功德圓滿。他念念不忘的，是從印度帶回來的近七百多部經書還沒有翻譯，他必須要從唐太宗那裡得到譯經的支持。

玄奘法師最主要的譯經場所是著名的大慈恩寺。西安大慈恩寺是當時太子為紀念母親建立的，也是李姓家族的家廟，是當時長安城裡規模最大的寺院，寺院內的翻經院是玄奘主持譯經的地方。

有研究者統計，玄奘從西元645年五月到西元663年十月，十七年六個月期間共翻譯佛經一千三百三十五卷，平均每年七十五卷，每月約六卷多，也就是每五天就翻譯一卷。《法師傳》中記載，玄奘每天對當天需要完成的任務都有詳細安排，做到「計時分業」，白天不能完成時，晚上也要補足。

而唐太宗對佛教的興趣，才剛剛開始。

西元 649 年，也就是唐太宗去世的那一年，他和玄奘在翠微宮同住，談論佛教中有關生死等問題。生命已經走到盡頭的唐太宗感觸頗深，他對玄奘誠懇地說：「我和大師相逢太晚了，沒有能力興扶佛事了。」

皇帝和玄奘早在四年前就見面了，怎麼現在才說到相見恨晚的話呢？

西元 648 年，唐太宗病逝之前一年，唐朝的勢力達到了歷史的巔峰。那一年，唐朝打敗了稱雄中亞幾百年的草原帝國西突厥。唐朝在西突厥境內的碎葉設立了軍鎮，唐朝名詩人李白就出生在那裡。

但是唐太宗的野心還沒有得到滿足。那一年，他親自率領軍隊向東出發，遠征遼東。

這位曾經所向披靡的皇帝沒有想到，這一次的戰爭居然會以唐朝兵敗收場。

此刻，生命即將燃燒殆盡，皇帝才意識到，以往的野心勃勃似乎都毫無意義。唐太宗顯然非常害怕死亡，與許多中國的古代皇帝一樣，他讓道士為他煉長生不老金丹，但是，仙丹並沒有阻止死亡的降臨。現在，在皇帝彌留之際，玄奘講解的佛經卻為他減輕了面對死亡的痛苦。

不久以後，這位偉大唐王朝的統治者去世。

玄奘翻譯的經書

玄奘翻譯的佛經占整個唐代譯經總量的一半以上，比佛教歷史上其他三位翻譯家鳩摩羅什、真諦以及不空翻譯佛經之和還多一倍。

玄奘法師翻譯的大部分經書都不為平常百姓所知，但《心經》是個例外。整部經只有二百六十個字，沒有佛教知識的人都知道這句：「色不異空，空不異色，色即是空，空即是色。」

唐太宗去世前三天，玄奘完成了《心經》的翻譯。玄奘翻譯的這部經的第一個讀者是唐太宗，他希望這部經為唐太宗帶來心靈上的安慰。

西元 658 年，玄奘法師遷到遠離長安城的寺院——玉華寺準備翻譯《大般若經》。這是佛教中篇幅最長的經書之一。這部經書的翻譯似乎耗盡了玄奘的精力，不久以後，法師的身體狀況急轉而下。

五十九歲的玄奘法師常常感到身體不適，尤其是當年翻越雪山時落下的寒病。

在長安時，俗世的雜務占據了玄奘大量的時間，他要講法，要和唐朝官員打交道，還要接待慕名前來的外國僧人信眾。玄奘深感屬於自己的時間不多了，他

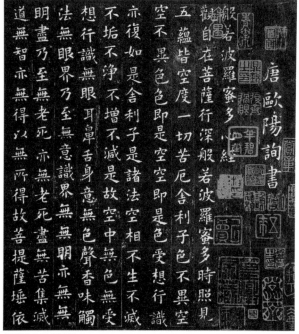
歐陽詢小楷《心經》

《大唐西遊記》解說詞

決定要抓緊時間把《大般若經》譯出來。於是請求皇帝讓他離開長安城，找一個清靜處翻譯。

西元 651 年，唐高宗將玉華宮改為玉華寺。七年後，玄奘法師奉旨到該寺的肅成院居住。

玄奘在玉華寺最後四年的作息時間幾乎天天都是一樣的，除了他圓寂前的兩個月。

他的弟子詳細記錄了最後兩個月他的活動。

西元 664 年正月初一，大家請玄奘翻譯另一部經書，他看看經書對大家說：「這部經書和《大般若經》一樣龐大，我的死期到了，沒有力氣辦這件事了。」從這天起，玄奘法師不再翻譯，專心悟道、拜佛。

正月初九晚間，這位一生中走過千山萬水的僧人在跨越屋後的水渠時，不慎跌倒，小腿處稍許皮破。但是從那天開始，玄奘再也沒有起床，靜養了幾天都不見好。

隨後幾天，他遣送了自己所有的東西，造佛像、寫經書。

二月初五夜半，玄奘法師圓寂。

西元 664 年，中國農曆的四月十四日，唐朝僧人玄奘的葬禮在都城長安舉行。送葬隊伍從城南的皇家寺院大慈恩寺出發，中途經過都城最主要的街道。

據當時參加葬禮的人描述：

「這一天，街道兩側布滿了素蓋、

幡幢、帳輿、金棺、婆羅樹,淒婉的
笳聲傳來,使長安城顯得肅穆悲涼。
超過百萬人的送葬人群站在街邊,目
送著身裹草席的高僧遺體最後一次從
這裡經過。」

為一個和尚舉辦這種規格的葬禮,
在中國歷史上堪稱前無古人、後無來
者。

法師身長七尺餘,身赤白色,眉
目疏朗,端嚴若神,美麗如畫。

這是玄奘法師的弟子在法師圓寂
後對他相貌的回憶。

玄奘的一生是一部罕見的傳奇。

從二十九歲那年開始,他踏上西
行的道路。穿過茫茫沙漠,越過巍巍
雪山,西域的國王與他稱兄道弟,佛
教的高僧與他惺惺相惜,印度的帝王
對他頂禮膜拜。

長達兩年的徒步旅行,一萬二千
公里的行程,穿越一百零八個國家,
在一千三百多年以前,玄奘用腳步丈
量了絲綢之路。

十六年後,他載譽歸來,重回大
唐王朝的都城長安。此後的生命中,

他日夜無休，翻譯佛經。

對於今天的人們來說，玄奘不僅僅是一位佛教信徒，還是偉大的翻譯家、探險家、外交家，地理學家。

西方歷史學家認為，中世紀印度半島的歷史一片黑暗，玄奘是唯一的光芒。

採訪　李立安：他是一個嚴謹、虔誠又富有智慧的佛教信徒。

採訪　孟憲實：玄奘在文化上也算是個英雄，堪稱文化英雄。

採訪　湛如：中國和印度之間的交往持續了兩千年，我想在這兩千年當中最重要者，如果用一個或者用一個名字去概括的話，那這個人應該是玄奘。

採訪　潘特：他的書大大地幫助人們揭開印度的古代歷史。

採訪　卡瑪·希爾：玄奘對於印度人，對於研究印度的歷史都是極其重要的。

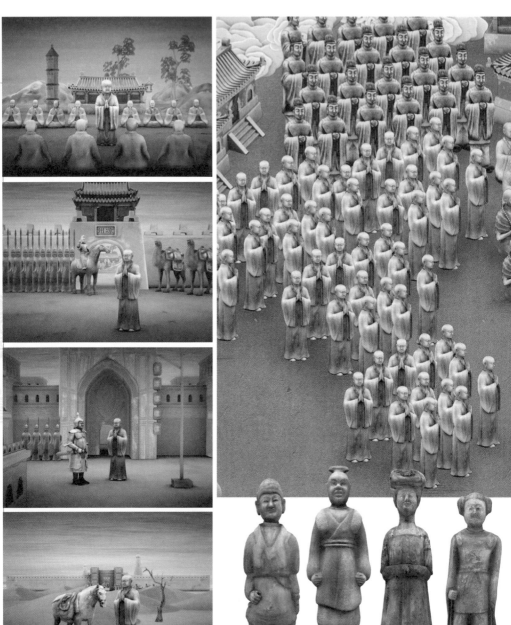

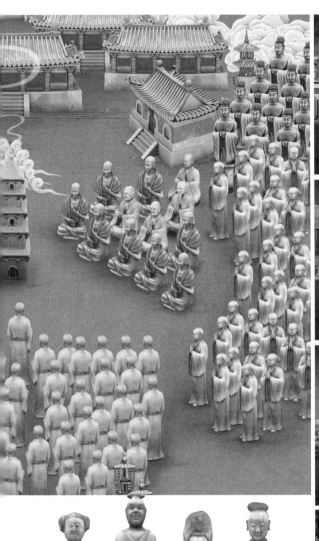

創作手記

人物篇・孟紀原

少年玄奘

① 首先，人物造型師手繪人物造型草圖

② 然後，用黏土做出立體人物造型

③ 對人物做上色，作回處理

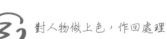

③ 鏡頭中的人物

④

根劇實物造型，在電腦中完成人物的

最終形象

青年玄奘

 首先，人物造型師手繪人物造型草圖

② 然後，用黏土做出立體人物造型

③ 對人物做上色，作回處理

 鏡頭中的人物

④ 根據實物造型，在電腦中完成
人物的最終形象

老年玄奘

首先，人物造型師手繪人物造型草圖

然後，用黏土做出立體人物造
型，對人物做上色，作回處理

④ 鏡頭中的人物

③ 根據實物造型，在電腦中完成人物
的最終形象

人
物
篇

273

玄奘取經像

 現藏於陝西興教寺的玄奘石刻像　　玄奘取經圖

② 玄奘取經像泥塑小稿（第一稿）　③ 玄奘取經像泥塑小稿（第二稿）

⑥ 鏡頭中的人物

⑤ 在電腦中完成人物的最終形象

④ 玄奘取經像泥塑小稿（完成稿）

① 首先，人物造型師手繪人物造型草圖

② 然後，用黏土做出立體人物造型，
對人物做上色，作回處理

276

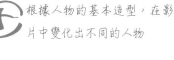

⑤ 根據人物的基本造型，在影片中變化出不同的人物

④ 鏡頭中的人物

③ 人物的最終 3D 形象

唐太宗

① 查閱資料，以《唐太宗像》
為造型參考

② 然後，用黏土做出立體人物造型，
對人物做上色，作回處理

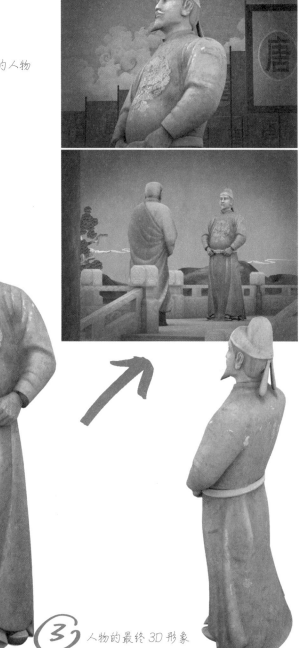

③ 人物的最終 3D 形象

查閱資料,以《唐彩繪
牽馬胡俑》為形象依據

3D 人物造型與原型

280

④ 鏡頭中的人物

③ 人物的最終 3D 形象

沙和尚

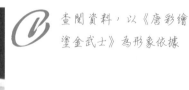

查閱資料，以《唐彩繪塗金武士》為形象依據

② 人物的最終 3D 形象

③ 鏡頭中的 3D 人物造型與原型

高昌王

① 形象參考圖片

② 人物的最终 3D 形象

③ 鏡頭中的人物造型

李太亮

① 以《騎馬俑》為李大亮的形象依據

② 在電腦中完成人物的最終形象

④ 鏡頭中的人物造型

③ 人物的最終3D形象

在影片中，李大亮的造型還做為大臣房玄齡的形象而出現在唐朝軍隊中

鄭善果

① 以《唐文官俑》為
鄭善果的形象依據

② 在電腦中完成人物的最
終形象

③ 鏡頭中的 3D 人物造型

戒日王

查閱資料，以《阿育王像》
為戒日王形象依據

② 人物的最終 3D 形象

③ 鏡頭中的 3D 人物造型

鳩摩羅王

① 鳩摩羅王形象依據

② 人物的最终3D形象

③ 鏡頭中的3D人物造型

印度僧人

印度僧人的形象依據

人物的最終 3D 形象

鏡頭中的 3D 人物造型

印度士兵

① 印度士兵的形象依據

② 人物的最终 3D 形象

③ 鏡頭中的 3D 人物造型

軍隊

創作手記

① 以漢、唐俑爲形象依據，布光拍攝，紀錄不同角度的軍陣變化

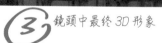

③ 鏡頭中最終 3D 形象

② 電腦中完成 3D 人物造型

290

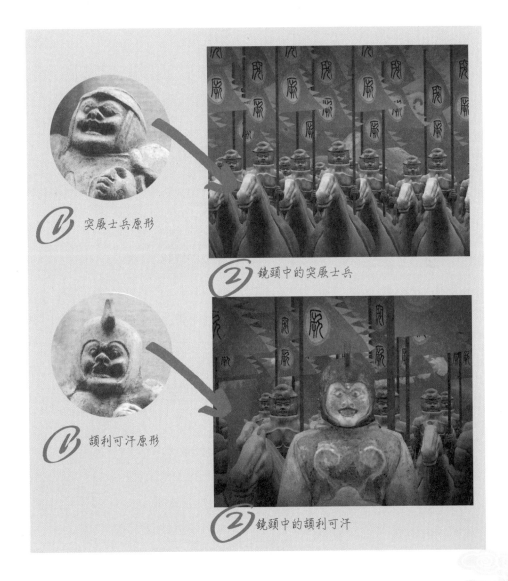

突厥士兵原形

② 鏡頭中的突厥士兵

頡利可汗原形

② 鏡頭中的頡利可汗

創作手記

建築篇・孟紀原

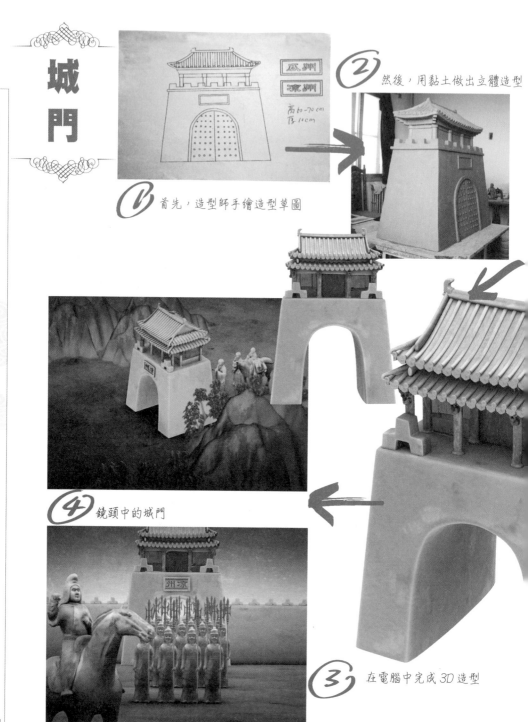

城門

創作手記

1 首先，造型師手繪造型草圖

高60~70cm
厚10cm

2 然後，用黏土做出立體造型

4 鏡頭中的城門

3 在電腦中完成3D造型

294

界碑

① 手繪造型草圖

界碑

② 黏土模型

③ 電腦 3D 造型

④ 鏡頭中的界碑

唐朝界

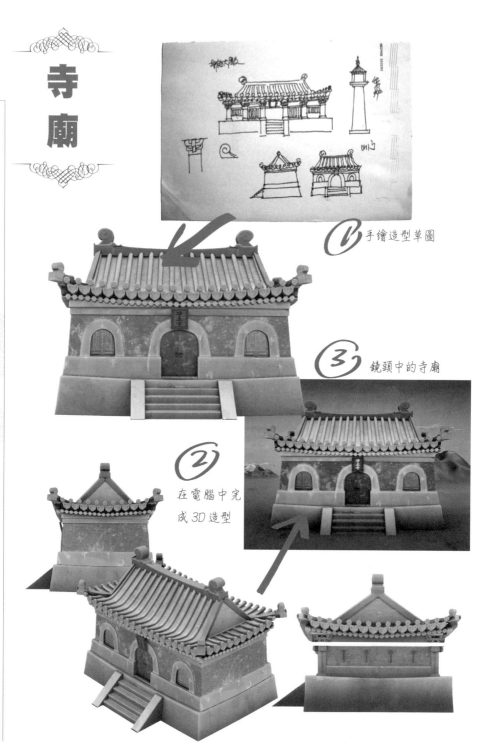

寺廟

1 手繪造型草圖

2 在電腦中完成 3D 造型

3 鏡頭中的寺廟

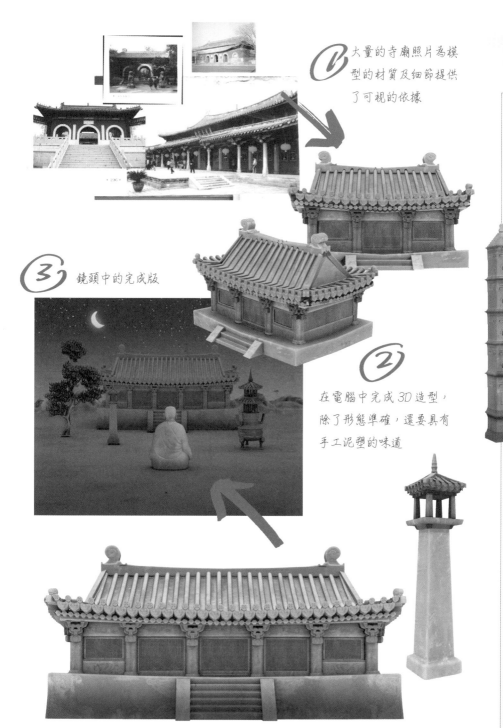

大量的寺廟照片為模型的材質及細節提供了可視的依據

③ 鏡頭中的完成版

② 在電腦中完成3D造型，除了形態準確，還要具有手工泥塑的味道

皇宮

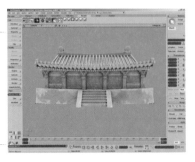

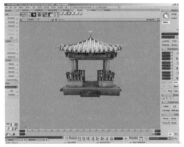

 皇宮的立體建築以寺廟建築為
藍本,增加長廊、涼亭等園林
建築,營造出整體氛圍

② 在電腦中完成皇宮的整體布局

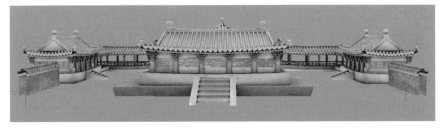

298

④ 鏡頭中的皇宮庭院

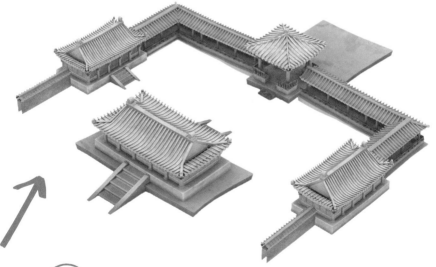
③ 皇宮 3D 模型完成版

街道

① 以《清明上河圖》為參考，在電腦
中製作出各種造型的房屋

② 在構成場景時，運用不同造型、不同結構的房屋，
錯落有致，完成影片中街道的場景

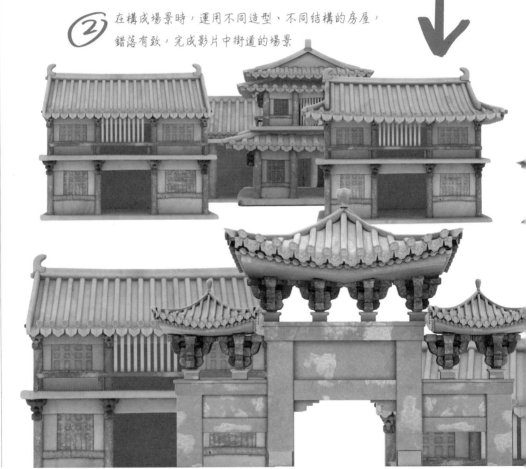

高昌王城

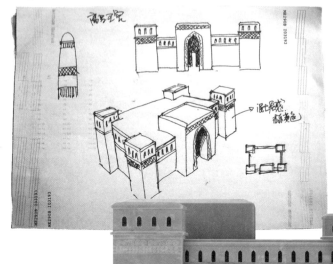

 鏡頭中的高昌王宮

② 在電腦中完成3D造型

③ 3D造型完成版

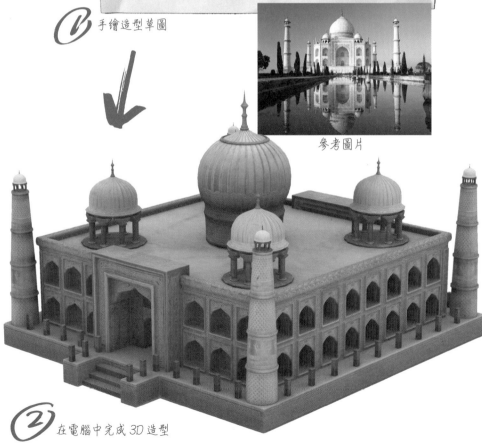

創作手記

戒日王宮

① 手繪造型草圖

參考圖片

② 在電腦中完成 3D 造型

② 在電腦中完成3D造型

③ 影片中的最終形象

鳩摩羅王宮

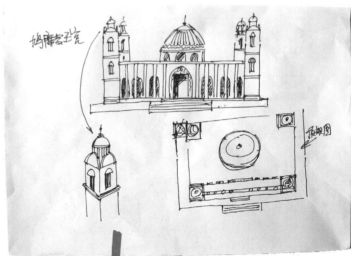

鳩摩羅王宮

頂視圖

① 手繪造型草圖

② 在電腦中完成 3D 造型

④ 影片中的造型運用

③ 3D造型完成版

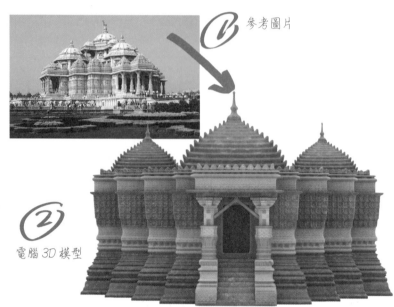

那爛陀寺

參考圖片

② 電腦 3D 模型

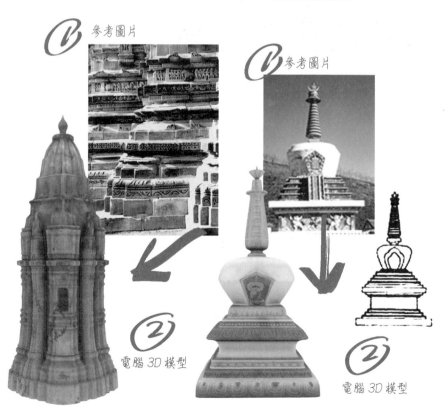

參考圖片

① 參考圖片

② 電腦 3D 模型

② 電腦 3D 模型

① 參考圖片

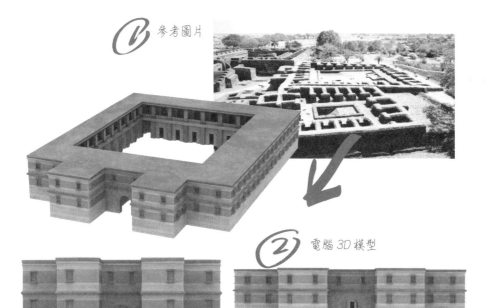

② 電腦 3D 模型

③ 影片中的最終造型

建
築
篇

無遮大會

參考圖片

② 電腦 3D 模型

① 參考圖片

② 電腦 3D 模型

 ③ 影片中的 3D 造型運用

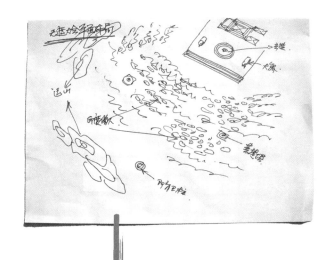

① 手繪場景平面
布局圖

② 影片中的最終效果

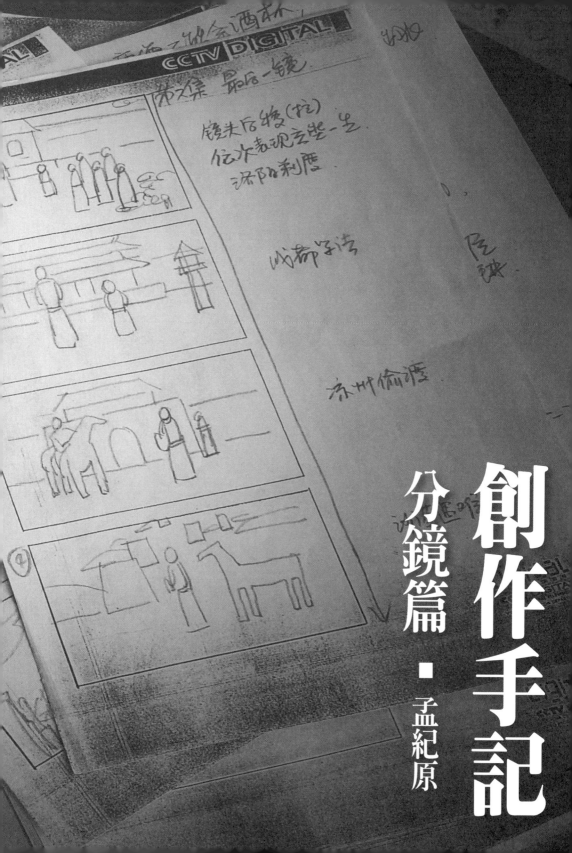

創作手記

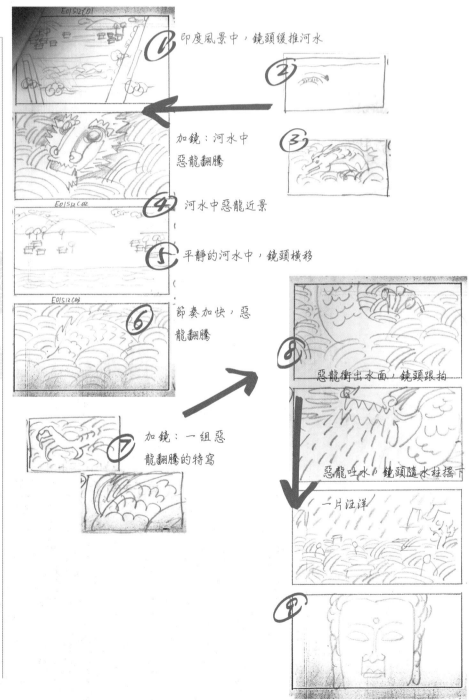

① 印度風景中，鏡頭緩推河水

加鏡：河水中惡龍翻騰

④ 河水中惡龍近景

⑤ 平靜的河水中，鏡頭橫移

⑥ 節奏加快，惡龍翻騰

加鏡：一組惡龍翻騰的特寫

⑧ 惡龍衝出水面，鏡頭跟拍

惡龍吐水，鏡頭隨水柱搖下

一片汪洋

鏡頭從佛祖的特寫拉出

接上鏡，佛祖端坐，五彩祥光，鏡頭搖下

雲霧中的惡龍扭動，鏡頭搖下

畫面中的動作漸停，畫面靜止，鏡頭拉出唐卡全貌

漸隱

第二集《暮鼓・晨鐘》・初入佛門・分鏡頭畫面

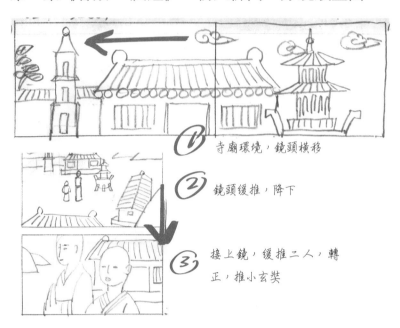

① 寺廟環境，鏡頭橫移

② 鏡頭緩推，降下

③ 接上鏡，緩推二人，轉
正，推小玄奘

第二集《暮鼓・晨鐘》・農民起義・分鏡頭畫面

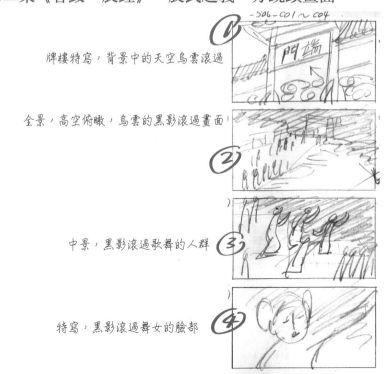

牌樓特寫，背景中的天空烏雲滾過

全景，高空俯瞰，烏雲的黑影滾過畫面

中景，黑影滾過歌舞的人群

特寫，黑影滾過舞女的臉部

創作手記

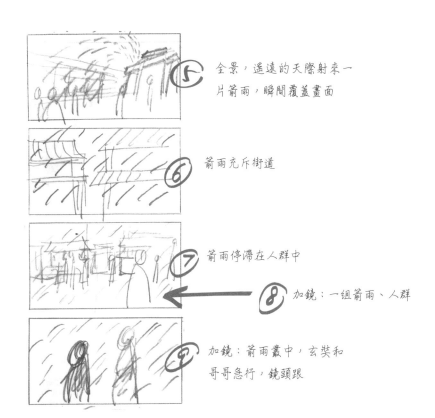

全景，遙遠的天際射來一片箭雨，瞬間覆蓋畫面

箭雨充斥街道

箭雨停滯在人群中

加鏡：一組箭雨、人群

加鏡：箭雨叢中，玄奘和哥哥急行，鏡頭跟

第二集《暮鼓·晨鐘》·隋朝度僧·分鏡頭畫面

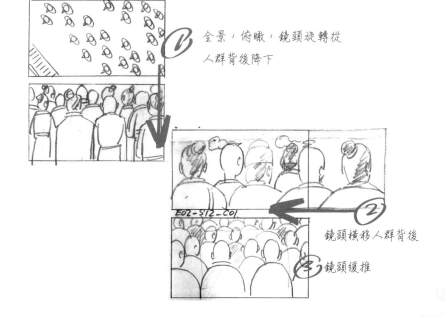

全景，俯瞰，鏡頭旋轉從人群背後降下

E02-S12-C01

鏡頭橫移人群背後

鏡頭緩推

第二集《暮鼓·晨鐘》·寺廟生活·分鏡頭畫面

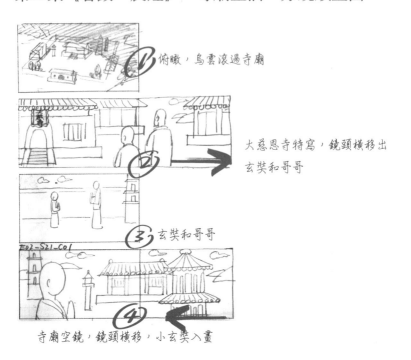

俯瞰，烏雲滾過寺廟

大慈恩寺特寫，鏡頭橫移出
玄奘和哥哥

玄奘和哥哥

寺廟空鏡，鏡頭橫移，小玄奘入畫

第二集《暮鼓·晨鐘》·唐母夢境·分鏡頭畫面

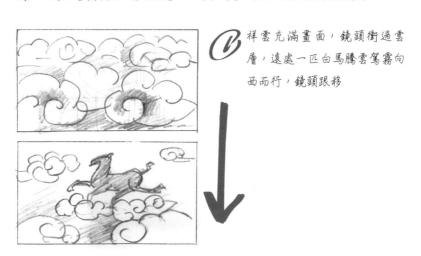

祥雲充滿畫面，鏡頭衝過雲
層，遠處一匹白馬騰雲駕霧向
西而行，鏡頭跟移

創作手記

第二集《暮鼓‧晨鐘》‧剃度出家‧分鏡頭畫面

鏡頭從鄭善果特寫拉出，鄭善果和小玄奘站在寺院中

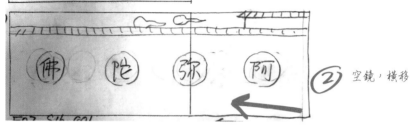

 空鏡，橫移

第二集《暮鼓‧晨鐘》‧初遇胡僧‧分鏡頭畫面

全，玄奘正，胡僧背，鏡頭推上，胡僧轉正

接上鏡，鏡頭推胡僧

接上鏡，鏡頭升上天空，過雲層，搖出雲端之上的那爛陀寺

第三集《亂雲‧潛渡》‧突厥戰爭‧分鏡頭畫面

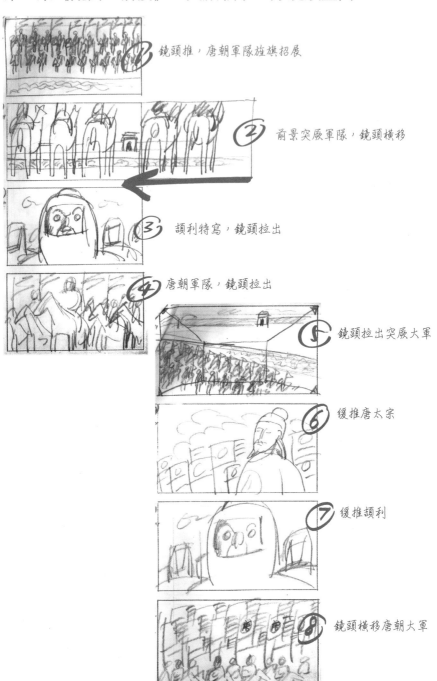

① 鏡頭推，唐朝軍隊旌旗招展

② 前景突厥軍隊，鏡頭橫移

③ 頡利特寫，鏡頭拉出

④ 唐朝軍隊，鏡頭拉出

⑤ 鏡頭拉出突厥大軍

⑥ 緩推唐太宗

⑦ 緩推頡利

⑧ 鏡頭橫移唐朝大軍

寺院中，玄奘與和尚，鏡頭推上

鏡頭旋轉推上

鏡頭轉過玄奘，對面搖出另一個和尚

鏡頭旋轉

鏡頭轉過和尚背影，對面搖出
青年玄奘

鏡頭轉過青年玄奘背影，對面
轉出成堆的經書

鏡頭從玄奘拉出

經書飛出畫，背
景顯現印度風景

第三集《亂雲・潛渡》・涼州偷渡・分鏡頭畫面

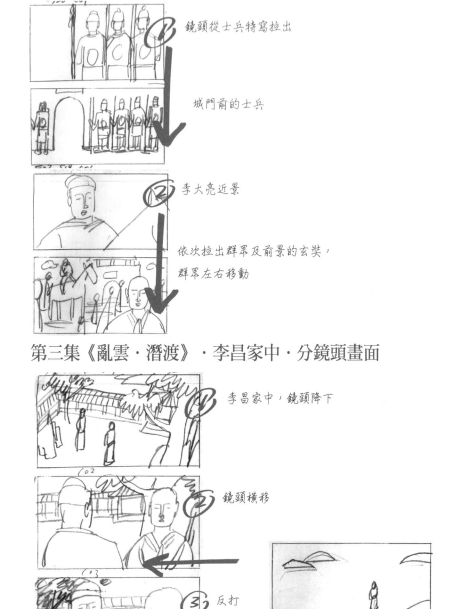

鏡頭從士兵特寫拉出

城門前的士兵

李大亮近景

依次拉出群眾及前景的玄奘，
群眾左右移動

第三集《亂雲・潛渡》・李昌家中・分鏡頭畫面

李昌家中，鏡頭降下

鏡頭橫移

反打

大全，鏡頭升起，無助的玄奘
站在荒漠中

第四集《大漠‧古道》‧瓜州城外‧分鏡頭畫面

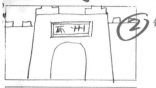 空鏡，蕭瑟的秋天，鏡頭橫移

 鏡頭從城門拉出

 玄奘站立，鏡頭轉到玄奘身後

 過肩推烽火臺

第四集《大漠‧古道》‧遇見王祥‧分鏡頭畫面

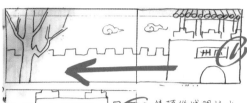 全景，烽火臺前

E04-S13-C06

鏡頭從王祥背橫移出玄奘

鏡頭緩拉

拉出前景的玄奘

第四集《大漠·古道》·深夜驚魂·分鏡頭畫面

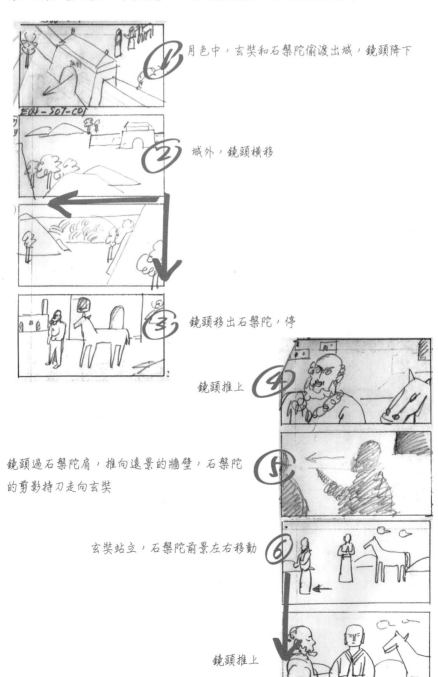

月色中，玄奘和石槃陀偷渡出城，鏡頭降下

城外，鏡頭橫移

鏡頭移出石槃陀，停

鏡頭推上

鏡頭過石槃陀肩，推向遠景的牆壁，石槃陀
的剪影持刀走向玄奘

玄奘站立，石槃陀前景左右移動

鏡頭推上

第四集《大漠‧古道》‧陰山之戰‧分鏡頭畫面

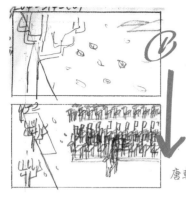

大全，陰山。秋風蕭瑟，
鏡頭搖下

唐朝大軍

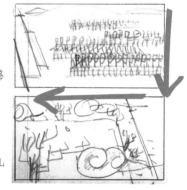

橫移

鏡頭移過陰山

第四集《大漠‧古道》‧觀音現身‧分鏡頭畫面

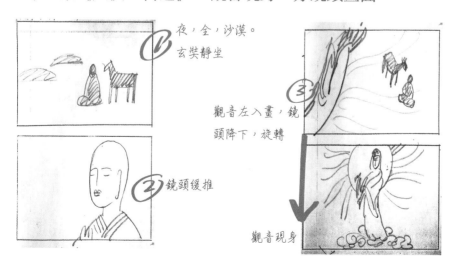

夜，全，沙漠。
玄奘靜坐

鏡頭緩推

觀音左入畫，鏡
頭降下，旋轉

觀音現身

第四集《大漠‧古道》‧夜入高昌‧分鏡頭畫面

夜，大全，平面感的高昌全貌，鏡頭俯衝

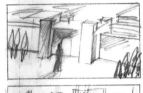

過玄奘肩，衝入城中

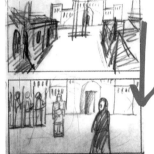

在城中街道推進

推至王宮前的高昌王，鏡頭停，玄奘右入畫

第四集《大漠‧古道》‧送別玄奘‧分鏡頭畫面

全，俯。高昌街道，送別的人群，鏡頭橫移

鏡頭橫移

移出城門

城外，高昌王與玄奘話別，鏡頭停

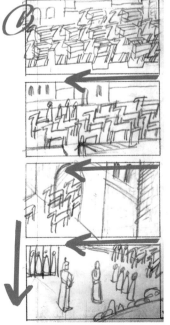

創作手記

第五集《菩提・佛影》・兩王相爭・分鏡頭畫面

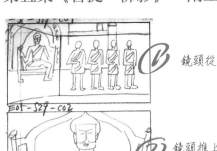

鏡頭從烏荼國僧人移出戒日王

鏡頭推上

鏡頭從戒賢拉出，向畫左橫移

移出玄奘及四位高僧

鏡頭從鳩摩羅王拉出

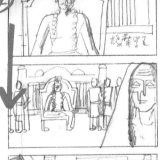

拉成全景，鏡頭繞過前景的戒賢

移出戒日王

推上

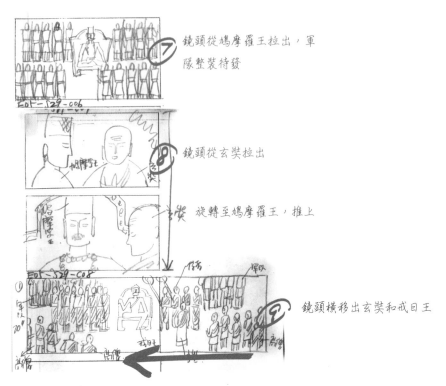

鏡頭從鳩摩羅王拉出，軍隊整裝待發

鏡頭從玄奘拉出

旋轉至鳩摩羅王，推上

鏡頭橫移出玄奘和戒日王

第五集《菩提・佛影》・那爛陀寺・分鏡頭畫面

橫移

橫移

推

橫移

第五集《菩提・佛影》・無遮大會・分鏡頭畫面

大全，黃昏。空曠的廣場，
鏡頭降下

鏡頭橫移，僧眾隨鏡頭運動
漸顯

鏡頭縱深推進，僧眾漸顯

推至講經臺，玄奘隱入

接上鏡，鏡頭轉到玄奘身後，升起

升

鏡頭緩推玄奘

創作手記

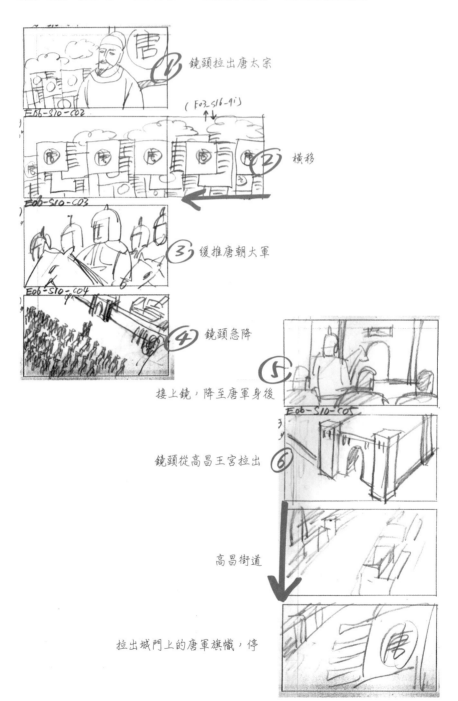

鏡頭拉出唐太宗

(F03-S16-9)

橫移

③ 緩推唐朝大軍

④ 鏡頭急降

接上鏡，降至唐軍身後

鏡頭從高昌王宮拉出

高昌街道

拉出城門上的唐軍旗幟，停

330

第六集《歸兮·去兮》·太宗去世·分鏡頭畫面

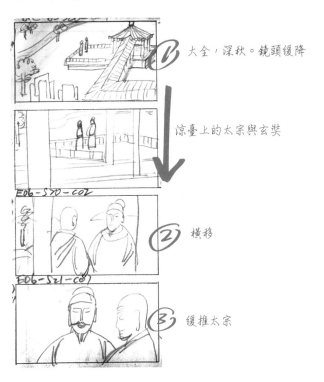

大全，深秋。鏡頭緩降

涼臺上的太宗與玄奘

E06-S20-C02

② 橫移

E06-S21-C0?

③ 緩推太宗

第六集《歸兮·去兮》·玄奘圓寂·分鏡頭畫面

① 老年玄奘的特寫，鏡頭拉出

老年玄奘端坐

大全，肅成院全景，
大雪紛飛

E06-S24-C05

② 烏雲逸月

導演後記：中國紀錄片的「影像試驗」

■ 盛振華

　　該片沒有常見的前期外景和情節的再現拍攝。由於涉及到空前複雜的歷史人物和場景，傳統的創作和製作模式無法達到預設目的。經過不斷試驗，這部影片除去訪談的敘事段落全部由手繪後經由 CG 處理的畫面構成。這些畫面是我們長達兩年的成果。《大唐西遊記》引領觀眾來往於 2D 和 3D 空間，超越時空的限制，被喻為「中國紀錄片和動畫片裡領域的雙重創新」。

　　影片敘事全部由 CG 技術實現，這在紀錄片的歷史上還是首見。但是，如果在表現風格上沒有獨特的創意，它將只是一部傳統的動畫片。我認為，從創意上說，像中國這樣一個有著完整五千年文明傳統的國家，如何有效整合、優化、創新、釋放自有文化資源，將是可以和技術至上主義和全球影視市場主導者抗衡的路徑之一。《大唐西遊記》從造型到構圖、影調，盡量做到本土化和原生化，盡量做到尊重和引用一千多年前中國藝術的諸多原創風格。

　　我們用雕塑為片中五十多個歷史人物建立了實體模型，再對它們進行多角度拍攝，掃描入電腦，構建 3D 數位模型。為了讓畫面中的人物呈現歷史的厚重感，這些泥塑模型在色彩上參考出土文物唐三彩，在肌理、質感上則參考了陶俑。我的造型觀念是，唐三彩是今天見到的最能夠體現大唐帝國士紳百姓精神風骨的原形——強悍、雍容而又不失細膩，而這種風骨是今天的影視劇表演所無法復原的，所以採用彩塑作為本片的基本造型元素，恰恰是為了保持歷史投射於現實、投射於民族集體記憶之中的某種真實。

　　全片彩塑人物沒有表情變化和肢體動作，畫面宛如將時間線凝固之後產生的一個瞬間，主人公在當時情境中的肢體動作和心理活動到底是什麼，之前有過怎樣的波折，之後又將有怎樣的經歷，需要觀者去完善，在不知不覺中完成影片與觀眾的情感互動。

我們手繪出了幾十個歷史場景的平面圖，這些平面繪畫借鑑了唐朝中原的青綠山水、西藏唐卡以及西域和古印度壁畫的構圖原則和色彩表現形式，把中土大唐、西域、印度三個地域文化風格迥異的宮殿、寺院、河流、山川全部納入其中，再把這些歷史場景構建為 3D 立體空間，藉由模擬攝影機的推、拉、搖、移等運動方式，實現移步換景的視覺效果。

全片的創新之處還在於我們在情節關鍵點上使用了西藏的唐卡表現形式，而且模擬攝影機在內部的運動過程中，完成了 2D 和 3D 之間的無痕轉換。也許，只有藉由這種集藏畫、漢地景物繪畫和古印度佛教美術之大成的風格，才能實現我們對本片宏大、細密、純潔、保持敬畏之心的造型語言的追求。鏡頭運動採用「超人」視角，它時而畫外、時而畫內、時而「仙界」、時而凡間。這個「超人」視角的存在，引領觀眾來往於現實和玄想之間，在這種全新的表現形式下，戰爭、冒險、夢境、神話都納入故事的講述體系，使整部紀錄片呈現出夢幻、瑰麗的視覺效果。英國廣播公司已經使用 3D 和模擬技術完成了全球第一部動畫紀錄片——三部曲：《與恐龍同行》、《與古獸同行》、《與古人類同行》，從技術上說，他們已經做到二十一世紀初的極致，而《大唐西遊記》是中國人第一次將手繪、CG、紀錄片「三位一體」的影像試驗。如何與全球發行的「大電影」抗衡，力求做到低成本、本土化、創意性上的競爭策略或許是一條有效路徑。這就是我們創作的原始動機。

本片獲 2007 年度第九屆四川電視節「金熊貓」獎；國際紀錄片評選「亞洲製作獎」和「最佳創意獎」提名，並最終獲得「亞洲製作獎」。評委會評語如下：《大唐西遊記》以動畫講述唐代高僧玄奘西天取經的故事，積極探索紀錄片的表現方法，開拓紀錄片的藝術空間，表現出可貴的探索精神和藝術銳氣。

中國紀錄片的「影像試驗」

國家圖書館出版品預行編目資料

大唐西遊記／吳蔚,中央電視臺《探索‧發現》欄目組編著.--
初版.--臺中市:好讀出版,2011.10
面:公分.--（新視界;12）

ISBN 978-986-178-201-0（平裝）
1.（唐）釋玄奘　2.西遊記　3.佛教傳記

229.34　　　　　　　　　　　　　100011013

好讀出版

新視界12

大唐西遊記

編著／吳蔚、中央電視臺《探索‧發現》欄目組
總編輯／鄧茵茵
文字編輯／林碧瑩
美術編輯／藝點創意設計
行銷企畫／陳昶文

發行所／好讀出版有限公司
臺中市 407 西屯區何厝里 19 鄰大有街 13 號
TEL:04-23157795　FAX:04-23144188
http://howdo.morningstar.com.tw
（如對本書編輯或內容有意見，請來電或上網告訴我們）
法律顧問／甘龍強律師
印製／知己圖書股份有限公司 TEL:04-23581803

總經銷／知己圖書股份有限公司
http://www.morningstar.com.tw
e-mail:service@morningstar.com.tw
郵政劃撥：15060393　知己圖書股份有限公司
臺北公司：臺北市106羅斯福路二段95號4樓之3
TEL:02-23672044　FAX:02-23635741
臺中公司：臺中市407工業區30路1號
TEL:04-23595820　FAX:04-23597123
（如有破損或裝訂錯誤，請寄回知己圖書臺中公司更換）

初版／西元2011年10月15日
定價：370 元

本書經中國民主法制出版社授權，同意由臺灣好讀出版有限公司出版中文繁體字版本。
非經書面同意，不得以任何形式任意重製轉載。

Published by How-Do Publishing Co., Ltd.
2011 Printed in Taiwan
All rights reserved
ISBN 978-986-178-201-0

讀者回函

只要寄回本回函，就能不定時收到晨星出版集團最新電子報及相關優惠活動訊息，並有機會參加抽獎，獲得贈書。因此有電子信箱的讀者，千萬別吝於寫上你的信箱地址

書名：大唐西遊記

姓名：_____ 性別：□男 □女 生日：_____年____月____日

教育程度：_____

職業：□學生 □教師 □一般職員 □企業主管
　　　□家庭主婦 □自由業 □醫護 □軍警 □其他_____

電子郵件信箱（e-mail）：_____ 電話：_____

聯絡地址：□□□ _____

你怎麼發現這本書的？

□書店 □網路書店（哪一個？）_____ □朋友推薦 □學校選書
□報章雜誌報導 □其他_____

買這本書的原因是：_____

□內容題材深得我心 □價格便宜 □封面與內頁設計很優 □其他_____

你對這本書還有其他意見嗎？請通通告訴我們：
_____

你買過幾本好讀的書？（不包括現在這一本）

□沒買過 □1～5本 □6～10本 □11～20本 □太多了

你希望能如何得到更多好讀的出版訊息？

□常寄電子報 □網站常常更新 □常在報章雜誌上看到好讀新書消息
□我有更棒的想法_____

最後請推薦五個閱讀同好的姓名與E-mail，讓他們也能收到好讀的近期書訊：

1._____

2._____

3._____

4._____

5._____

我們確實接收到你對好讀的心意了，再次感謝你抽空填寫這份回函
請有空時上網或來信與我們交換意見，好讀出版有限公司編輯部同仁感謝你！
好讀的部落格：http://howdo.morningstar.com.tw/

請填妥後對折黏貼，直接投郵即可，無須貼郵票。

廣告回函
台灣中區郵政管理局
登記證第3877號
免貼郵票

好讀出版有限公司　編輯部收

407 台中市西屯區何厝里大有街13號
電話：04-23157795-6　傳真：04-23144188

＝＝＝＝＝＝＝＝ 沿虛線對折 ＝＝＝＝＝＝＝＝

購買好讀出版書籍的方法：

一、先請你上晨星網路書店http://www.morningstar.com.tw檢索書目
　　或直接在網上購買

二、以郵政劃撥購書：帳號15060393　戶名：知己圖書股份有限公司
　　並在通信欄中註明你想買的書名與數量

三、大量訂購者可直接以客服專線洽詢，有專人為您服務：
　　客服專線：04-23595819轉230　傳真：04-23597123

四、客服信箱：service@morningstar.com.tw